MUNDO)REAL
Second Edition

Student Edition

2

© Editorial Edinumen, 2020

Student Edition Authors:

Eduardo Aparicio, Esteban Bayón, Cecilia Bembibre, María Carmen Cabeza, Noemí Cámara, Lourdes Delgado, Francisca Fernández, Patricia Fontanals, Luisa Galán, Amelia Guerrero, Emilio José Marín, Celia Meana, Liliana Pereyra, Francisco Fidel Riva, Isaac Robalo, Donna Slater and Linda Villadóniga

Teacher's Edition Authors:

Eduardo Aparicio, María Carmen Cabeza, Francisca Fernández, Patricia Fontanals, Luisa Galán, Marina García, Amelia Guerrero, Emilio José Marín, Celia Meana, Liliana Pereyra and Francisco Fidel Riva

Coordination Team: Amelia Guerrero, David Isa, Celia Meana, Carlos Oliva, Nazaret Puente and Francisco Fidel Riva

U.S.A. Coordinator: Sharon Sargent, Senior Program Manager

Series Consultant: Linda Villadóniga

ISBN - Student Edition - Plus one year online access: 978-84-9179-254-3
ISBN - Student Edition - Plus six year online access: 978-84-9179-253-6
10 9 8 7 6 5 4 3 2 VIL 20
First published 2020
Prind date: 0920
Depósito Legal: M-25226-2020
Printed in Spain by Villena Artes Gráficas

ISBN - Teacher's Edition: 978-84-9179-256-7
10 9 8 7 6 5 4 3 2 AKO 20
First published 2020
Print date: 0920
Depósito Legal: M-25246-2020
Printed in Spain by Gráficas Akoma

Editorial Coordination:
Mar Menéndez

Cover Design:
Juanjo López

Design and Layout:
Juanjo López, Analia García, Carlos Casado, Dionisio Martín, Susana Fernández, Carlos Yllana and Lucila Bembibre

Illustrations:
Carlos Casado

Photos:
See page 274

Editorial Edinumen
José Celestino Mutis, 4. 28028 Madrid. España
Telephone: (34) 91 308 51 42
e-mail: edinumen@edinumen.es
www.edinumen.es

Edinumen USA Office
1001 Brickell Bay Drive Suite 2700
Miami 33131, Florida
Telephone: 7863630261
contact@edinumenusa.com

WHY USE *MUNDO REAL SECOND EDITION*?

I. APPROVED BY THE UNIVERSITY OF SALAMANCA

The University of Salamanca reviewed and gave their seal of approval to *Mundo real Second Edition*. This endorsement certifies *Mundo real Second Edition* employs sound pedagogical methods through a rigorous, authentic Spanish curriculum. Founded in 1218, the University of Salamanca is the oldest university in the Hispanic world and the third oldest university still in operation in the entire world. Additionally, the University of Salamanca was the first institution to focus on Spanish language teaching. Today the university is a top-ranked center for study and research and is particularly known for its Spanish language studies. Along with its dedication to the teaching of Spanish, the University of Salamanca is at the forefront of language assessment, teacher training, and materials writing, cementing its status as a pioneering force in the field of Spanish language instruction. The University of Salamanca's seal of approval verifies that *Mundo real Second Edition* reflects the latest research and is one of the most effective instructional materials available.

II. CREATED BY EDINUMEN USA

Under the direction of the editorial team at Edinumen USA, a prestigious group of very experienced authors and instructional curriculum designers developed *Mundo real Second Edition*. Edinumen USA is part of Editorial Edinumen, a company with more than 30 years of experience creating high-quality Spanish language instructional materials. Millions of students and hundreds of schools throughout the world, including many schools and districts in the United States, have praised Edinumen's pedagogical methods and seen vast improvement in their students' Spanish proficiency after implementing their curriculum materials.

III. MADE TO EXCEED STANDARDS

Mundo real Second Edition exceeds the new World Language Standards established in the United States for world languages by the four-level, communicative course focuses on performance and proficiency to help students develop the language they need to interact confidently in Spanish, while meeting the ACTFL recommendation of conducting at least 90% of world language instruction in the target language.

Pair icon: indicates that the activity is designed to be done by students working in pairs.

Group icon: indicates that the activity is designed to be done by students working in small groups or as a whole class.

Audio icon: indicates recorded material either as part of an activity or a reading text.

From the corpus icon: All of the regional linguistic variations that appear with this icon are based on Real Academia Española (Royal Spanish Language Academy) reference materials (Corpus CREA).

Language icon: provides additional language and grammar support in presentations and for activities.

Recycling icon: provides a reminder of previously taught material that students will need to use in an activity.

Strategy Box Icon: This last icon shows students how "to learn to learn" (metacognition) by providing helpful strategies and suggestions. The strategy box provides students with a step-by-step process to correctly perform the activity.

SCOPE AND SEQUENCE

¡Hola y bienvenido a *Mundo real Second Edition*!

This second edition of **Mundo real Second Edition** will help you learn Spanish more quickly and easily than ever before. We have included many activities that will help you communicate with more than 577 million Spanish speakers throughout the world.

Being fluent in more than one language in today's global economy and ever-shrinking world is very important, especially if we want to take advantage of all the benefits worldwide communication and travel have to offer. The ability to communicate, whether orally or in writing, is becoming more and more important every day.

Our **Taller de lectura** lessons in every unit give you an easy and fun way to increase your vocabulary and expand your knowledge of the many facets that make up Hispanic culture: a culture that varies from country to country and even region-to-region in the 22 countries where Spanish is the official language. You will also enhance your skills in picking out the main idea and supporting details, comparing and contrasting, and other strategies needed to be a good reader in any language.

Our **Taller de escritura** lessons give you the opportunity, in every unit, to hone both your informal and formal writing. Informal writing includes texts, emails, online posts, and letters to friends and family. Formal writing includes proposals, reports, narratives, and essays. You will learn how to write in order to communicate your ideas, an important component of your academic success.

There are many resources available to you as your advance through the year. Included with this Student Edition are the online resources in ELEteca, with many activities that make learning fun while increasing your confidence in using the language. These practice activities are automatically graded, giving you immediate feedback. In addition, your grades on these activities go directly to the gradebook, allowing you to keep track of your progress.

Using *Mundo real Second Edition*, you will communicate in Spanish from the beginning. ACTFL, the American Council on the Teaching of Foreign Languages, recommends that at least 90% of the time you spend in the classroom should be in the target language. Though this may sound scary to you, *Mundo real Second Edition* allows you begin to use the language in a natural way from day one.

We are certain that you will find *Mundo real Second Edition* to be an effective yet fun way to learn Spanish, the second most widely spoken language in the world! Become a part of this growing number.

¡Bienvenidos a la aventura!

Linda Villadóniga

Mundo real Second Edition
Series Consultant

Linda Villadóniga has taught Spanish for over 40 years. She taught at the Defense Language Institute in Monterey, California, and at the middle school, high school, and university level in Florida. She is past president of Florida chapter of AATSP and the Florida foreign language Association. Linda is the Series Consultant for *Mundo real Second Edition*.

TO PARENTS/CAREGIVERS

Your child is embarking on a new and exciting journey to learn not only a world language but a culture as well. Although you may have no knowledge of Spanish, you can support your child's learning. An awareness of culture is extremely important in today's world, and you can reinforce the idea that people's ways of doing things is not the same everywhere. Help your child to appreciate and learn about these differences. You can also experience with your child the many digital resources that accompany this Student Edition. The **Mundo real** online materials feature plenty of extra practice, games, puzzles, videos, and much more. This collaboration between you and your child will help allay any anxieties or apprehensions he or she might have at different times along this journey. **¡Bienvenidos!**

WHY STUDY SPANISH?

Learning to communicate in Spanish can help you achieve a more vibrant and prosperous future, especially in today's globalizing world. **More than 577 million people speak Spanish** as a native language, making Spanish the second most common native language in the world. According to a study by the Instituto Cervantes, **45 million people in the United States** speak Spanish as a first or second language. That's a Spanish-speaking community the size of the whole country of Spain!

Spanish is the most widely spoken language in the Western Hemisphere, and an official language of the European Union, making it an important language for international business. By learning Spanish, you'll be joining **20 million other students** worldwide who are learning to speak Spanish. You'll also be gaining a valuable professional skill on an increasingly bilingual continent.

¡Bienvenidos!

HOW DO I ACTIVATE MY DIGITAL CONTENT?

Today, it is more important than ever for students to develop digital fluency. ELEteca is the ancillary learning management system for *Mundo real Second Edition*. The digital resources offered with *Mundo real Second Edition* allow you to engage with Spanish in the same multifaceted manner you engage with the world outside the classroom.

In ELEteca, you can

- Enhance your learning in each unit through online practice provided by the program or created by your teacher
- Become a more confident learner by monitoring your grades and seeing your own progress
- Receive assignments, messages, and notifications from teachers
- Extend your learning beyond the classroom
- Access the accompanying audio and video for every unit

- **¡Acción!** – a video series aligned to every unit
- **Grammar Tutorials** – short clips introduce new grammar concepts and reinforce difficult skills
- **Voces latinas** – cultural video segments expand upon the student edition's cultural sections
- **Casa del español** – authentic street interviews in a variety of accents target grammar and vocabulary

How did you learn to ride a bike? Did you sit in a chair while someone explained the fundamentals of bike riding to you, or did you go outside and give it a try yourself? Did you get better by memorizing a set of expert techniques, or did you suffer a few skinned knees until you improved?

Whether it's riding a bike or learning a language, **people learn best by doing!** Out-of-context grammar and vocabulary skills or exercises designed to perfect isolated language functions can be difficult to use when you want to express yourself or understand something new. Even more importantly, this kind of instruction can make us forget Spanish is a living language that people speak creatively and individually all over the world.

Mundo real Second Edition supports communicative, empowered learning through these five instructional pillars:

INDUCTIVE LEARNING

Students stay invested in the inductive learning approach from the first page of every unit in *Mundo real Second Edition*. The motivation for students to learn vocabulary and grammar is driven by the language functions students need in order to talk about subjects they care about. *Inductive learning* helps students deepen their understanding of language through discovery and inference, keeping students actively involved.

Activating prior knowledge and empowering students to predict words and structures in context allows students to focus on meaning, not the mechanics of the language.

2 🔊—15 **Read through the conversation between Sara and Ricardo. Listen to the conversation and use context clues to get the gist of what they are talking about. Then fill in the blanks with the missing words.**

Sara: Hola, Ricardo. (a) .... tres entradas para ir al cine esta tarde. ¿(b) .... venir?

Ricardo: Lo siento... pero estoy muy cansado.

Sara: Yo también. Esta semana tuve demasiados exámenes y fui a la biblioteca todos los días. Pero (c) .... que divertirse...

Ricardo: Sí, pero... es que esta mañana me (d) .... bien temprano.

Sara: ¿Te (e) .... temprano? Pero... ¡si hoy es sábado!

Ricardo: Es que tuve que (f) .... a mi padre con las obligaciones de la casa porque mi madre fue a la oficina. La semana pasada estuvo enferma y ahora tiene

UNIDAD

3 ¿ALÓ?

De compras.

REAL-LIFE LEARNING

Real-life learning gives immersive, relatable scenarios and provides a framework for communication. In preparation for a workforce that is evolving, students need to develop more higher-level thinking skills. The ability to listen, memorize, and repeat is no longer sufficient to succeed. Nurturing in-depth understanding and a passion for connection, *Mundo real Second Edition* maximizes real-world learning experiences to develop the skills needed to communicate in a rapidly evolving world.

The *Mundo real Second* Edition requirement that teachers conduct their classes in Spanish, per the ACTFL guidelines, allows students to experience more closely immersion in the target language.

LEARNING STRATEGIES

Learning strategies reinforce learning as students understand the processes and methods that work best for them. Working smarter with self-developed strategies can have a profound influence on learning outcomes. Students who have developed these skills better exploit classroom-learning opportunities and can more easily expand their language learning outside the classroom.

AL FINAL DE LA UNIDAD PUEDO...

	★	★★★	★★★★
a. I can ask someone for their opinion and give my own.	☐	☐	☐
b. I can express agreement and disagreement.	☐	☐	☐
c. I can talk about the past and the way things used to be using the imperfect of regular and irregular verbs.	☐	☐	☐
d. I can ask what the cause of something is using *por qué* and *porque*.	☐	☐	☐
e. I can talk about personalities and characteristics.	☐	☐	☐
f. I can read and understand *Juegos tradicionales*, Guillermo Dávalos Vela	☐	☐	☐
g. I can write a comparative essay.	☐	☐	☐

💻 MORE IN **ELEteca** | EXTRA ONLINE PRACTICE

137

> Metacognitive strategies include self-assessment, monitoring, and evaluation, helping students to coordinate their efforts to plan, organize, and evaluate their language performance.

SOCIAL AND EMOTIONAL RELEVANCE

Social and emotional relevance increases students' motivation to learn a language, boosting acquisition and retention. Research shows that engaging students increases their attention and focus, motivating them to practice higher-level critical thinking skills, and promotes meaningful learning experiences. *Mundo real Second Edition* does this by tapping into their interests while embedding speaking, listening, reading, and writing skills to achieve learning objectives and bring the Spanish language to life.

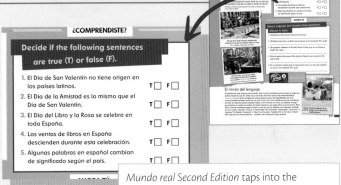

> *Mundo real Second Edition* taps into the relevancy to students' lives to not only motivate them to communicate and learn but to provide a framework for better language learning.

CULTURAL AND INTERCULTURAL LEARNING

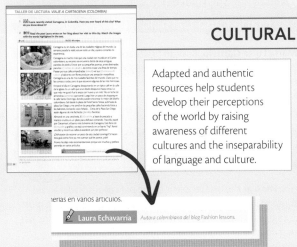

> Adapted and authentic resources help students develop their perceptions of the world by raising awareness of different cultures and the inseparability of language and culture.

Cultural and intercultural learning builds cultural awareness while teaching authentic, global communication skills. By calling attention to the rich diversity of Spanish-speaking cultures around the world, *Mundo real Second Edition* engages students by helping them have a wider vision of the world. It is as important to learn how and when to use a language as it is to learn the language itself, and the different ways in which the Spanish-speaking world communicates is a focus of *Mundo real Second Edition*.

TALLER DE LECTURA

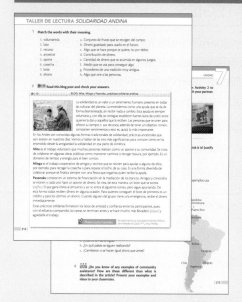

While there is no one teaching practice that can guarantee success with all language learners, there is strong evidence that those students who engage and persevere with a well-designed reading program, like *Mundo real Second Edition's* **Taller de lectura**, will see improvements in their language abilities. Extensive research, conducted across a number of countries, demonstrates the effectiveness of reading as a means of improving language learners' overall reading abilities (not just their reading fluency). There is also evidence that reading leads to vocabulary gains, and this supports the performance of other language skills. Additionally, reading has a positive impact on grammar, which makes sense, as reading is a valuable source of the input necessary for language acquisition. Lastly, the more students read, the more they have the opportunity to increase their knowledge of the world and other cultures in particular. With this in mind, the **Taller de lectura** samples a wide variety of authors to introduce students to the joy of reading in Spanish.

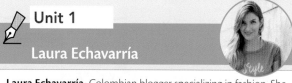

Unit 1
Laura Echavarría

Laura Echavarría. Colombian blogger specializing in fashion. She studied fashion design in Barcelona and Milan. Presently she blogs for several prestigious fashion houses.

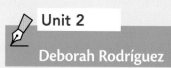

Unit 2
Deborah Rodríguez

Deborah Rodríguez. Venezuelan journalist. Among other works, she stands out for her work in the digitalization and restoration of the School of Architecture at the University of Navarra.

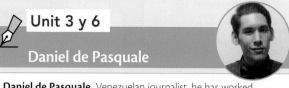

Unit 3 y 6
Daniel de Pasquale

Daniel de Pasquale. Venezuelan journalist, he has worked simultaneously in digital marketing and the production of audiovisuals in Caracas as well as Miami. In addition, he is also trained as a cinematographer.

Unit 4
Guillermo Dávalos Vela

Guillermo Dávalos Vela. Bolivian sociologist. He is a columnist for the morning newspaper *El Deber* and has a lot of experience in organizing and coordinating investigative, corporate and social media teams.

Unit 5
Arturo Pérez-Reverte

Arturo Pérez-Reverte. Popular Spanish writer who began his career as a war correspondent. Pérez-Reverete became a member of the Real Academia de la Lengua (Royal Academy of Language) in 2003.

Unit 7
María Luisa Garnelo

María Luisa Garnelo. Bolivian newspaper journalist whose career has spanned many areas: TV Channel 5, Radio Marítima, and the Bolivian newspaper *El Mundo*.

Unit 8
Carmen Laforet

Carmen Laforet (1921-2004). Important Spanish postwar (Spanish Civil War) writer. She was the first recipient of the prestigious Nadal award which she received with the novel *Nada* in 1944, a novel that has been translated into many languages and that even today is considered a must-read of 20th century Spanish feeature. Other Carmen Laforet novels are *La isla y los demonios*, *La mujer nueva*, and *Al volver la esquina*. She has also written children's books and stories, such as *La niña y otros relatos* and *Cartas a don Juan*.

TALLER DE ESCRITURA

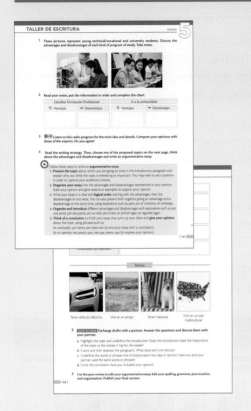

Between texting, e-mail, and social media, writing is required daily. Additionally, the command of good writing skills is increasingly vital to equip students for success in the twenty-first century. The ability to communicate ideas and information effectively is key for academic, professional, and social success.

To help students with this important skill, *Mundo real Second Edition* focuses both on the product–a piece of writing with a particular form and the expectation of "correctness"–and the process. The journey guides writers through the writing process as they discover they have something to say and find their voice. *Mundo real Second Edition's* **Taller de escritura** builds better writers through

- Clear writing strategies, guiding students step-by-step through the writing process
- A variety of writing tasks, enabling students to write for different audiences and purposes
- Peer Review, supporting students in both giving, receiving, and applying constructive feedback from a broader audience
- Explicit instruction and practice, helping students achieve language proficiency while sharing their ideas

TALLER DE ESCRITURA   UNIDAD 5

1   These pictures represent young technical/vocational and university students. Discuss the advantages and disadvantages of each kind of program of study. Take notes.

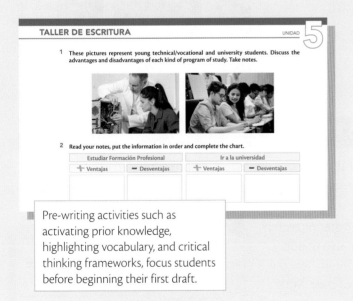

2   Read your notes, put the information in order and complete the chart.

Estudiar Formación Profesional		Ir a la universidad	
+ Ventajas	− Desventajas	+ Ventajas	− Desventajas

Pre-writing activities such as activating prior knowledge, highlighting vocabulary, and critical thinking frameworks, focus students before beginning their first draft.

Follow these steps to **write a comparative essay**:
1. **Collect and select** all the **information** you are going to present.
2. **Choose a title** related to the topic.
3. **List the points** you want to compare. Plan to write a paragraph for each point.
4. **Develop your paragraphs** by explaining what is the same and different now compared to the past.
5. **Write an introduction** to the topic.
6. You may wish to use graphics to illustrate your ideas.

Título:	Grab the reader's attention.	

Introducción	You should include:
	  • A hook that raises interest.
	  • The topic and points to compare and contrast.
	  • A thesis statement.	

Comparaciones	Compare the past to now. Discuss the similarities and give examples and concrete details.	
Contrastes	Contrast the past to now. Discuss the differences through examples and concrete details.	
Conclusión	Summarize your essay and rephrase your thesis with more depth to prove that you have supported your thesis.	

Writing strategies help students turn ideas into successful writing.

4   **PEER REVIEW** Exchange drafts with a partner. Answer the questions and discuss them with your partner.
   a. Find your partner's thesis statement in the introduction and conclusion. Underline them.
   b. Circle every comparison.
   c. How many similarities did he/she write about?
   d. How many differences did he/she discuss?

As they tap into their creativity, students also polish their grammar, organize their thoughts, and make sure their writing is appropriate for its purpose.

ESSENTIAL FEATURES

AUTHENTIC LANGUAGE, AUTHENTIC LEARNING

In the creation of *Mundo real Second Edition*, Edinumen has made extensive use of its access to the largest Spanish language corpus in the world, *CREA (Corpus de Referencia del Español Actual)*, created by RAE (*Real Academia Española*). This corpus is a pan-Hispanic project: 70% of its contents come from the Americas (plus Philippines and Equatorial Guinea) and 30% from Spain. The corpus consists of thousands of texts including novels, plays, film scripts, press releases, newspapers, essays, plus transcriptions of radio and television news, conversations, and speeches.

Use of this corpus ensures that **Mundo real Second Edition** teaches Spanish as it is actually used naturally. In addition, corpus-based language teaching helps prioritize what to teach by providing real-life information about the frequency of usage of various linguistic features. Lastly, the corpus provides intercultural insight on how words and phrases are used throughout the Spanish-speaking world.

FROM THE **corpus**

- The most common way to answer the phone in Central America and Argentina is by saying **¿Aló?**
- In Mexico, the expression used is **¿Bueno?**, and in Spain, **¿Dígame?**

An emphasis on Spanish multiculturalism helps students appreciate and better understand cultural and linguistic identities.

PROGRESS TOWARDS THE SEAL OF BILITERACY

Fluency in more than one language has always been an admirable skill and biliteracy is increasingly important for employment in an international and global context. *Mundo real Second Edition* supports students' goals as they journey towards language proficiency.

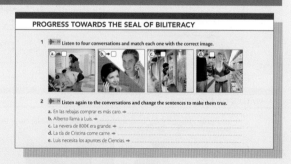

NUESTRO PROYECTO

In *Mundo real Second Edition*, students show mastery of the previous units through project-based learning. These projects blend critical thinking, problem solving, and personal connection to create powerful learning experiences. During each project students experience

- **Deeper learning:** Project-based learning leads to greater retention through deeper understanding. Students are better able to apply what they know to new situations.
- **A sense of purpose:** Seeing the real-world impact of their work gives students a sense of agency and purpose.
- **Skills for success:** In these projects, students take initiative, work responsibly, solve problems, collaborate in teams, and communicate ideas to each other and to the larger community.
- **The three modes of communication:** By emphasizing interpretive, interpersonal, and presentational communication, students chart their course towards language and intercultural proficiency.

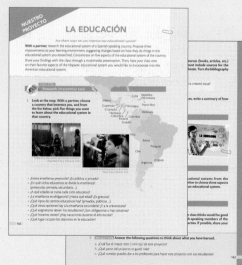

STUDENT RESOURCES

STUDENT EDITION AND ONLINE RESOURCES

Every Student Edition can be complemented with ELEteca, *Mundo real Second Edition's* digital hub. ELEteca features a wealth of resources designed to supplement and enhance the Student Edition. This includes extensive online practice and fully interactive eBooks for the Student Edition and the *Manual para Hispanohablantes.*

WORKBOOK

Available in print and online, this resource provides additional practice and extension activities for each lesson in the Student Edition.

MANUAL PARA HISPANOHABLANTES

Heritage speakers bring a unique set of experiences and skills to the language classroom. This manual is for their language needs, recognizing that many have a strong understanding of spoken Spanish, but might have less experience reading and writing. This is also an excellent resource for students who need to be more challenged in a particular lesson. Available in print and eBook.

Instructional Strategies for every lesson guide teachers with best practices for presenting the material.

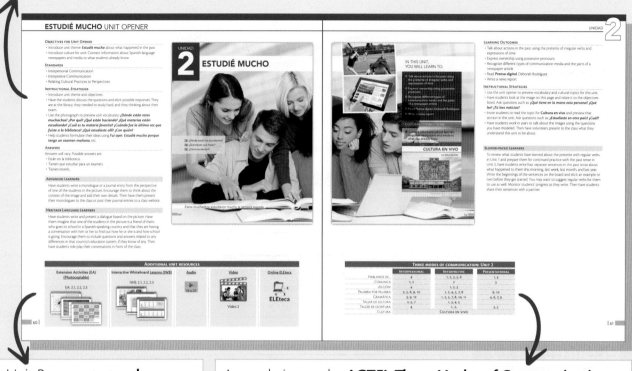

Unit Resources **at a glance** help teachers organize the materials for the unit.

A correlation to the **ACTFL Three Modes of Communication** lists the activities in each section to their corresponding mode.

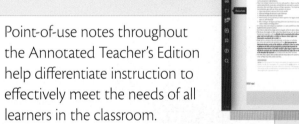

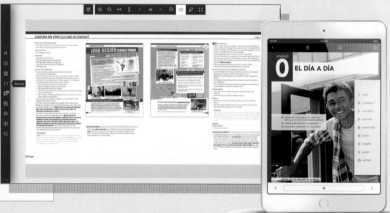

Point-of-use notes throughout the Annotated Teacher's Edition help differentiate instruction to effectively meet the needs of all learners in the classroom.

ONLINE TEACHER RESOURCES

- **Lesson Plans:** Pre-set 50- and 90-minute lessons to help save time
- **Assessments:** Ready-made and editable tests, unit tests and IPAs
- **eBooks:** Access to all student and teacher text for projection in class
- **Video Scripts:** Support for the *¡Acción!* and *Voces latinas* videos
- **Audio Scripts:** Full Student Edition audio organized by unit and available for download
- **Grammar and Vocabulary:** Reference documents including downloadable word lists
- **Extension Activities:** End-of-unit activities to continue the learning
- **Workbook and *Manual para Hispanohablantes*:** Includes Answer Key, Audio Files, and Audio Scripts

AMÉRICA LATINA DATOS DE INTERÉS

Según *National Geographic*, el glaciar Perito Moreno, dentro del Parque Natural Los Glaciares en Argentina, es el cuarto paraje natural más bello del mundo, y el Parque Nacional Canaima, en Venezuela, ocupa el lugar número 15.

MÉXICO

CUBA

HAITÍ

REP. DOMINICANA

JAMAICA

PUERTO RICO

BELIZE

GUATEMALA HONDURAS

EL SALVADOR

NICARAGUA

COSTA RICA

PANAMÁ

VENEZUELA

GUYANA

GUYANA FRANCESA

COLOMBIA

SURINAM

ECUADOR

BRASIL

México es el el séptimo país del mundo con más lugares declarados Patrimonio de la Humanidad por la Unesco.

UNESCO

¡Hola!

La mayoría de hablantes de español se encuentran en América Latina:

375 millones de hablantes nativos

PERÚ

BOLIVIA

Bolivia, además del español, tiene 34 lenguas oficiales. Todas ellas son lenguas precolombinas.

PARAGUAY

CHILE

Países más visitados de Hispanoamérica

México	≃ 40 000 000	
Argentina	≃ 7 000 000	
Chile	≃ 6 500 000	
República Dominicana	≃ 6 000 000	

ARGENTINA

URUGUAY

En Guatemala hay 37 volcanes, 8 de ellos aún activos.

El Canal de Panamá mide 82 km.

Chile es el país más largo del mundo: 4200 km (2700 millas).

Argentina es el país latinoamericano de mayor extensión: 2 780 400 km².

Principales culturas precolombinas

Azteca (Sur de México, siglos XIV-XVI)

Maya (México y Guatemala, siglos I-XVII)

Inca (Ecuador, Perú, Bolivia, norte de Argentina y Chile, siglos XV-XVI)

15

Número de habitantes

46,5 millones de habitantes

España es el tercer país más visitado del mundo, superado únicamente por Francia y Estados Unidos.

La mayor reserva ecológica de Europa está en España: el Parque Nacional de Doñana.

España

China

Italia

Es el tercer país con más sitios Patrimonio de la Humanidad, por detrás de Italia y China.

- Italia (51)
- China (50)
- España (45)

Ranking de monumentos más visitados en España:

La Alhambra (Granada)

La Sagrada Familia (Barcelona)

La Mezquita (Córdoba)

Catedral de Santiago de Compostela (La Coruña)

Catedral de Burgos (Castilla y León)

GIJÓN
LA CORUÑA
SANTANDER
SANTIAGO
LUGO
OVIEDO
SAN SEBASTIÁN
BILBAO
VITORIA
PAMPLONA
LEÓN
LOGROÑO
VIGO
ORENSE
BURGOS
HUESCA
PALENCIA
GERONA
VALLADOLID
SORIA
ZAMORA
ZARAGOZA
LÉRIDA
BARCELONA
SALAMANCA
TARRAGONA
SEGOVIA
ÁVILA
GUADALAJARA
MADRID
TERUEL
ISLAS BALEARES
Menorca
CUENCA
PALMA
TOLEDO
CASTELLÓN DE LA PLANA
Mallorca
CÁCERES
Cabrera
VALENCIA
Ibiza
BADAJOZ
ALBACETE
MÉRIDA
Formentera
CIUDAD REAL
ALICANTE
CÓRDOBA
JAÉN
MURCIA
SEVILLA
CARTAGENA
HUELVA
GRANADA
ALMERÍA
MÁLAGA
CÁDIZ
ALGECIRAS
CEUTA

Líder mundial en donación de órganos

Las cuevas de Altamira albergan el arte paleolítico más antiguo de Europa.

ISLAS CANARIAS
Lanzarote
SANTA CRUZ DE TENERIFE
La Palma
Fuerteventura
Tenerife
La Gomera
Gran Canaria
LAS PALMAS DE GRAN CANARIA
El Hierro

MELILLA

Más de 577 millones de personas hablan español en el mundo. De ellos, 480,2 millones son nativos.

El español es la **segunda lengua materna del mundo** por número de hablantes, después del chino mandarín.

La contribución del conjunto de los países hispanohablantes al PIB mundial es del 6,9 %.

6,9 %

Es la cuarta lengua más estudiada del mundo después del inglés, el francés y el chino mandarín: actualmente hay 21,8 millones de estudiantes de español en el mundo.

Inglés

Francés

Chino mandarín

Español

El español es la segunda lengua más importante en el ámbito internacional.

El español ocupa la cuarta posición en el ámbito institucional de la Unión Europea.

Es la tercera lengua en el sistema de trabajo de la ONU: es una de sus seis lenguas oficiales.

👍 El español es la tercera lengua más utilizada en la red.

👍 El 8,1 % de los usuarios de Internet se comunica en español.

👍 El español es la segunda lengua más utilizada en Wikipedia, Facebook y Twitter.

España es el tercer país exportador de libros del mundo.

España, Argentina y México se encuentran entre los quince principales países productores de filmes del mundo.

Datos extraídos del informe *El español: una lengua viva*, elaborado y redactado por David Fernández Vitores, y dirigido y coordinado por la Dirección Académica del Instituto Cervantes (2018).

➤➤ ¿Cómo vas a la escuela por las mañanas?
¿Vas a pie, en carro o en transporte público?

➤➤ ¿Qué te gusta hacer en tu tiempo libre?

➤➤ ¿Qué planes tienes para el fin de semana?

Carlos va a la escuela en autobús.

IN THIS UNIT, YOU WILL REVIEW HOW TO:

◎ Talk about everyday activities and what you do in your free time using the present tense of regular and irregular verbs

◎ Describe physical characteristics and personality traits

◎ Express likes and dislikes

◎ Talk about the weather, body parts, clothes, means of transportation and household chores

◎ Express obligation using infinitive expressions

◎ Talk about what you and others are going to do

CULTURAL CONNECTIONS

◎ Connect information about the typical day-to-day routines of young people in Hispanic countries and compare similarities

CULTURA EN VIVO

24 HORAS EN ESPAÑOL

Menú del restaurante La Estrella, Sevilla, España (Gena Melendrez)

UN DÍA NORMAL EN LA VIDA DE RAÚL

1 **Look at the image of Raúl below and indicate if each sentence is true or false.**

		T	F
a.	Es estudiante.	☐	☐
b.	Es serio.	☐	☐
c.	Lleva una camisa de cuadros.	☐	☐
d.	Lleva lentes.	☐	☐
e.	Es bastante mayor.	☐	☐
f.	Tiene el pelo largo.	☐	☐
g.	Lleva una mochila.	☐	☐
h.	Está delante de la escuela.	☐	☐

2 〰 1 **Listen to four descriptions and select the one for Raúl.**

Descripción 1........ ☐   Descripción 2........ ☐   Descripción 3........ ☐   Descripción 4........ ☐

3 **Fill in the blanks to complete Raúl's profile.**

Raúl es (a) ...., tiene quince años. Es (b) ...., alto y delgado. Tiene el pelo
(c) .... y un poco rizado. Tiene los (d) .... verdes. Es muy (e) .... Siempre
(f) .... ropa moderna.

4 👥 **Read the following text about a typical day for Raúl. Then, with a partner, indicate if each sentence is true or false. Correct the sentences that are false.**

> Hola, muchachos, me llamo Raúl y tengo quince años. Vivo en Los Ángeles con mi
> familia y estudio en la escuela secundaria. Todos los días me levanto a las seis y media de
> la mañana, desayuno en casa y voy a clase a pie, porque la escuela está muy cerca. Las
> clases empiezan a las siete y media y terminan a las dos y media. Vuelvo a casa a las tres
> y como con mi abuela. Por la tarde, los lunes y los miércoles voy a mis clases de judo,
> y los martes me encuentro con Carlos para jugar al tenis y charlar de nuestras cosas; me
> divierto mucho con él. Nunca vuelvo a casa después de las siete, porque siempre tengo
> que hacer la tarea.

		T	F
a.	Raúl nunca toma el autobús para ir la escuela.	☐	☐
b.	Todos los días va a clases de judo.	☐	☐
c.	Se encuentra con Carlos los sábados y los domingos.	☐	☐
d.	Termina sus clases a las tres.	☐	☐
e.	Vuelve a casa antes de las siete.	☐	☐

5 Work with a partner and list each highlighted verb form in Activity 4 in the appropriate column in the chart. Then write the corresponding infinitive in parentheses. Which of the verbs have stem changes?

-AR	-ER	-IR
estudio (estudiar)		

Reflexivos	Irregulares

6 Write what the people in the following images are doing. Then check your answers with a partner and take turns saying what they will do next. ¡*Atención!* Some of the verbs have a stem change.

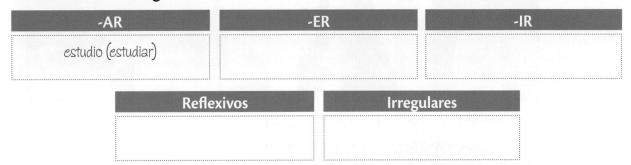

Divertirse

Modelo: Cati y sus amigos se divierten en la playa.
Después van a casa de Cati y cenan juntos.

a.

Dormir

Luisa ....

b.

Vestirse

Yo ....

c.

Ducharse

Tú ....

d.

Jugar

Adrián y su padre ....

7 Write a similar description about a typical day in your life using Activity 4 as a model.

ASÍ SOMOS

1 🔊 2 **Listen to the descriptions and match them to the corresponding images.**

2 👥 **With a partner, classify the following adjectives according to the categories in the chart. Then write the opposite for each.**

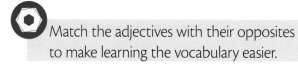

Match the adjectives with their opposites to make learning the vocabulary easier.

alto/a ○ antipático/a ○ divertido/a ○
feo/a ○ fuerte ○ con sobrepeso ○
joven ○ hablador/a ○ maleducado/a ○
rubio/a ○ trabajador/a ○ tranquilo/a

Adjetivos de descripción física		Adjetivos de carácter	
Adjetivos	**Contrarios**	**Adjetivos**	**Contrarios**
alto/a	bajo/a	divertido/a	

3 👥👥 **Let's play. Think of a famous person. Without saying his or her name, provide the following information: age, physical description, personality traits, and other useful information about the person.**

Modelo:

E1: Tiene treinta y dos años. Es alta y morena. Tiene el pelo largo, rizado y un poco rubio. Es muy guapa y trabajadora. No es tímida. Canta muy bien. Tiene una hija pequeña. ¿Quién es?

E2: ¿Es Beyoncé?

E1: Sí.

1 🎵 3 **Raúl is talking with Carlos about his weekend. Listen and fill in the blanks with the missing words. Then listen again to check your answers.**

Carlos: ¿Qué (a) .... los fines de semana, Raúl?

Raúl: A menudo voy (b) .... con mis padres. ¿Y tú?

Carlos: Sí, voy a veces, pero (c) .... por la tarde siempre voy a la bolera. ¿Tú también?

Raúl: Yo no, casi nunca. (d) .... jugar al fútbol.

Carlos: ¡Ah! ¡Qué bien! ¿Y dónde juegas?

Raúl: Casi siempre (e) .... en un campo deportivo en mi barrio.

Carlos: Pues yo nunca juego al fútbol, prefiero (f) ....

2 **Fill in the chart with the activities that Carlos and Raúl do in their free time according to how often they do them. Then match up the expressions of frequency with their meanings in English.**

	siempre	casi siempre	a menudo	a veces	casi nunca	nunca
Raúl			ir al cine			
Carlos						
En inglés:						

almost always ○ almost never ○ always ○ frequently, often ○ never ○ sometimes

3 **Match each activity to the corresponding image.**

1. ☐ entrar en Facebook

2. ☐ escuchar música

3. ☐ jugar a los videojuegos

4. ☐ hacer deporte

4 👥 **Use the activities and expressions of frequency above to ask and answer questions about what you do on the weekends.**

Modelo: E1: ¿Vas al cine los fines de semana?

E2: Sí, a veces voy al cine.

1 🔊 4 **Look at the images below and identify the seasons. Then fill in the blanks using words from the list to complete the weather descriptions. Listen to the audio to check your answers.**

calor ○ cero ○ estamos ○ frío ○ llueve ○ nieva ○ nublado ○ tiempo ○ viento ○ sol

En ....

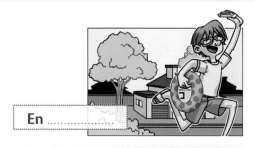

En ....

a. .... pero también hace buen .... Hace más .... que en invierno, pero menos que en verano.

b. Hace mucho calor, normalmente .... a más de 85 °F. Hace mucho ....

En ....

En ....

c. Hace .... y empieza a hacer frío. Algunos días llueve o está ....

d. Hace bastante ...., a menudo ...., con temperaturas bajo ....

2 👥 **Use the information and images below to ask your partner where these people go and how they get there.**

Modelo: El: ¿Adónde van Betina y Jorge?
E2: Van al cine.
El: ¿Cómo van?
E2: Van en metro.

🚀 **¿Cómo?**

 ¿Quién?

 ¿Adónde?

- Betina y Jorge
- la familia Romero
- tus amigos y tú
- tú
- Liliana
- nosotros

- cine
- Puerto Rico
- ciudad
- parque de atracciones
- de excursión
- centro comercial
- playa
- montaña

EXPRESSING LIKES

A mí		me	encanta(n)	Ø
A ti		te		muchísimo
A usted/él/ella	(no)	le		mucho
A nosotros/as		nos	gusta(n)	bastante
A vosotros/as		os		un poco
A ustedes/ellos/ellas		les		(nada)

- **Gusta** + singular noun or infinitive:
  – *Me gusta* **la lectura**.   – *Me gusta* **escribir** *cartas*.

- **Gustan** + plural noun:
  – *Me gustan* **las novelas de aventuras**.

  Me **encantan** *los libros de misterio.* = *Me* **gustan mucho** *los libros de misterio.*

1 Isabel, who is twelve years old, has organized the following things in order of preference. Use the Modelo and the expressions above to describe how much (or how little) she likes these things.

a. el chocolate ➡ *A Isabel le encanta el chocolate.*

b. las matemáticas ➡ ....

c. los gatos ➡ ....

d. la piscina ➡ ....

e. el queso ➡ ....

f. bailar ➡ ....

g. las verduras ➡ ....

h. los días de lluvia ➡ ....

i. el fútbol ➡ ....

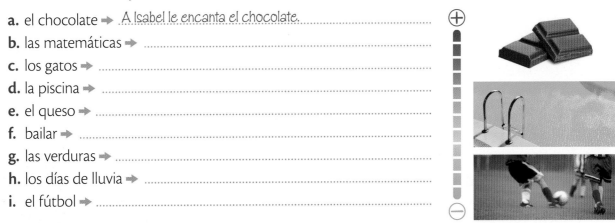

2 Take turns describing Isabel's likes and dislikes to your partner based on the information in the following exchanges. Then tell your partner if you agree with her or not.

| Me gustan los perros. | No me gusta la tarea. | Me gusta el fútbol. | No me gustan las verduras. |
| A mí, también. | A mí, tampoco. | A mí, no. | A mí, sí. |

Modelo: A Isabel le gusta el chocolate y a mí, también.
         A Isabel no le gusta el fútbol y a mí, tampoco.

3 Look at the images and fill in the blanks with the clothes and colors they are wearing.

El muchacho lleva:
- Unos ⬜E⬜⬜S A⬜⬜⬜⬜J⬜⬜⬜S
- Unos P⬜⬜⬜⬜O⬜⬜ V⬜⬜⬜⬜
- Una C⬜M⬜⬜⬜T⬜ N⬜⬜⬜⬜
- Una ⬜⬜M⬜⬜⬜ de R⬜⬜⬜
- Una G⬜⬜R⬜ A⬜⬜⬜⬜⬜⬜

La muchacha lleva:
- Unas S⬜D⬜⬜⬜⬜⬜ ⬜Z⬜⬜⬜⬜
- Una F⬜⬜⬜⬜ V⬜⬜⬜⬜
- Un C⬜⬜⬜⬜Ö⬜ M⬜⬜⬜⬜⬜
- Una C⬜⬜⬜⬜T⬜ R⬜⬜⬜

4 Match the following articles of clothing to the body part most closely associated with it.

1. las botas   a. el pecho y la espalda
2. los jeans   b. las piernas
3. la corbata   c. el cuello
4. el gorro   d. los pies
5. los guantes   e. la cabeza
6. la camisa   f. las manos

5 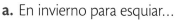 Take turns describing to your partner what you like and don't like to wear in the following contexts. Present your partner's information to the class.

Modelo: Cuando llueve...

    me gusta llevar impermeable y botas.

    no me gusta nada llevar paraguas.

a. En invierno para esquiar...
b. Para hacer deporte...
c. Para ir a la escuela cuando hace calor...
d. Me gustan mucho los/las (ropa y color)...
e. No me gustan nada los/las (ropa y color)...

1. *IR A* + INFINITIVE

■ The construction **ir a** + infinitive is used to talk about future plans and what you are going to do:
*Esta tarde **voy a salir** con mis amigos.* *This afternoon, I am going to go out with my friends.*

1 **Read the e-mail Eugenia writes to her friend Carlos about all the plans she has for next weekend. Fill in the blanks with the correct form of *ir a* and the infinitive in parentheses.**

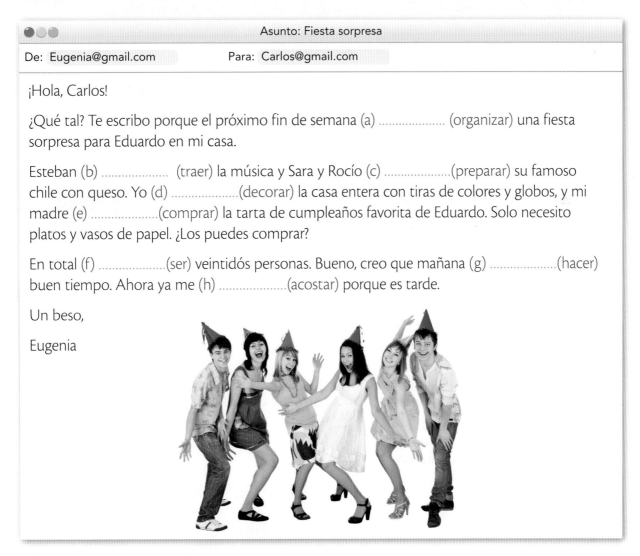

● ● ●	Asunto: Fiesta sorpresa
De: Eugenia@gmail.com	Para: Carlos@gmail.com

¡Hola, Carlos!

¿Qué tal? Te escribo porque el próximo fin de semana (a) .... (organizar) una fiesta sorpresa para Eduardo en mi casa.

Esteban (b) .... (traer) la música y Sara y Rocío (c) ....(preparar) su famoso chile con queso. Yo (d) ....(decorar) la casa entera con tiras de colores y globos, y mi madre (e) ....(comprar) la tarta de cumpleaños favorita de Eduardo. Solo necesito platos y vasos de papel. ¿Los puedes comprar?

En total (f) ....(ser) veintidós personas. Bueno, creo que mañana (g) ....(hacer) buen tiempo. Ahora ya me (h) ....(acostar) porque es tarde.

Un beso,

Eugenia

2 **With a partner, talk about what you are going to do this coming weekend. Practice active listening by restating your partner's information to clarify meaning. Ask additional questions to learn more about his/her plans. Present your partner's plans to the class.**

ir al cine o estudiar con... o ir de compras o ir a casa de... o ir de excursión o jugar

Modelo: E1: Este fin de semana voy a ir al cine.
        E2: Vas a ir al cine, ¿no? ¡Qué bien! ¿Qué película vas a ver?

2. HAY QUE, TENER QUE AND DEBER + INFINITIVE

- To express an obligation that is necessary for all, use **hay que** + infinitive:

  *En la clase de español **hay que** hablar español.* *In Spanish class, everyone needs to speak Spanish.*

- To express an obligation for a particular person, use **tener que** + infinitive:

  *Para mis exámenes **tengo que** estudiar mucho.* *I have to study a lot for my tests.*

- To make a recommendation or give someone advice, use **deber** + infinitive:

  *Si estás muy cansado, **debes** dormir más.* *If you are very tired, you should sleep more.*

3 **Fill in the blanks with the correct verb. ¡*Atención!* There may be more than one possibility.**

a. Estoy muy ocupada ahora, ... que cuidar a mis hermanos pequeños.

b. Si vas a esquiar, ... llevar un jersey de lana.

c. Me encanta ir al teatro. Pero, ¿cuánto .... que pagar?

d. Lo siento, ahora no puedo ir al gimnasio. .... que ir a trabajar.

e. Quiero jugar al golf, pero .... que ser miembro del club.

4 **Check the tasks below that you regularly have to do at home. Then exchange information orally with a partner and add when you normally do these things. Present to the class about your interview.**

a. ☐ guardar la ropa en el armario

b. ☐ hacer la cama

c. ☐ hacer la tarea

d. ☐ lavar los platos, el carro

e. ☐ lavar mi ropa

f. ☐ limpiar el baño

g. ☐ ordenar la habitación

h. ☐ pasar la aspiradora

i. ☐ pasear al perro

j. ☐ sacar el reciclaje

Modelo: E1: *Tengo que hacer la cama cada día. ¿Y tú?*

E2: *Yo no tengo que hacer la cama, pero tengo que ordenar mi habitación los sábados.*

1 **Choose *ser* or *estar* according to the context of the sentence.**

a. Bogotá **es** / **está** la capital de Colombia.

b. El avión **es** / **está** más rápido que el tren.

c. **Soy** / **Estoy** muy contento porque este año voy de vacaciones a la playa.

d. En esta época del año siempre **es** / **está** nublado.

e. ¿**Eres** / **Estás** cansado?

f. Mi hermano **es** / **está** más alto que yo.

g. Los libros **son** / **están** encima de la mesa.

2 **Look at the images below and indicate if each sentence is true (T) or false (F). Then rewrite the sentences that are false to make them true.**

	T	F
a. Cada tarde Pablo **nada** en la piscina de su gimnasio.	☐	☐
b. Por la mañana Rosa, Juan y Marga **van** en bicicleta juntos a la escuela.	☐	☐
c. Cada día estas tres amigas **comen** juntas en la cafetería de la escuela.	☐	☐
d. Todos los días ustedes **estudian** en la biblioteca.	☐	☐

3 **Complete the crossword puzzle with the *yo* form of the verbs listed below. What is the hidden word?**

1. ir
2. traer
3. creer
4. hacer
5. conocer
6. pedir
7. salir
8. pensar
9. poder
10. estar

24 HORAS EN ESPAÑOL

LOS TOP 5 DE...
LAS COSTUMBRES DE LA VIDA HISPANA

¿Cómo es un día en la vida de los muchachos españoles y latinoamericanos? ¡Te lo contamos!

"Nos vemos a la hora de comer", "Nos encontramos por la tarde" parecen *(they seem)* frases habituales, sin complicaciones. Pero... ¿qué pasa si "la hora de comer" o "la tarde" ocurren a horas diferentes, según *(depending on)* el país? Parece increíble pero los horarios no son universales. Estas son algunas costumbres de la vida hispana.

✓ En España, la hora de comer es, tradicionalmente, entre las dos y las cuatro de la tarde. Los restaurantes ofrecen *(they offer)* su menú de mediodía en este horario.

✓ Tradicionalmente, en muchos países de habla hispana, la gente duerme la siesta después de la comida. Sin embargo, cada vez es una costumbre menos popular: hoy solo el 16 % de los españoles duerme la siesta todos los días.

✓ En Venezuela, la merienda *(afternoon snack)* se toma a las cuatro de la tarde y marca una pausa entre la comida y la cena. La merienda de los días especiales son los churros con chocolate.

✓ Según *(According to)* un estudio reciente, los latinoamericanos duermen menos de seis horas cada noche. En promedio, duermen dos horas menos que en 1964.

✓ En Argentina dicen "las siete de la tarde" pero "las ocho de la noche". En España "Buenas noches" se dice después de las nueve, así que ellos, a diferencia de Argentina, dicen: "Son las ocho de la tarde". ¿Y en tu país qué dicen?

Turistas paseando por una calle de restaurantes en el centro histórico de Málaga, España
(Foto: trabantos, 2016)

La siesta, una costumbre en desuso *(outmoded)*: más de la mitad de los españoles nunca duerme la siesta.

Buenos Aires, Argentina, a las ocho de la noche

Churros con chocolate, la típica merienda venezolana de los días de fiesta

¡Qué interesante! LOS HORARIOS ESPAÑOLES

Los horarios españoles son diferentes a los de otros países de habla hispana. En España, es habitual cenar a la diez de la noche. Y, aunque la cena en España es normalmente más ligera *(light)* que en países donde se cena temprano, hay personas que piensan que estos horarios son un problema.

"Los españoles duermen cincuenta y tres minutos menos que otros europeos", dice Ignacio Buqueras, presidente-fundador y de honor de Arhoe, una asociación para cambiar la hora. "Con los horarios actuales *(current)* los españoles no tienen una buena calidad de vida".

Una cena española

Fuentes: *ABC*, Sociedad, mayo de 2013; *El Mundo*, julio de 2017; *El País*, 25 de marzo de 2016.

Mi experiencia

🔊 5

"Me llamo Gloria. La vida en Caracas, mi ciudad, está llena de sorpresas. Normalmente me despierto muy temprano, alrededor de las siete. Me ducho y desayuno un té con leche y una deliciosa arepa de queso.

A las ocho menos cuarto, tomo el autobús para ir a la escuela. En general, llevo una lonchera en la mochila y como con mis compañeros en el parque del Este, donde a veces visitamos el planetario.

Durante la semana estoy muy ocupada con las tareas y las clases de *ballet*, así que no tengo tiempo para encontrarme con mis amigas. Pero me mantengo en contacto con ellas a través de las redes sociales y llevo mi celular a todos lados. Nos encanta enviarnos mensajes a través de Twitter, Instagram, Facebook y WhatsApp".

Gloria usa las redes sociales para hablar con amigas.

Caracas, Venezuela

¿COMPRENDISTE?

Indicate whether the sentences are true (T), false (F) or unknown (U).

1. En España se come temprano.   T ☐   F ☐   U ☐

2. Los latinoamericanos duermen menos que antes.   T ☐   F ☐   U ☐

3. Arhoe quiere cambiar la hora porque afecta la calidad de vida.   T ☐   F ☐   U ☐

4. A veces, Gloria cena en un restaurante.   T ☐   F ☐   U ☐

5. El idioma principal de Hialeah es el español.   T ☐   F ☐   U ☐

AHORA TÚ

What's it like for you? Answer these questions based on your experience. Discuss in class.

1. ¿Cuántas horas duermes en promedio *(on average)*? ¿Es igual que en los países hispanos?

_____

2. ¿A qué hora haces la merienda? ¿Cuál es la merienda típica de EE. UU.?

_____

3. ¿Existe la costumbre de hacer la siesta en EE. UU.? ¿Por qué crees que esta costumbre está en desuso en el mundo hispano?

_____

4. ¿Se parece un día de tu vida al de Gloria? Encuentra algo similar y algo diferente.

_____

5. Imagina que vives en Hialeah. ¿Cuáles son las ventajas *(advantages)* y las desventajas de ser bilingüe?

_____

El rincón de la ciudadanía VIVIR EN ESPAÑOL

En Hialeah, al sur del estado de Florida, el 96 % de sus habitantes son latinos. Es la ciudad con mayor cantidad de negocios con dueños hispanos en todo el país. En el parque se ven abuelos jugar al dominó y tienen una figura gigante de El Quijote. El barrio de Leah Arts district se llena de obras de artistas locales, tiendas de segunda mano y música en vivo. Su alcalde es cubano. El beisbolista de origen dominicano Manny Machado nació allí.

Fuente de entrada de Hialeah, Florida, EE. UU.
(Foto: tome213, 2018)

Fuentes: *Infobae*, febrero de 2017; www.miamiandbeaches.com, 2018; *BBC News Mundo*, Marcos González Díaz, 20 de septiembre de 2018.

Verbos

acostarse (o > ue) *to go to bed*
cenar *to have dinner*
comer *to eat*
comprar *to buy*
conocer (-zc) *to know, to be familiar with*
creer *to believe*
deber *should*
desayunar *to have breakfast*
divertirse (e > ie) *to have fun*
dormir (o > ue) *to sleep*
ducharse *to shower*
empezar (e > ie) *to begin*
encantar *to really love something*
encontrarse, verse *to meet up with*
estar *to be*
gustar *to like*
hacer *to do, to make*
hay que *(everyone) needs to (do something)*
ir *to go*
ir a *going to (do something)*
jugar (u > ue) *to play*
lavar *to wash*
levantarse *to get up*
limpiar *to clean*
llamarse *to be called*
llevar *to wear, to take someone or something along*
nadar *to swim*

pedir (e > i) *to ask for*
pensar (e > ie) *to think*
poder (o > ue) *to be able to*
salir (-go) *to go out*
tener (-go, e > ie) *to have*
tener que *to have to (do something)*
terminar *to end, to finish*
traer (-go) *to bring*
venir (-go, e > ie) *to come*
ver *to see*

vestirse (e > i) *to get dressed*
volver (o > ue) *to return*

Descripciones físicas

alto/a *tall (in height)*
con sobrepeso *overweight*
corto/a *short (in length)*
delgado/a *thin*
feo/a *unattractive*
fuerte *strong*
grande *big*
joven *young*
largo *long (in length)*
liso *straight, smooth*
mayor *old*
moreno/a *brunette, dark-haired*
pequeño/a *small*
rizado *curly*
rubio/a *blonde, light-haired*

Descripciones de carácter

amable *nice, polite*
antipático/a *unpleasant*
divertido/a *fun*
hablador/a *talkative*
maleducado/a *rude*
nervioso/a *nervous*
ordenado/a *organized*
perezoso/a *lazy*
simpático/a *amusing, nice*
tímido/a *shy, timid*
trabajador/a *hard-worker*
tranquilo/a *calm, relaxed*

El clima

está nublado *it's cloudy*
hace buen tiempo *it's nice weather*
hace calor *it's hot*
hace frío *it's cold*
hace mal tiempo *it's bad weather*
hace sol *it's sunny*
hace viento *it's windy*
el invierno *winter*
llueve *it's raining*
la lluvia *rain*
nieva *it's snowing*
el otoño *fall*

la primavera *spring*
el verano *summer*

La ropa

las botas *boots*
los calcetines *socks*
la camisa *shirt*
la camiseta *t-shirt*
la chaqueta *jacket*
la corbata *tie*
la falda *skirt*
el gorro / la gorra *ski hat / baseball cap*
los guantes *gloves*
el impermeable *raincoat*
los jeans *jeans*
los pantalones (cortos) *pants (shorts)*
los tenis *sneakers, athletic shoes*
el vestido *dress*
los zapatos *shoes*

El cuerpo

la cabeza *head*
el cuello *neck*
la espalda *back*
las manos *hands*
los ojos *eyes*
el pecho *chest*
el pelo *hair*
las piernas *legs*
los pies *feet*

Los colores

amarillo *yellow*
anaranjado *orange*
azul *blue*
blanco *white*
gris *gray*
marrón *brown*
negro *black*
rojo *red*
rosa *pink*
verde *green*

STEM-CHANGING VERBS

	ENTENDER	VOLVER	PEDIR	JUGAR
	e ➡ ie	o ➡ ue	e ➡ i	u ➡ ue
yo	entiendo	vuelvo	pido	juego
tú	entiendes	vuelves	pides	juegas
usted/él/ella	entiende	vuelve	pide	juega
nosotros/as	entendemos	volvemos	pedimos	jugamos
vosotros/as	entendéis	volvéis	pedís	jugáis
ustedes/ellos/ellas	entienden	vuelven	piden	juegan

REFLEXIVE VERBS

	LEVANTARSE		
yo	me levanto	nosotros/as	nos levantamos
tú	te levantas	vosotros/as	os levantáis
usted/él/ella	se levanta	ustedes/ellos/ellas	se levantan

THE VERBS *HACER, SALIR, TRAER* AND *VENIR*

	HACER	SALIR	TRAER	VENIR
yo	hago	salgo	traigo	vengo
tú	haces	sales	traes	vienes
usted/él/ella	hace	sale	trae	viene
nosotros/as	hacemos	salimos	traemos	venimos
vosotros/as	hacéis	salís	traéis	venís
ustedes/ellos/ellas	hacen	salen	traen	vienen

IRREGULAR VERBS

	IR	CONOCER
yo	voy	conozco
tú	vas	conoces
usted/él/ella	va	conoce
nosotros/as	vamos	conocemos
vosotros/as	vais	conocéis
ustedes/ellos/ellas	van	conocen

USES OF *SER* AND *ESTAR*

(See page 29)

SER	ESTAR
■ Use **ser** to describe a characteristic of a person, place, or thing: *María **es** una muchacha muy divertida.* *Los leones **son** animales salvajes.*	■ Use **estar** to describe a person's mood or feelings: *Hoy **estoy** muy cansado.* ***Estamos** nerviosos por el examen.*

UNIDAD

1

LO PASÉ MUY BIEN

>>> ¿Dónde está esta familia?

>>> ¿Qué estación del año es en esta foto?

>>> ¿Qué te gusta hacer en tus vacaciones?

Esta familia lo pasa muy bien.

IN THIS UNIT, YOU WILL LEARN TO:

- Talk about past events using the preterite of regular verbs
- Describe how you felt about past events
- Express when past events took place using expressions of time
- Talk about travels and vacations
- Read *Viaje a Cartagena (Colombia)*, Laura Echevarría
- Write an informative e-mail

CULTURAL CONNECTIONS

- Share information about traditional stories and compare cultural similarities

CULTURA EN VIVO

¡VIVAN LAS VACACIONES!

1 Look at the image below of Ramón, his sister, and their father. Read the strategy box. Then answer the questions based on what you see or can infer from the image using the strategy.

a. ¿Qué tiempo hace?

b. ¿Dónde están?

c. ¿Qué hacen?

d. ¿Qué ropa llevan?

e. ¿Crees que lo pasan bien o mal?

f. ¿Quién crees que tomó la foto?

When you have to talk about an image or a situation and you do not know a word, define the object to which it refers using words and phrases you already know, describe its characteristics, or use gestures in order to be understood.

2 🔊 6 Read through the conversation between Ramón and Carolina to get the gist of what they are talking about. Then listen to the conversation and use context clues to better understand what is being said. Then fill in the blanks with the missing words.

comí o pasaste o visitamos o monté o visité o viajaste o conocí o jugué o nadé o pasé

Ramón: Mira esta foto.

Carolina: ¡Qué playa tan bonita! ¿Adónde (a) .... el verano pasado?

Ramón: Mis padres, mi hermana y yo (b) .... Ibiza.

Carolina: ¿Y qué tal lo (c) ....?

Ramón: Muy bien. (d) .... tiempo en la playa y (e) .... en aguas cristalinas.

Carolina: ¿Y qué más?

Ramón: Pues (f) .... el casco antiguo, subí a un barco, (g) .... en una moto acuática, (h) .... mucho pescado, (i) .... al volley-playa y al ping-pong con mi hermana y mi padre. ¡Ah! también (j) .... a mucha gente. La verdad es que Ibiza es un lugar inolvidable (*unforgettable*).

Carolina: ¡Qué bien! Quiero ir el verano que viene.

Ramón: Pues te lo vas a pasar fenomenal también.

3 🎵 6 **Listen again to the conversation and check your answers from Activity 2. Then decide if the statements below are true (T) or false (F) to show your understanding.**

	T	F
a. Ramón viajó a Ibiza con su familia el verano pasado.	☐	☐
b. Ramón no pasó unas buenas vacaciones.	☐	☐
c. No se bañó en el mar.	☐	☐
d. Practicó deportes como el volley-playa y el ping-pong.	☐	☐
e. A Ramón no le gustó Ibiza.	☐	☐

4 **What vacation activities does Ramón mention in his conversation? Write the correct sentences under each image. Then guess the infinitive of the verb in each of the sentences.**

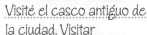
Visité el casco antiguo de la ciudad. Visitar

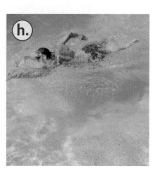

- ■ Share your answers with your partner to practice and learn the vocabulary.
- ■ Write the words from your partner's list that you didn't know or didn't remember.

5 👥 **Make a list of three activities you did on your last summer vacation. Then share your sentences with a partner. Add a few more details and present your experience to the class.**

6 **Your school will be hosting an exchange student from Uruguay, and your Spanish teacher asked you to plan a weekend excursion that highlights your favorite aspects of Florida. Research in Spanish to find things to do and places to stay. Present the written itinerary to your teacher.**

DESCRIBING AN EVENT IN THE PAST

» **¿Qué tal** tus vacaciones del año pasado? *How was your vacation last year?*

» **Lo / La pasé... fenomenal / genial / muy bien / bien / regular / mal / muy mal / fatal.**
I had a (an)...fantastic / awesome / very good / good / not so good / bad / very bad / awful...time.

FROM THE corpus

- In Mexico **estar padre / padrísimo** (*great, fantastic*) is used:
  Viajé con Gina por Guanajuato, ¡estuvo padrísimo!

- In Venezuela, Colombia, Ecuador, Panama, and the Dominican Republic **estar chévere** is used:
  En la Hacienda de Mayor hicieron una fiesta ayer. ¡Estuvo chévere!

» ¿Montaste en una moto acuática? *Did you ride a jet ski?*

» **Sí, me gustó... mucho / bastante.** *Yes, I liked it...a lot / quite a bit.*
No, no me gustó... mucho / demasiado / nada. *No, I didn't like it...a lot / too much / at all.*

» ¿Qué tal tu viaje a México? *How was your trip to Mexico?*

» **Fue... muy divertido / interesante / bonito / aburrido.** *It was...a lot of fun / interesting / beautiful / boring.*

Use **encantar** to say you really liked something:
Me encantó visitar el parque nacional. *I loved visiting the national park.*

1 🔊 7 **Listen to three conversations about summer vacations. Listen for the expressions they use to describe their vacations and list them in the appropriate column.**

Conversación	⊕ Positivas	⊖ Negativas
a.		
b.		
c.		

2 🔊 7 **Listen to the conversation again. Where did they spend their vacation?**

a. ....

b. ....

c. ....

3 Read the following sentences and choose the correct option.

a. Visité el centro comercial nuevo de mi barrio y me gustó ....
- ☐ regular
- ☐ bastante
- ☐ nada

b. La fiesta de Marcos .... porque no tocaron música moderna.
- ☐ no me gustó
- ☐ la pasé muy bien
- ☐ me gustó

c. El libro que leí la semana pasada me gustó mucho. ....
- ☐ Estuvo chévere
- ☐ Fue muy divertido
- ☐ La pasé fatal

d. En la excursión a la montaña lo pasé .... y me divertí mucho.
- ☐ fatal
- ☐ bastante
- ☐ fenomenal

e. Llegué tarde al cine y la película no me gustó ....
- ☐ mal
- ☐ fenomenal
- ☐ mucho

f. El partido de fútbol de ayer fue .... ¡No pasó nada, ningún equipo metió gol!
- ☐ interesante
- ☐ aburrido
- ☐ muy mal

4 With a partner, complete the sentences using cues from the images.

La película...   En la excursión...   La exposición...   En el concierto...

5 In groups of four, take turns asking and answering the questions. Present your information to the class.

a. ¿Dónde pasaste tus vacaciones el verano pasado?

b. ¿Con quién fuiste de vacaciones?

c. ¿Cómo lo pasaste?

d. ¿Qué te gustó mucho?

e. ¿Qué no te gustó nada?

f. ¿Qué fue interesante?

MORE IN ELEteca | EXTRA ONLINE PRACTICE

ANTES DEL VIDEO

1 Look at the scenes depicted in the images above and with a partner, answer the questions according to what you see and think is happening.

a. ¿Quiénes son estas personas?   **c.** ¿Qué hacen?   **e.** ¿Qué van a comer?

b. ¿Dónde están?   **d.** ¿De qué crees que hablan?

2 Take turns describing one of the characters in Image 1, 2, 3, or 4. Your partner will guess in which of the images this person appears.

3 Describe Juanjo and Lorena in Images 3 and 4 using *ser* and *estar* in each sentence.

4 Look at Image 5 and select the best response to the question.

¿Qué tal crees que lo pasaron?

a. Fue bastante aburrido.   **c.** Sí, les gustó mucho la película.

b. Los amigos lo pasaron fatal.   **d.** Lo pasaron genial.

DURANTE EL VIDEO

5 Watch the following segment and indicate whether the statements are true (T) or false (F) to show your understanding.

00:00 - 02:56

	T	F
a. Alfonso pensó mucho en sus amigos durante las vacaciones.	☐	☐
b. Alfonso estudió mucho durante las vacaciones.	☐	☐
c. Fue a visitar a su familia y viajó un poco.	☐	☐
d. A Juanjo le parecen unas vacaciones muy divertidas.	☐	☐
e. Juanjo quiere conocer a la prima de Alfonso.	☐	☐
f. Alfonso va a presentar a Juanjo a su prima Laura.	☐	☐

6 Watch the segment again and complete the chart with Alfonso's activities. Listen for three places he went, with whom, and whether he had a good time.

	¿Dónde fue?	¿Con quién?	¿Cómo lo pasó?
1			
2			
3			

7 Watch the next segment of the episode and select the correct response.
02:56 - 03:20

1. ¿Qué hizo Eli durante las vacaciones?
- **a.** ☐ Cuidó a unos niños.
- **b.** ☐ Cuidó la casa de sus vecinos.
- **c.** ☐ Cuidó a bebecitos.

2. ¿Por qué?
- **a.** ☐ Los padres de Eli fueron de vacaciones.
- **b.** ☐ Los vecinos fueron de viaje.
- **c.** ☐ Eli fue de viaje.

3. ¿Cómo lo pasó?
- **a.** ☐ Lo pasó fatal.
- **b.** ☐ Fue aburrido.
- **c.** ☐ Lo pasó bastante bien.

4. ¿Qué opina Juanjo de las vacaciones de Eli?
- **a.** ☐ Piensa que fueron divertidas.
- **b.** ☐ Piensa que lo pasó mal.
- **c.** ☐ Piensa que Eli no dice la verdad.

8 In the next scene, Juanjo talks about his vacation. Before watching the segment
03:20 - 04:27 think about what you expect him to say. Do you think Juanjo had a good time? Which of the images from the previous page might provide a clue? Share your thoughts with a partner. Do you both agree? Now watch the segment and complete the sentences about what Juanjo did.

- **a.** Trabajó en ....
- **b.** Sirvió ....
- **c.** Lavó ....
- **d.** Salió a comprar ....
- **e.** Preparó ....

9 In the final scene, Lorena talks about her vacation. Watch the segment and check off
04:27 - final the activities she did.

- ☐ Fue al cine.
- ☐ Salió con unas amigas.
- ☐ Sacó muchas fotografías.
- ☐ Conoció a unas amigas.
- ☐ Trabajó.
- ☐ Fue al museo.
- ☐ Viajó.
- ☐ Vio muchas películas en la televisión.
- ☐ Paseó por la ciudad.
- ☐ Vio una exposición muy chévere.
- ☐ Salió varias noches a bailar.
- ☐ Hizo muchas cosas.

DESPUÉS DEL VIDEO

10 Discuss the following questions in groups of three.
- **a.** ¿Qué vacaciones de las que cuentan los muchachos te parecen más divertidas?
- **b.** ¿Cuáles son las peores? ¿Por qué? ¿Están de acuerdo todos en tu grupo?
- **c.** ¿La pasaste mal alguna vez durante las vacaciones? ¿Por qué? Cuéntaselo a tus compañeros/as.

 **MORE IN ELEteca** | EXTRA ONLINE PRACTICE

1 **Match the actions below with the correct images.**

a. Preparar la maleta.

b. Comprar el boleto de avión.

c. Tomar un taxi al aeropuerto.

d. Consultar blogs sobre las experiencias de otra gente.

e. Hacer la reservación de habitación en el hotel.

f. Buscar *(look for)* un destino interesante en Internet.

FROM THE corpus

- In México and Central America **hacer una reservación** is used: *Ella se va a encargar de **hacer la reservación** de los boletos en la agencia de viajes.*

- In Spain **reservar** is used: ***Han reservado** habitación en el hotel.*

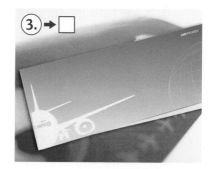

2 **In what order do you think Isabel did the following things before going on vacation? Number the actions in the correct order. Present to the class what you would do before going on a trip. Be sure to use a logical sequence for your instructions.**

Isabel…

☐ preparó la valija.

☐ compró el boleto de avión.

☐ consultó blogs sobre las experiencias de otra gente.

☐ reservó habitación en el hotel.

☐ tomó un taxi al aeropuerto.

☐ buscó un destino interesante en Internet.

FROM THE corpus

- In Mexico and Central America you can use the words **boleto** or **pasaje** and **valija**.

- In Spain **billete** and **maleta** are used respectively.

3 How do you and your family prepare for vacation? Answer the questions below. Then, in small groups of four, exchange information. Practice active listening by restating your classmates' information to clarify meaning.

a. En tu familia, ¿quién decide adónde van a ir de vacaciones? ¿Todos? ¿Tus padres? ¿Tú?

b. ¿Buscan información en Internet sobre el lugar o hablan con otras personas?

c. ¿Compran los pasajes por Internet? ¿Reservan el hotel por Internet?

d. ¿Qué haces tú antes de viajar? ¿Preparas tu maleta?

e. Normalmente, ¿llevas una maleta grande, una maleta pequeña o solo una mochila?

f. ¿Qué cosas llevas siempre cuando vas de vacaciones?

Modelo: En mi familia, todos decidimos adónde vamos a ir de vacaciones...

4 8 Listen to the words in Spanish for items you might pack for a beach or camping vacation and fill in the missing words.

.... de baño

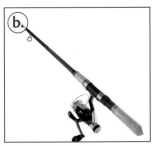

caña de ....

saco de ....

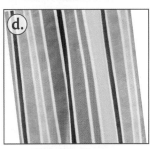

toalla de ....

protector ....

.... de campaña

....

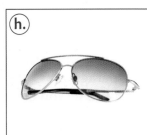

gafas / lentes de
....

....

....

....

.... digital

5 Last year, Luis's family could not agree on a vacation destination. So Luis and his father went camping, and his mother and sister Alba went to the beach. Select the items each pair probably packed for their car trip. *¡Atención!* Some items may be used for both destinations. Then compare your answers with a partner.

Para ir de campamento, Luis y su padre llevaron…

Para ir a la playa, Alba y su madre llevaron…

Modelo: ¿Qué llevaron Luis y su padre?

6 Name three items you consider essential for camping and three for going to the beach. Then ask five classmates for their choices. Present your findings to the class. Which items were the most popular?

Ir de campamento
Para mí es esencial llevar… ....
....
....
Para mis compañeros/as… ....
....
....

Ir a la playa
Para mí es esencial llevar… ....
....
....
Para mis compañeros/as… ....
....
....

7 Read this strategy box, choose a place you have visited with your family, and write a short paragraph explaining where you went, what you did, what you took with you and how you liked it. You can also choose a place you have read about.

Modelo: El año pasado viajamos a Playa del Carmen. La pasamos… Nadamos en el mar y visitamos unas ruinas mayas. Llevamos… Nos gustó…

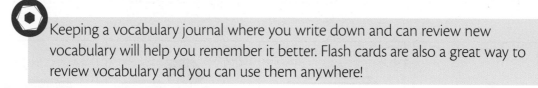

Keeping a vocabulary journal where you write down and can review new vocabulary will help you remember it better. Flash cards are also a great way to review vocabulary and you can use them anywhere!

8 **PEER REVIEW** With a partner, exchange your paragraphs, and answer the following questions to discuss with him/her.

a. Subraya las actividades que hizo. ¿Son similares a las tuyas?

b. Marca y cuenta los objetos que llevó. ¿Quién llevó más?

c. ¿Qué expresiones usa para explicar cómo disfrutó?

9 Last year, Silvia went skiing with her family in Bariloche, Argentina. She wrote to her friend Miguel to tell him about her trip. Read her e-mail and fill in the blanks with the correct words from the list.

bañamos ○ bajaron ○ escuché ○ patinaron ○ esquié ○
inolvidable ○ tranquilo ○ avión ○ genial ○ mucho

Asunto: Mi viaje a Bariloche

De: silviaromero@gmail.com   Para: miguel22@hotmail.com

Querido Miguel:

El invierno pasado yo (a) .... en Bariloche. ¡Lo pasé (b) ....! Viajé con toda mi familia, tíos y primos también. El viaje en (c) .... fue largo, pero muy (d) ....
(e) .... música todo el tiempo. Nos alojamos (*stayed*) en un hotel muy bonito que nos gustó (f) .... Todos hicimos algo diferente. Mis hermanas Laura y Sandra (g) .... sobre hielo y mis primos (h) .... por las pistas (*slopes*) en snowboard. Por la tarde nos (i) .... en la piscina del hotel. En fin, un viaje (j) .... Aquí te mando una foto.
Un beso,
Silvia

10 🔊 9 Listen to Jorge talk about his vacation. Select the images below that apply to his trip.

11 👥 With a partner, use the images you selected in Activity 9 to write five sentences about Jorge's trip to Cuba. Here are some verbs you can use: *viajó, compró, fue a, visitó, se alojó en, le gustó, lo pasó...*

Modelo: Jorge viajó a Cuba...

 **MORE IN ELEteca** │ EXTRA ONLINE PRACTICE

1. PRETERITE OF REGULAR VERBS

■ Use the preterite tense to talk about actions that were **completed in the past**:

Yo **comí** en un restaurante con mis padres. *I ate at a restaurant with my parents.*

Ustedes **salieron** de la casa tarde. *You left the house late.*

■ To form the preterite tense of a regular verb, add the preterite endings to the stem of the verb:

	VIAJAR	COMER	VIVIR		VER
yo	viaj**é**	com**í**	viv**í**		**vi**
tú	viaj**aste**	com**iste**	viv**iste**		**viste**
usted/él/ella	viaj**ó**	com**ió**	viv**ió**		**vio**
nosotros/as	viaj**amos**	com**imos**	viv**imos**		**vimos**
vosotros/as	viaj**asteis**	com**isteis**	viv**isteis**		**visteis**
ustedes/ellos/ellas	viaj**aron**	com**ieron**	viv**ieron**		**vieron**

■ Except for **ver**, all regular verbs have accent marks in the **yo** and the **usted/él/ella** forms. Notice how they affect pronunciation:

Jorge viaj**ó** a México. *Jorge traveled to Mexico.*   Com**í** mucho pescado. *I ate a lot of fish.*

Vio ballenas en el mar. *He/She saw whales in the sea.*

1 **Carlos researched the history of Ibiza on the Internet. Write the appropriate preterite of the verbs in parentheses.**

Ibiza

Ibiza es una de las islas más conocidas del Mediterráneo por ser el lugar de vacaciones de muchos turistas europeos. Pero ellos no siempre (a) .... (vivir) aquí. Los primeros visitantes de la isla (b) .... (llegar) el siglo pasado, en los años ochenta, y allí (c) .... (descubrir) una atractiva ciudad, un bello entorno natural y unas playas tranquilas de arenas blancas. Su fama (d) .... (extenderse) internacionalmente. En los años sesenta y setenta su economía (e) .... (cambiar) la pesca y la agricultura por el turismo. Además de su increíble paisaje, la ciudad tiene una valiosa fortaleza y muralla. En 1999 la Unesco (f) .... (declarar) la ciudad Patrimonio de la Humanidad.

2 **Complete the following questions with the correct preterite form of the verb in parentheses. Then answer each question based on the information about Ibiza from Activity 1.**

a. ¿En qué época (llegar) .... los primeros visitantes?

b. ¿Qué (ver) .... en esta ciudad?

c. ¿Cuándo (crecer) .... el turismo?

d. ¿Cuándo (nombrar, ellos) .... a esta ciudad Patrimonio de la Humanidad?

3 Combine elements from each column to make logical sentences. ¡Atención! Use the preterite form for all verbs.

ellos	descubrir	pueblo pequeño
yo	probar	la comida típica
ustedes	vivir	Santo Domingo
nosotros	crecer *(to grow up)*	cerca del mar
él	visitar	centro de la ciudad

Modelo: *Ellos descubrieron un pueblo pequeño.*

a. ....

b. ....

c. ....

d. ....

e. ....

f. ....

Un pueblo de la costa

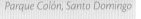
Parque Colón, Santo Domingo

Ensalada de lechuga, aguacate y plátanos fritos

4 Choose the correct option in each sentence.

a. Nosotros **empecé** / **empezaron** / **empezamos** el viaje en Perú.

b. Mi hermana **llegó** / **llegaste** / **llegué** tarde al aeropuerto.

c. En el avión yo **jugué** / **jugamos** / **jugaron** a los videojuegos con mi hermano para pasar el tiempo.

d. En Cusco, mis padres **almorcé** / **almorzaste** / **almorzaron** en un restaurante típico de la ciudad.

e. Ellos **se enojó** / **te enojaste** / **se enojaron** con nosotros porque no salimos del hotel.

f. Al día siguiente, nosotros **vi** / **vimos** / **vio** las impresionantes ruinas de Machu Picchu.

> **!** Some verbs will have a spelling change only in the **yo** form:
> - empe**zar** ➡ empe**cé**, empezaste...
> - almor**zar** ➡ almor**cé**, almorzaste...
> - ju**gar** ➡ ju**gué**, jugaste...
> - lle**gar** ➡ lle**gué**, llegaste...
>
> Why do you think this is?

5 In groups of four, take turns asking each other about a vacation you took in the past. Then write out your answers to the questions.

a. ¿Adónde viajaste de vacaciones el verano pasado? ....

b. ¿Cómo lo pasaste? ....

c. ¿Qué hiciste *(did you do)*? ....

d. ¿Qué viste? ....

e. ¿Descubriste algo interesante? ¿El qué? ....

f. ¿Compraste algo interesante? ¿Qué? ....

Y tú, ¿adónde viajaste el verano pasado?

2. EXPRESSIONS USED WITH THE PRETERITE

■ The preterite is often used with expressions that pinpoint a particular occasion or a specific point in time:

• **ayer** *yesterday*

• **ayer por la mañana / tarde** *yesterday morning / afternoon*

  Ayer por la mañana caminé a la escuela. Yesterday morning, I walked to school.

• **anoche** *last night*

  Anoche visité a mi abuela. Last night, I visited my grandmother.

• **el mes / año pasado** *last month / year*

  El año pasado descubrí Puerto Rico. Last year, I discovered Puerto Rico.

• **el otro día** *the other day*

  El otro día cené con mis abuelos. The other day, I had dinner with my grandparents.

• **hace dos días / años** *two days / years ago*

  Hace dos años viajé a España. Two years ago, I traveled to Spain.

• **en agosto / 2014** *in August / 2014*

  Mi hermano se casó en agosto. My brother got married in August.

6 Choose the correct option.

a. **Todavía / La semana pasada / Ahora** visité el museo arqueológico de México.

b. Llegaron muchos turistas a la ciudad **mañana / el mes pasado / la semana que viene**.

c. **En agosto / Pronto / Tarde** compramos una mochila para el viaje.

d. **Ayer / Mañana / Durante** mi madre comió los dulces típicos de allí.

7 **Think about the last time you did the following activities. Use the expressions in the list to say when you did them.**

Modelo: El año pasado viajé en avión.

> ayer ○ anoche ○ el año pasado ○ el mes pasado ○ hace dos días / semanas

a. montar en bicicleta

b. comprar un regalo

c. comer con amigos

d. despertarse tarde

e. dormir en un saco de dormir

f. llegar tarde a la escuela

g. salir para una fiesta

h. viajar en avión

8 **The following people decided to stay home instead of going away on vacation. With a partner, talk about what these people did during their vacation and your opinion of their decision. Use your imagination to create interesting descriptions with the verbs in the list.**

¿Dónde?

¿Con quién?

¿Cuándo?

¿Qué le / les gustó?

¿Qué no le / les gustó nada?

caminar

pasarlo bien / mal

comprar

explorar

llevar

ver

visitar

1 Laura recently visited Cartagena, in Colombia. Have you ever heard of this city? What do you know about it?

2 [🔊 10] Read the post Laura wrote on her blog about her visit to this city. Match the images with the words highlighted in the text.

BLOG: Mis viajes

Cartagena, Colombia
(Foto: Gary C. Tognoni)

Cartagena, Colombia
(Foto: Amra Pasic)

Cartagena es, sin duda, una de las ciudades mágicas del mundo. La semana pasada la visité, estuve todo un día y quiero contarles mi experiencia.

Cartagena es mucho más que una ciudad con muralla en el Caribe colombiano; su encanto se encuentra detrás de estas antiguas paredes de piedra. Entrar por sus pequeñas puertas, antes destinadas para los (1) coches de caballos, es como cruzar una línea de tiempo. Pasear por sus calles empedradas (*paved*), ver sus (2) ventanas de colores y balcones con flores produce una sensación maravillosa. Cartagena es una de mis ciudades favoritas del mundo. Claro que no las conozco todas, pero sí que estuve en algunas de las más hermosas.

Empecé el día en Cartagena desayunando en un típico café en la calle de la Iglesia. Es un café que sirve desde desayunos hasta cenas. Lo que más me gustó fue la arepa con huevo y un milo[1] frío en leche de almendras (*almonds*) que tomé. Luego hice un poco de *shopping* en la calle Santo Domingo, donde pueden encontrar lo mejor del diseño colombiano. Salí desde la plaza del hotel Santa Teresa, subí hasta la plaza San Diego y me perdí en las pequeñas calles haciendo fotos a los balcones, tomando coco helado… Cerca de la Plaza San Diego están algunas de mis fachadas (*facades*) favoritas.

Almorcé en una cevichería. El (3) ceviche, a base de pescado y marisco crudos, es un plato para disfrutar comiendo. Tras ello, paseé por Getsemaní, el barrio más bohemio de Cartagena. Está lleno de (4) murales y grafitis y se está convirtiendo en un barrio "hip". Renté una bici y recorrí sus calles al atardecer, ¡un plan perfecto!

¿Disfrutaron de recorrer un poco de esta ciudad conmigo? Si hacen esta guía como hice yo, me cuentan qué les parece, ¿vale?

Pronto les dejo más recomendaciones porque son muchas y prefiero ponerlas en varios artículos.

 **Laura Echavarría**   *Autora colombiana del blog* Fashion lessons.

---

[1] Milo es una marca de cacao en polvo que se mezcla con leche, muy famosa en Colombia. Su nombre es tan popular que designa la propia bebida.

3 **Answer the following questions about the reading.**

    a. ¿En qué parte de Colombia está Cartagena? ....

    b. ¿Cuánto tiempo pasó Laura en la ciudad? ....

    c. ¿Qué vehículo rentó para ver la ciudad? ....

    d. ¿Cómo describe Laura el barrio de Getsemaní? ....

    e. ¿Por qué dice que entrar en la ciudad es como cruzar una línea de tiempo? ....

    ....

4 **Choose the activities Laura did. Then rewrite the sentences that are false to make them true.**

MARTES 14

a. ☐ Desayuno en café típico.

b. ☐ Compras en Getsemaní.
....

c. ☐ Tomar coco helado en un restaurante.
....

d. ☐ Subida a la plaza de San Diego.
....

e. ☐ Hacer fotos por las calles.
....

f. ☐ Por la mañana, paseo por el barrio de Getsemaní.
....

g. ☐ Rentar un coche de caballos.
....

h. ☐ Cenar ceviche.
....

5 **The pictures show typical products and dishes that Laura tried in Cartagena. Look for their names in the text. Which one did she like the best?**

a.   b.   c.   d.

....

6 **Plan a detailed Colombian menu. Follow instructions given below.**

    a. Con tu compañero/a, busca otros platos típicos colombianos. Cada uno de ustedes debe elegir uno.

    b. En pequeños grupos, cada uno explica qué plato eligió y por qué.

    c. Con toda la información obtenida en la actividad anterior, planifica un menú para hacer una comida con toda la clase. Recuerda que debes incluir un primer plato, o varios platos para compartir de primero, dos platos de segundo para elegir, bebida y postre.

    d. Comparte tu menú con tus compañeros/as y elijan el que más les guste a todos ustedes.

7 **Look for a recipe for one of the dishes described above. With your parents' permission and if you have time, prepare the dish at home following the recipe's instructions and share it with your classmates.**

1 ┃╻┃┅┅11 **Listen to the audio and choose the correct options for each person. Then correct the statements that are false.**

    a. Se llama Sofía y es mexicana.
    b. El año pasado viajó a Nueva York con su clase.
    c. Le encanta conocer otras culturas y países.
    d. Quiere conocer Estados Unidos y necesita consejos.

    a. Se llama Alfonso y es colombiano.
    b. El mes pasado viajó a Colombia.
    c. Conoció a la familia de su padre durante su viaje.
    d. Quiere información para viajar a un país europeo.

2 **Read the writing strategy. Then write a draft of an e-mail to one of the persons in the previous activity asking for details of their trip and offering to help in any way you can.**

⬡ Follow these steps to **write an informative e-mail**:

1. **Greet them in an informal way**: *Hola, ¿Qué tal?, ¿Cómo estás?*
2. **Explain** that you are writing to them to give them information.
3. In order to give them good information **ask them for details about their trip**: in what season are they traveling, how long will they stay, and, if they are interested in tours, etc.
4. **Explain what they can do and visit** at their destination, and where they can stay.
5. **Tell them about your experiences** at that destination and why you think that they will like it.
6. **Say good-bye in an informal way**: *Hasta pronto, Hasta luego, Buena suerte en tu viaje...*

¿A quién estás escribiendo?	
¿Por qué estás escribiendo?	
¿Qué preguntas vas a hacerles para conocer las características de su viaje?	
¿Qué lugares puede visitar y qué actividades puede hacer?	
¿Por qué recomiendas ese lugar? ¿Qué relación o experiencia tienes con él?	

3 PEER REVIEW **Exchange drafts with a partner. Answer the questions and discuss them with your partner.**

a. Underline the greeting. Is it an informal greeting?

b. Underline the reason for the e-mail.

c. How many questions ask for information about the person's plans?

d. Does the e-mail have all of the necessary information?

e. Highlight the activities and places suggested. Are they similar to yours?

f. Does it tell how the writer is acquainted with the place being visited? What expression is used? Underline it. Do you and your partner have the same connection to the place being visited?

4 **Get permission from your teacher or parents to write an e-mail to a Spanish-speaking person about their favorite vacation destination. When was it? Where did he/she stay? What places did he/she visit?**

ORTOGRAFÍA Y PRONUNCIACIÓN Las palabras agudas

■ In Spanish, *palabras agudas* are words that have the stress on the last syllable.

1 ·||||⊷12 **Listen to the following words. Notice how the stress falls on the last syllable of each word.**

a. color	**d.** pastel	**g.** almacén	**j.** café	**m.** bebé
b. camión	**e.** comí	**h.** corazón	**k.** mamá	**n.** feliz
c. ratón	**f.** reloj	**i.** amor	**l.** salí	**ñ.** azul

2 **Now classify the words from Activity 1 according to whether they have a written accent or not.**

A. Con tilde	B. Sin tilde

¡VIVAN LAS VACACIONES!

¿No sabes qué hacer durante las vacaciones?
¡Lee nuestra guía!

LOS TOP 5 DE...

LOS VOLUNTARIADOS INTERNACIONALES

Los voluntariados internacionales (international volunteering programs) ofrecen la posibilidad de vivir una experiencia diferente, útil e interesante. En América Latina hay muchas opciones de voluntariados.

✓ Trabajar de voluntario en el bosque pluvial (rainforest) del Amazonas de Ecuador. Allí puedes ayudar a preservar los valores tradicionales de las tribus ecuatorianas.

✓ Cuidar de las alpacas del norte de Bolivia. Las alpacas son animales muy queridos (loved), útiles e importantes en este país. Puedes aprender a rescatarlas (rescue them), limpiarlas y alimentarlas.

✓ Construir casas en las comunidades menos privilegiadas del interior de Guatemala. Puedes aprender a trabajar con ladrillos (bricks) y ayudar a la comunidad.

✓ Excavar, limpiar y catalogar piezas arqueológicas en Huaca Pucllana, Perú, una de las sedes (sites) más misteriosas de América Latina. Allí puedes descubrir la historia del país.

✓ Trabajar en una granja orgánica en escuelas rurales de Chile. Allí puedes aprender sobre agricultura y alimentación.

Fuentes: Huacapucllanamiraflores.pe, hacesfalta.org, UNICEF.

Una voluntaria toma fotos en la selva de Guatemala.

Voluntarios trabajan en la sede de Sacsaywaman, Perú.

Alpacas en Laguna Colorada, Bolivia

Miembro de la tribu Xingu, del Amazonas ecuatoriano

¡Qué interesante! ECOTURISMO EN COSTA RICA

✓ Costa Rica es un país con una cultura ecológica muy importante.

✓ El 5 % de la biodiversidad del planeta se encuentra (is found) en este país.

✓ Costa Rica fue el pionero del ecoturismo y el 25 % del país consiste en parques nacionales y zonas protegidas (protected areas).

✓ El gobierno quiere deshacerse de las emisiones de dióxido de carbono para el 2021.

✓ El país produce más del 98 % de su electricidad a través de recursos renovables (renewable recources).

Fuentes: sitio web oficial de la Oficina de Turismo de Costa Rica; sitio web oficial de la Presidencia de la República de Costa Rica, octubre de 2018.

Puente colgante en la selva de Monte Verde, Costa Rica

🔊 13 Mi experiencia

"Soy Xochi, la tortuga activista... Imagina que tu vivienda *(living place)* se llena de toneladas de botellas y bolsas y cada día comes microplásticos con sustancias químicas. Todo eso daña *(damage)* el ecosistema marino... ¿Es triste verdad?

Eso pasa en mi casa y pone en peligro la vida de mi familia, de ballenas, delfines y muchas especies más.

Por eso, decidí defender mi hogar, salir del mar y ser activista: puedes ayudar con pequeñas acciones diarias, como evitar el uso de bolsas o pajitas de plástico.

Si quieres proteger nuestros océanos y todos sus habitantes, si quieres impedir *(prevent)* los tóxicos en nuestros ecosistemas, si tienes entre doce y diecisiete años, acude al grupo de Chav@s Greenpeace en acción. Actúan de diversas maneras y demandan una solución a los problemas ambientales. ¿Quieres participar?".

(Adaptado del sitio web oficial de Greenpeace México, noviembre de 2018).

¿Quieres defender el ecosistema marino?
(Foto: katarinag)

Chav@s Greenpeace en acción
(Foto: Photo and Vector, 2017)

¿COMPRENDISTE?

Decide if the following sentences are true (T) or false (F).

1. Las alpacas son animales muy útiles en Bolivia. T ☐ F ☐
2. Sacsaywaman es una sede arqueológica de Ecuador. T ☐ F ☐
3. Costa Rica es un país con una diversidad ecológica importante. T ☐ F ☐
4. Greenpeace es una agencia de viajes chilena. T ☐ F ☐
5. Las islas Galápagos son una región de Ecuador. T ☐ F ☐

AHORA TÚ

What do you think? Answer the following questions and discuss your ideas with other students.

1. ¿Cuál de los voluntariados te interesa más? ¿Por qué?
   _____
2. ¿Qué sabes de la organización ecologista Greenpeace?
   _____
3. ¿Sabes en qué consiste la teoría de las especies de Darwin?
   _____
4. ¿Qué puedes hacer para ayudar al medioambiente?
   _____
5. ¿Cómo imaginas que es el paisaje *(landscape)* en las Islas Galápagos? ¿Por qué?
   _____

VOCES LATINAS
EL ECOTURISMO EN PANAMÁ Y COLOMBIA

El rincón de la biología LAS ISLAS GALÁPAGOS

Estas islas son una provincia de Ecuador, un parque nacional y una reserva marina. Son famosas por sus numerosas especies autóctonas *(indigenous)*. Aquí viven iguanas, tortugas gigantes, pingüinos, albatros, leones marinos... Charles Darwin, el naturalista inglés, escribió un estudio sobre estas especies durante su viaje por las islas. El estudio sirvió de base para su famosa teoría de la evolución de las especies. Desde entonces, muchos viajeros, científicos y biólogos visitan la provincia para estudiar sus animales y biología.

Fuente: sitio web oficial de Turismo del Ecuador, 2018.

Iguana marina, en las islas Galápagos

1 Read the sentences and decide if the person's experiences were positive (P) or negative (N).

	P	N
a. El viaje fue aburrido.	☐	☐
b. Estuvo padre.	☐	☐
c. El hotel me encantó.	☐	☐
d. La cena no me gustó nada.	☐	☐

2 Luisa and Roberto are best friends, but they don't always agree on things. Read their conversation and fill in the blanks.

> lo pasé fatal o me encantaron o me gustó o me gustó mucho o no me gustó nada

Luisa: ¿Escuchaste la última canción de Shakira?

Roberto: ¡Sí, (a) .... mucho! ¿A ti te gustó?

Luisa: No, (b) .... No tiene buen ritmo y, además, es muy larga.

Roberto: Nunca te gustan las mismas cosas que a mí.

Luisa: Eso no es cierto, (c) .... la excursión del otro día.

Roberto: ¿De veras? ¡Yo (d) ....! Terminé agotado y con dolor de pies.

Luisa: Debes ponerte los zapatos que te compró tu mamá. ¿No te gustaron?

Roberto: ¡Sí! (e) .... ¿Ves? A los dos nos gustan las mismas cosas.

3 Fill in the blanks with the preterite of the verbs.

a. Anoche (llamar, ella) .... Laura para hablar contigo.

b. La semana pasada (conocer, nosotros) .... a una actriz muy famosa.

c. ¿(Salir, ustedes) .... el viernes pasado?

d. Mis padres (viajar, ellos) .... mucho el año pasado.

e. ¿Qué museo (descubrir, tú) .... en la ciudad?

4 Write the verbs in the infinitive form and identify the subject pronouns.

Modelo: Ayer compramos un boleto de tren. ➡ Nosotros, comprar

a. Anoche llegué de viaje. ....

b. El año pasado descubrí la tienda de regalos. ....

c. ¿Dónde pasaste el domingo? ....

d. ¿Qué compraste para tu nueva habitación? ....

e. ¿Vieron el partido de fútbol? ....

5 **Arrange the following words to describe what people liked or didn't like about their experiences. Be sure to use the preterite form of the verbs.**

Modelo: mi equipo / ganar / porque / en el partido de fútbol / lo / pasar genial ➡ En el partido de fútbol lo pasé genial porque ganó mi equipo.

a. me / gustar / comprar / en el centro comercial / mucha ropa barata

b. a mis amigos / les / gustar mucho / ver el mar / por primera vez

c. el viaje en autobús / porque / no / me / gustar demasiado / salir muy tarde

d. en la playa / mis amigos y yo / lo / pasar chévere / tomar el sol y jugar al vóleibol

LOS VIAJES

6 ||||||---14 **Listen carefully for the details in the advertisements from two different travel agencies. Which agency did Daniel use for his trips?**

1. Visité París y me encantó el museo del Louvre.

2. Viajé a Kenia de safari fotográfico.

a. Viajes Girasol

b. Viajes Rutae

7 **For each group of terms, choose the one that doesn't belong.**

a. alojarse / hotel / maletas / senderismo

b. saco de dormir / avión / linterna / tienda de campaña

c. boleto / playa / tomar el sol / bañarse

d. avión / pasaje / viaje / impermeable

CULTURA

8 **Answer the following questions according to the information you learned in ¡Vivan las vacaciones!**

a. Si te gusta la naturaleza, ¿qué tipo de voluntariado puedes hacer en Bolivia?

b. Si prefieres ayudar a la gente, ¿qué tipo de voluntariado puedes hacer?

c. ¿Qué tipo de vacaciones son populares en Costa Rica? ¿Qué información de este país te parece interesante?

d. ¿En qué parte de Ecuador puedes observar numerosas especies marinas?

AL FINAL DE LA UNIDAD PUEDO...

	☆	☆☆	☆☆☆
a. I can talk about past events using the preterite of regular verbs.	☐	☐	☐
b. I can describe how I felt about past events.	☐	☐	☐
c. I can express when past events took place using expressions of time.	☐	☐	☐
d. I can talk about travels and vacations.	☐	☐	☐
e. I can read and understand Viaje a Cartagena (Colombia), Laura Echevarría.	☐	☐	☐
f. I can write an informative e-mail.	☐	☐	☐

MORE IN ELEteca | EXTRA ONLINE PRACTICE

Los viajes

el billete / boleto *ticket*

los binoculares *binoculars*

la cámara digital *digital camera*

la caña de pescar *fishing pole*

el destino *destination*

la excursión *tour trip, outing*

las gafas / los lentes de
  sol *sunglasses*

el impermeable *raincoat*

la linterna *lantern, lamp*

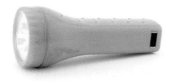

la maleta / la valija *suitcase*

la playa *beach*

el protector solar *sunscreen*

el saco de dormir *sleeping bag*

el senderismo *hiking*

la sombrilla *beach umbrella*

la tienda de campaña *tent*

la toalla de playa *beach towel*

el traje de baño *bathing suit*

Expresiones temporales

el mes / año pasado *last month
  / year*

anoche *last night*

ayer *yesterday*

hace dos días *two days ago*

Verbos

alojarse *to stay (at a hotel)*

bajar *to go down*

bañarse *to take a bath, to go for
  a swim*

buscar *to look for*

conocer *to meet, to be familiar
  with*

contar *to tell, to count*

crecer *to grow (things), to grow
  up (people)*

descubrir *to discover*

empezar (e > ie) *to begin*

enojarse *to get angry*

llevar *to take, to wear*

montar a caballo *to go
  horseback riding*

nadar *to swim*

pasar tiempo *to spend time*

patinar *to skate*

perder(se) (e > ie) *to lose (to get
  lost)*

reservar *to reserve*

subir *to go up*

terminar *to end*

Palabras y expresiones útiles

fenomenal *fantastic*

genial *awesome*

regular *not so good, okay*

fatal *awful*

muy divertido *a lot of fun*

PRETERITE OF REGULAR VERBS

(See page 46)

	VIAJAR	COMER	VIVIR
yo	viajé	comí	viví
tú	viajaste	comiste	viviste
usted/él/ella	viajó	comió	vivió
nosotros/as	viajamos	comimos	vivimos
vosotros/as	viajasteis	comisteis	vivisteis
ustedes/ellos/ellas	viajaron	comieron	vivieron

VER
vi
viste
vio
vimos
visteis
vieron

- Except for **ver**, all regular verbs have accent marks in the **yo** and the **usted/él/ella** forms. Notice how they affect pronunciation.

- Use the preterite to express an action in the past:

  Él empezó a llorar. He began to cry.

  Juan terminó su visita cultural. Juan finished his cultural visit.

  Yo me enojé. I became angry.

- The preterite tense is used to refer to actions in the past that were performed over a period of time or repeated a number of times:

  Tomás vivió en Santiago tres años. Tomás lived in Santiago for three years.

  Llamé a Rita cuatro veces. I called Rita four times.

EXPRESSIONS USED WITH THE PRETERITE

(See page 48)

- To talk about events in the past, you can use certain phrases to pinpoint a particular occasion or a specific time frame:

  • **ayer** *yesterday*

  • **ayer por la mañana / tarde** *yesterday morning / afternoon*
  Ayer por la mañana caminé a la escuela. Yesterday morning, I walked to school.

  • **anoche** *last night*
  Anoche visité a mi abuela. Last night, I visited my grandmother.

  • **el mes / año pasado** *last month / year*
  El año pasado descubrí Puerto Rico. Last year, I discovered Puerto Rico.

  • **hace dos días / años** *two days / years ago*
  Hace dos años viajé a España. Two years ago, I traveled to Spain.

ESTUDIÉ MUCHO

>>> ¿Dónde están los estudiantes?

>>> ¿Qué tienen que hacer?

>>> ¿Cómo se sienten?

Estos muchachos estudiaron mucho la semana pasada.

IN THIS UNIT, YOU WILL LEARN TO:

- Talk about actions in the past using the preterite of irregular verbs and expressions of time

- Express ownership using possessive pronouns

- Recognize different types of communication media and the parts of a newspaper article

- Read *Prensa digital*, Deborah Rodríguez

- Write a news report

CULTURAL CONNECTIONS

- Connect information about Spanish-language newspapers and media to what you already know

CULTURA EN VIVO

LA EDUCACIÓN

Universidad de México, Ciudad de México
(Foto: BondRocketImages)

1 Look at the images of two teenagers on the phone. Then answer the questions based on what you see or can infer from the images.

a. ¿Dónde están estos muchachos?

b. ¿De qué crees que hablan? ¿De la tarea? ¿De planes para salir?

c. ¿Cómo está la muchacha? ¿Y el muchacho?

d. ¿Cuál de ellos piensas que es más como (like) tú? ¿Por qué?

2 🔊 15 Read through the conversation between Sara and Ricardo. Listen to the conversation and use context clues to get the gist of what they are talking about. Then fill in the blanks with the missing words.

Sara: Hola, Ricardo. (a) .... tres entradas para ir al cine esta tarde. ¿(b) .... venir?

Ricardo: Lo siento... pero estoy muy cansado.

Sara: Yo también. Esta semana tuve demasiados exámenes y fui a la biblioteca todos los días. Pero (c) .... que divertirse...

Ricardo: Sí, pero... es que esta mañana me (d) .... bien temprano.

Sara: ¿Te (e) .... temprano? Pero... ¡si hoy es sábado!

Ricardo: Es que tuve que (f) .... a mi padre con las obligaciones de la casa porque mi madre fue a la oficina. La semana pasada estuvo enferma y ahora tiene mucho trabajo con un proyecto muy importante que tiene que preparar con Laura, una compañera suya.

Sara: Entiendo, (g) .... Entonces, ¿qué tal si vamos a tomar un café o a comer algo?

Ricardo: Um..., tampoco puedo. Mi padre (h) .... hace unos minutos al supermercado y estoy aquí con mi hermana. ¿(i) .... a Luisa? Seguro que ella puede ir.

Sara: Buena idea, ahora la llamo.

3 🔊15 **Listen to the conversation again and answer true (T) or false (F) for each statement to show your understanding.**

	T	F
a. Ricardo no está muy ocupado este mes.	☐	☐
b. Sara está muy cansada.	☐	☐
c. Ricardo se levanta todos los sábados muy temprano.	☐	☐
d. La madre de Ricardo tiene mucho trabajo.	☐	☐
e. El padre de Ricardo trabaja los sábados.	☐	☐

> Analyze the information that is asked for and look for the information in the paragraph in the book. After that, re-read the expressions because sometimes they may appear to be true or false, but they actually might be neither.

4 👥 **Take turns role-playing the parts of the conversation with a partner.**

5 **Match the sentences on the left with the correct pronoun(s) on the right.**

1. Esta semana **estuvimos** muy cansados.   **a.** yo

2. **Fui** a la biblioteca.   **b.** ustedes/ellos/ellas

3. ¿Qué **hiciste** el sábado?   **c.** usted/él/ella

4. La semana pasada **estuvo** enfermo.   **d.** nosotros/as

5. **Tuvieron** muchos exámenes.   **e.** él

6. Ricardo no **quiso** salir.   **f.** tú

6 👥 **Take turns asking each other what the following teenagers did to help around the house.**

a. Manuel

Modelo: E1: ¿Qué hizo Manuel?
E2: Lavó la ropa.

Inés y Rafa

Marta

Bea

Mateo

TALKING ABOUT WHERE YOU WENT

» ¿Adónde **fuiste** este fin de semana? *Where did you go this weekend?*

» **Fui** a visitar a mis abuelos. *I went to visit my grandparents.*

» ¿Adónde **fueron** tus vecinos este fin de semana? *Where did your neighbors go this weekend?*

» Mis vecinos **fueron** a Nueva York. *My neighbors went to New York.*

1 **Answer the following questions. Then use the questions to interview a partner.**

a. ¿Adónde fuiste el sábado pasado?

b. ¿Fuiste en carro o fuiste a pie?

c. ¿Con quién fuiste?

d. ¿Adónde fuiste después?

2 **Ask three classmates if they went to the following places last summer. Your classmates will answer with additional information related to the question. Write down their answers.**

Modelo: El: ¿Fuiste a la playa el verano pasado?

Paul: Sí, fui a Seaside Heights.

Eve: No, pero fui a la piscina de mi pueblo.

Justin: No, fui a la piscina.

		Sí	No	
	A la playa	Paul ☒	☐	Seaside Heights
		Eve ☐	☒	Piscina
		Justin ☐	☒	Piscina
	Al cine	☐	☐	
		☐	☐	
		☐	☐	
	A ver un partido de béisbol	☐	☐	
		☐	☐	
		☐	☐	
	De vacaciones	☐	☐	
		☐	☐	
		☐	☐	
	De campamento	☐	☐	
		☐	☐	
		☐	☐	

3 **Using the information you collected in Activity 2, present your findings to the class.**

Modelo: Paul fue a la playa. Emily y Justin fueron a la piscina.

4 Choose a card and take turns with a partner talking and asking about your last vacation. First, tell your partner what you did according to the information on your card. Using the images and destinations below, he/she will ask you where you went. Use the model as a guide. Lastly, create your own description for item e.

| un país extranjero | las montañas | la ciudad | un parque de atracciones |

Modelo: Llevar el pasaporte, una valija y la cámara digital. (Canadá)

       El: Llevé el pasaporte, una valija y la cámara digital.

       E2: ¿Fuiste a un país extranjero?

       El: Sí, fui a Canadá.

Estudiante 1

a. *Visitar* las ruinas mayas de Chichén Itzá. (México)

b. *Ir* al teatro y a los museos. (Nueva York)

c. *Esquiar y tomar* chocolate caliente. (el monte Hood)

d. *Probar* comida típica como ceviche y estofado de res. (Perú)

e. ¿...?

Estudiante 2

a. *Subir* a las atracciones y *comer* palomitas. (el parque Disney)

b. *Alojarse* en un hotel en el centro. (San Antonio)

c. *Conocer* a mucha gente y *practicar* español con ellos. (Puerto Rico)

d. *Caminar* mucho y *descubrir* rutas nuevas. (el parque nacional de Yellowstone)

e. ¿...?

5 Write about where you went with the following people and describe what it was like. Then exchange information with a partner. Discuss your answers and ask follow-up questions to keep the conversation going.

Modelo: Fui al centro comercial con mi hermana. Fue aburrido. No compré nada.

a. con mis padres

b. con mi mejor amigo/a

c. con mi clase de…

d. con mi hermano/a (primo/a)

Use **fue** to describe an event in the past:

» ¿Qué tal **fue** el viaje?

» **Fue** inolvidable.

ANTES DEL VIDEO

1 Before planning a trip, it's important to plan what you wish to do there. Match the activity with the best option. Then think about some of the advantages and disadvantages each plan could have. Present your ideas to your classmates.

Objetivos	Planes
1. Descansar y relajarte unos días.	**a.** Pasar unos días en un lugar de sol y playa.
2. Divertirte con tus amigos.	**b.** Hacer una excursión al campo o montaña para hacer acampada.
3. Hacer deporte y respirar aire puro.	**c.** Ir a un festival de música.

Modelo: Para mí es importante / necesario / esencial ir a la playa para descansar y relajarme. Lo malo es si hace mal tiempo porque, entonces, no te puedes bañar.

2 Look at the images indicated below and select the option you think best describes what the episode will be about. Then check your answers with a partner. Do you agree?

Imágenes 1 y 2

a. Sebas y Felipe están en la estación de autobuses esperando a sus amigos para ir de acampada.

b. Sebas y Felipe vuelven de un fin de semana en la playa, y Alfonso y Juanjo de unos días de acampada.

c. Sebas y Felipe vuelven de hacer acampada, y Alfonso y Juanjo de un festival de música.

Imágenes 3 y 4

a. Sebas y Felipe están encantados con su experiencia en la playa, Juanjo y Alfonso comentan que ellos se divirtieron mucho en el campo. Deciden compartir un taxi porque tienen la misma ruta para ir a casa.

b. Los muchachos se encuentran después de sus viajes, comentan cómo les fue y deciden compartir un taxi.

c. Los muchachos llegan a su destino y tienen que tomar un taxi para ir al *camping* porque está muy lejos del pueblo.

Imágenes 5 y 6

a. Los muchachos están dormidos porque están muy cansados de su acampada y su festival. Eli protesta porque los muchachos están muy sucios después de varios días sin ducharse.

b. Los muchachos están dormidos porque los viajes al pueblo, primero, y después al *camping*, fueron muy largos. Eli, que llegó al *camping* con otra amiga dos días antes, les espera. Al abrir la puerta del taxi se da cuenta de que huele muy mal.

c. Los muchachos están dormidos porque Sebas y Felipe salieron todas las noches en aquella ciudad de playa, y Alfonso y Juanjo no pudieron dormir bien porque hizo frío y llovió mucho durante su acampada. Eli los recibe y les cuenta que hay un incendio en el barrio.

DURANTE EL VIDEO

3 👥 **Watch the episode and check your answers to Activity 2. Did you and your partner guess correctly?**

DESPUÉS DEL VIDEO

4 **Match the columns to form correct statements about the episode. Then indicate whether the statement refers to Sebas, Felipe, Juanjo or Alfonso. Write the number and letter pairs under the correct image.**

1. Pasó mucho tiempo en la tienda de campaña…

2. Caminó mucho bajo la lluvia…

3. Está muerto de sueño…

4. Sugiere compartir el taxi…

5. Piensa que fue un desastre…

6. No sabe dónde está su mochila…

7. No quiere decir dónde durmieron…

8. No escucha bien…

a. porque no durmió muy bien debido al frío y al mal tiempo.

b. para no estar aburrido.

c. porque no consultaron el pronóstico del tiempo antes de ir de acampada.

d. porque hizo muy mal tiempo y llovió todo el día.

e. porque la metió Sebas en el taxi.

f. porque pasó mucho tiempo cerca de los altavoces para no mojarse.

g. porque ellos también van en esa dirección.

h. porque en realidad no durmieron.

Sebas

| 2b |

Felipe

Juanjo

Alfonso

5 **Imagine that the guys had not run into each other at the station. Write an e-mail from Sebas to Alfonso telling him about the weekend. Then write Alfonso's response to Sebas telling him about his own weekend.**

💻 **MORE IN ELEteca** | EXTRA ONLINE PRACTICE

1 🔊 16 **Look at the different types of communication media and listen to a message about how we use them. Then answer the questions to show understanding.**

| la televisión | Internet | las redes sociales | la radio | la prensa |

Según el informe, ¿cuál es el medio de comunicación más utilizado? ¿Cuál es el medio más utilizado por los jóvenes? ¿Cuál es el menos utilizado?

2 **Look at these covers (portadas) and match them to the type of media they represent.**

1. ☐ periódico
2. ☐ noticias de los famosos
3. ☐ prensa deportiva
4. ☐ revista de información científica

(a.)   (b.)   (c.)   (d.)

3 **Look at the covers of these sports magazines and newspapers again and then answer these questions.**

a. ¿Cómo se llama el periódico deportivo?
b. ¿Quién se subió el sueldo?
c. ¿Quién extraña a su hijo?
d. ¿Qué enfermedad transmite el insecto?

4 **Match the words referring to people with the category most closely associated with them. Then read the following article about gossip magazines in Spanish and fill in the blanks with a person from the list.**

1. lectores   **a.** la fama
2. modelos   **b.** la personalidad
3. famosos   **c.** el concurso
4. deportistas   **d.** el deporte
5. concursantes   **e.** la moda
6. personajes   **f.** la lectura (reading)

La *prensa rosa* informa sobre la vida personal de los (1) .... Unos dos millones y medio de (2) .... siguen las noticias de actores, cantantes, (3) ...., (4) ...., presentadores, (5) .... de *reality-shows* y otras celebridades. A pesar de (Despite) su popularidad, muchas personas critican estas publicaciones por celebrar a (6) .... con pocos valores morales.

5 👥 **Meet in groups of four to discuss your views on news sources. What conclusions can you draw from what you and your friends prefer? Use the questions as a guide.**

• ¿Prefieren ver programas en la televisión o leer las noticias en la computadora? ¿Por qué?

6 Look at the words in Spanish for the different parts of a newspaper article. Can you recognize what each represents? Are any of these examples of cognates or false cognates?

Titular →

Aumenta el número de becas para estudiar en el extranjero

Subtítulo →

El Gobierno quiere promocionar el intercambio cultural y el aprendizaje de lenguas entre los jóvenes

Entrada →

Esta semana el Ministerio de Educación publicó una nueva convocatoria de becas dirigidas a estudiantes del último año de Secundaria para iniciar sus estudios en universidades de países hispanos.

Cuerpo de la noticia →

La ministra de Educación anunció su objetivo de mejorar la formación académica y lingüística de los estudiantes y las relaciones culturales entre Estados Unidos y los países hispanos.

⬡ Get in the habit of reading short news items (either in print newspapers or digital sources). It will help you learn the forms and uses of the preterite. It will also allow you to practice your reading and will increase your vocabulary.

7 👥 With a partner, create your own headline and subhead for two of the following images. Use the vocabulary and the cues provided. Share your headlines with the class.

- ¿De dónde son?
- ¿Dónde está(n)?
- ¿Qué hicieron? / ¿Qué pasó?
- ¿Qué va(n) a hacer ahora?

❗ Vocabulario útil:
- el campeonato *championship*
- la carretera *road*
- la copa *trophy*
- los fotógrafos *photographers*
- la lotería *lottery*
- ganar *to win*

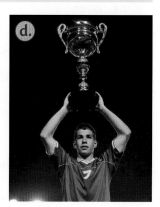

 **MORE IN LEteca** | EXTRA ONLINE PRACTICE

GRAMÁTICA

1. PRETERITE OF IRREGULAR VERBS

In Unit 1, you learned the preterite form of regular verbs. In this unit, you will learn the preterite forms of irregular verbs, some of which you have already seen and used. Remember to use the preterite to talk about actions that were completed in the past:

	SER / IR	DAR (to give)
yo	fui	di
tú	fuiste	diste
usted/él/ella	fue	dio
nosotros/as	fuimos	dimos
vosotros/as	fuisteis	disteis
ustedes/ellos/ellas	fueron	dieron

- The preterite forms of **ser** and **ir** are identical. However, you will easily understand the meaning from context:

  Nadia **fue** a Puerto Rico. *Nadia went to Puerto Rico.*

  Fue un viaje genial. *It was a great trip.*

  David **fue** campeón el año pasado. *David was champion last year.*

- The verb **dar** is often used with indirect object pronouns to indicate who receives the item given:

  Yo **les di** las noticias. *I gave them the news.*

  Ellos **me dieron** su número de teléfono. *They gave me their phone number.*

Indirect object pronouns:	
me	nos
te	os
le	les

---

1 **Fill in the blanks with the correct preterite form of the verbs *ser*, *ir*, and *dar* according to the context of the sentence.**

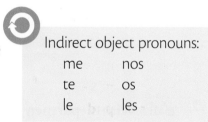

a. El otro día yo .... a casa de mi abuela y me .... un regalo.

b. Maradona .... un gran futbolista argentino.

c. Ayer .... el aniversario de casados de mis padres.

d. Mi hermana les .... el regalo en el restaurante.

e. Anoche nosotros .... en autobús a la ciudad.

f. La semana pasada los profesores .... camisetas gratis.

g. El fin de semana mis vecinos .... a Los Ángeles.

---

2 🔊 17 **Listen to the sentences and decide if the verb you hear refers to *ser* or *ir*.**

a. ☐ ser	b. ☐ ser	c. ☐ ser	d. ☐ ser	e. ☐ ser
☐ ir	☐ ir	☐ ir	☐ ir	☐ ir

3 👥 **Think about the last gifts you gave the following people and when. Then exchange information with a partner. Did you give any of the same gifts?**

Modelo: a mi padre   E1: A mi padre le di una cámara digital.
    E2: ¿Cuándo fue?
    E1: Fue para las navidades.

a. a mi madre

b. a mi perro / gato

c. a mis primos

d. a mi mejor amigo/a

e. a mi profesor/a

2. VERBS WITH IRREGULAR PRETERITE STEMS

- Some verbs have an irregular stem in the preterite and use the same endings: **–e, –iste, –o, –imos, –isteis, –ieron**:

New stem [u]		Endings	
andar	**anduv–**		anduve, anduviste, anduvo, anduvimos, anduvisteis, anduvieron
estar	**estuv–**		estuve, estuviste, estuvo, estuvimos, estuvisteis, estuvieron
poner	**pus–**	e	puse, pusiste, puso, pusimos, pusisteis, pusieron
poder	**pud–**	iste	pude, pudiste, pudo, pudimos, pudisteis, pudieron
tener	**tuv–**	o	tuve, tuviste, tuvo, tuvimos, tuvisteis, tuvieron
New stem [i]		imos	
		isteis	
hacer	**hic/z–**	ieron	hice, hiciste, hizo, hicimos, hicisteis, hicieron
querer	**quis–**		quise, quisiste, quiso, quisimos, quisisteis, quisieron
venir	**vin–**		vine, viniste, vino, vinimos, vinisteis, vinieron

» ¿Dónde **pusiste** mi celular? *Where did you put my cell phone?*
» Lo **puse** en tu mochila. *I put it in your backpack.*

» ¿Qué **hiciste** el verano pasado? *What did you do last summer?*
» Nada. Mis primos **vinieron** a visitarnos. *Nothing. My cousins came to visit us.*

- Verbs with irregular preterite forms do not have an accent mark on the **yo** and **usted/él/ella** forms as regular verbs do: *comí, ha**blé**, **pu**de, **vi**ne, **qui**se...*:

*Ayer **vine** de viaje y hoy estoy muy cansado. Yesterday I came back from a trip and today I'm very tired.*

GRAMÁTICA

4 Marco needs help with irregular verbs in the preterite. Write the correct form of the preterite for each verb listed. Then compare your answers with a partner.

a. hacer, él: ....
b. tener, ellos: ....
c. tener, usted: ....
d. poner, tú: ....
e. querer, nosotros: ....
f. andar, ellos: ....
g. estar, yo: ....
h. poder, tú: ....
i. venir, ustedes: ....
j. dar, ella: ....

5 Fill in the blanks with the correct preterite form of the verb in parentheses.

a. Ayer (estar, yo) .... en el parque.
b. Hoy Ana está muy cansada porque anoche no (poder) .... dormir bien.
c. La película que vimos el jueves (ser) .... muy emocionante.
d. En diciembre mis tíos (venir) .... a casa para celebrar las navidades con nosotros.
e. El mes pasado mi madre (hacer) .... tarta de naranja. ¡Qué rica!
f. El año pasado Ricardo (ir) .... de vacaciones a Costa Rica.
g. En agosto (yo, tener) .... la gripe.
h. Mi compañero de clase me (dar) .... un bolígrafo.

6 Use the reflexive verb *ponerse* to describe what the people below put on before going to the places indicated. Then compare your answers with a partner.

Modelo: Elena: para ir al partido
Elena se puso la camiseta del equipo para ir al partido.

a. los senderistas: para ir a la montaña
b. la actriz: para ir al estreno (*premiere*) de su película
c. yo: para ir a la playa
d. nosotros: para ir a la escuela
e. tú: para ir al gimnasio
f. nosotros: para ir de fiesta
g. ellas: para ir al parque

7 With a partner, explain why the following people were not able to go out last Saturday. Use *no poder* and *tener que* and the information in the images to provide as much detail as possible. Then present your explanations to the class.

Modelo: Marisol / preparar

Marisol no pudo salir el sábado. Tuvo que preparar una presentación para la clase. Al final, hizo un buen trabajo.

Ignacio / trabajar   Iván y Rafael / jugar   sus padres / pintar   su hermana / cuidar

8 Here is an old postcard Javi sent to his parents when he visited Argentina many years ago, but parts of it have faded. Fill in the missing verbs with the ones from the list. Use the correct form of the preterite.

estar ○ querer ○ dar ○ ir ○ ser ○ ponerse ○ decir ○ tener

Buenos Aires, 11 de julio de 1982

Queridos papá y mamá:

Llevo tres días en Buenos Aires y lo estoy pasando muy bien. Es muy cosmopolita. El primer día (a) .... mi primera clase de Historia de Hispanoamérica. Después, (b) .... con otros muchachos a la plaza de Mayo. Es inmensa. (c) .... el abrigo porque aquí hace frío en esta época. Un argentino me (d) .... de un restaurante muy barato donde se come muy bien. El segundo día (e) .... en la Catedral Metropolitana. Después, (f) .... tomar mate, que es una bebida típica argentina similar al té. Anoche una muchacha me (g) .... una invitación para ir a una fiesta y bailar tangos. ¡(h) .... una fiesta increíble!

Nos vemos pronto. Un abrazo para los dos.

Fernando.

9   Write an e-mail in Spanish about a trip you have taken. Use the postcard in Activity 8 as a model. Then exchange your e-mail with a partner for peer editing. Did your partner use the correct verb forms?

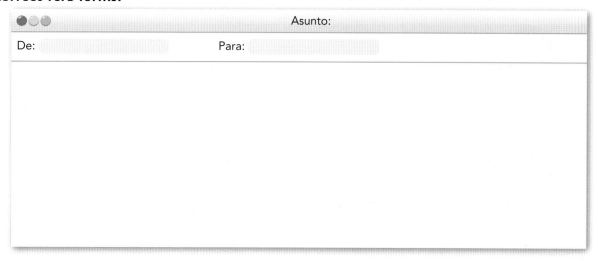

3. LONG FORM POSSESSIVES

- As you have learned, possessive adjectives (**mi**, **tu**, **su**...) express ownership and are placed before the noun in both Spanish and English.

- You can also show possession with the long form of adjectives and pronouns:

Singular		Plural		
Masculine	**Feminine**	**Masculine**	**Feminine**	
mío	mía	míos	mías	*(of) mine*
tuyo	tuya	tuyos	tuyas	*(of) yours*
suyo	suya	suyos	suyas	*(of) yours/his/hers*
nuestro	nuestra	nuestros	nuestras	*(of) ours*
vuestro	vuestra	vuestros	vuestras	*(of) yours (Spain)*
suyo	suya	suyos	suyas	*(of) yours/theirs*

- Long form possessive adjectives are used for emphasis or contrast and follow the noun. This corresponds to the English expressions *of mine*, *of yours*, etc. In English, do these expressions come before the noun or follow it?

- As pronouns, they replace the noun:

Possessive adjective	Possessive pronoun
Mi casa es blanca. *My house is white.*	Y la **mía** es azul. *And mine is blue.*

- As both pronouns and adjectives, long form possessives must agree with the noun in number and gender:
  - ≫ *Es un error* **tuyo**. *This error is yours. (adjective)*
  - ≫ *¿***Mío**? *Mine? (pronoun)*
  - ≫ *Sí,* **tuyo**. *Yes, yours. (pronoun)*

10 This teacher wants the class to clean up the mess they made after working on a project. Choose the correct response to her questions.

1. Enrique, ¿son tuyas estas tijeras?

   a. Sí, son tuyas.   **b.** Sí, son mías.

2. ¿Es esta regla de Pedro?

   a. Sí, es suya.   **b.** Sí, es mía.

3. La carpeta amarilla, ¿es de Alicia?

   a. No, es tuya.   **b.** No, no es suya.

4. ¿Estas pinturas son tuyas?

   a. No, las nuestras están ahí.   **b.** No, las mías están ahí.

5. Este póster, ¿es tuyo?

   a. No, no es suyo. Usted tiene el suyo.   **b.** No, no es mío. Usted tiene el mío.

11 Complete the conversation between Carlos and his sister Eva with the correct long form possessives.

Carlos: Eva, esta noche viene mamá y tenemos que limpiar la casa.

Eva: Muy bien. A ver, las camas. Yo hice la (a) .... Carlos, ¿hiciste la (b) .... y la de papá?

C.: No. Ahora hago la (c) ...., pero la (d) .... la quiere hacer papá. Quiere sorprender a mamá con sábanas (*sheets*) nuevas.

E.: También tenemos que ordenar el salón. Hay cosas por todas partes. Mira, esas botas, ¿son (e) ....? No las conozco.

C.: Sí, son (f) .... Es que se las cambié a un amigo (g) .... porque a él le gustan más las (h) .... y a mí me gustan más las (i) ...., je, je, je.

12  The following items were found in your classroom at the end of the year. Take turns with a partner role-playing the following conversation about whose items they are.

Modelo: *el abrigo / rojo*

      E1: *¿Es tuyo ese abrigo?*

      E2: *No, no es mío.*

      E1: *¿Seguro?*

      E2: *Claro que estoy seguro. El mío es rojo.*

a. la gorra / de los Yankees

b. el paraguas / negro

c. los guantes / amarillos

d. la calculadora / más moderna

1 **Match each image with an occupation.**

1. fotógrafo/a ○ 2. diseñador/a gráfico/a ○ 3. cámara ○ 4. redactor/a ○ 5. editor/a de video

2 **The people shown in the pictures above work together. Where do you think they work? Write your response and compare your answer with your partner.**

– Yo creo que trabajan en ....

3 ⫸⫷·18 **Read the following text to check your answers.**

Los medios de comunicación en Latinoamérica están cambiando muy rápidamente. Cada vez menos personas se enteran de las noticias a través de la televisión o del periódico tradicional. La mayoría de la gente prefiere leerlas en las páginas web o en redes sociales que pueden visitar desde sus celulares o computadoras. La comodidad, la facilidad de acceso y la posibilidad de estar siempre actualizados son algunas de las razones por las que los lectores de periódicos están cambiando la versión en papel por la digital.

Debido a esto, muchos diarios son digitales y presentan las noticias a través de su página web. Un nuevo tipo de profesionales hace posible la prensa digital. Los equipos de trabajo ahora están más diversificados. Encontramos, como siempre, a los redactores que escriben las noticias de cada día y a los fotógrafos que capturan y seleccionan las imágenes que acompañan los textos. Pero, además, desde que llegaron las redes sociales, hay también un equipo encargado (*responsible for*) del video (los cámaras) y los editores que publican las noticias en las redes. Por último, un equipo de informáticos y diseñadores gráficos se ocupa de la estructura y el mantenimiento de la página web. El periodismo reúne, así, profesiones muy distintas para crear equipos mucho más dinámicos. Las imprentas (*prints*) grises de hace años son ya cosa de las caricaturas.

Con la llegada de Internet, las noticias son mucho más especializadas e inmediatas. La web posibilitó a muchas personas el acceso a la información no solo de sus países, sino de todo el mundo, y motivó a un gran número de jóvenes a estudiar en las escuelas de periodismo.

 **Deborah Rodríguez** *Periodista venezolana. Es productora de contenido y productora audiovisual en DAR y Al Agua Cinema.*

4 **Read the following statements and indicate if each sentence is true (T) or false (F) according to the reading of Activity 3.**

	T	F
a. Casi toda la gente se informa a través de la televisión.	☐	☐
b. La prensa digital es más rápida que la tradicional.	☐	☐
c. En los periódicos digitales solo trabajan redactores.	☐	☐
d. En la prensa digital aún no se usa el video.	☐	☐
e. Internet facilitó a mucha gente el acceso a la información.	☐	☐
f. Ahora los equipos de trabajo son más pequeños.	☐	☐

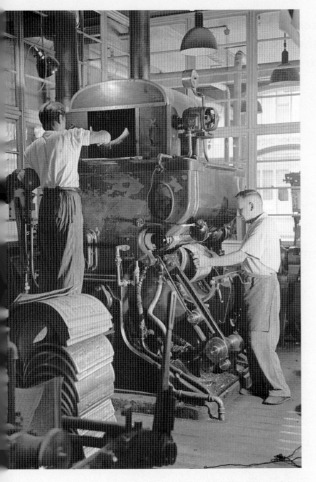

5 **Look at the image, referred to the text in Activity 3, and prepare your answers about the following questions. Then share your opinion with a partner.**

– ¿Qué crees que quiso decir el autor con esta frase?

*"Las imprentas grises de hace años
son cosa de las caricaturas".*

– Subraya en el texto la parte donde se dice lo siguiente:

*"El carácter tan dinámico de la prensa digital es posible
porque emplea a profesionales de sectores muy diferentes".*

6 **Choose a Latin American country, search the Internet for a newspaper from that country and fill in the missing information in the box below.**

• Nombre del periódico: ....
• País o región: ....
• Tipo de publicación, ¿tradicional y/o digital? ....
....

7 **Share the newspaper and the front page from today's edition with the rest of the class.**

8 **Are there any common news item or images among the newspapers that your classmates chose?**

TALLER DE ESCRITURA

1 **Match the pictures with the headlines.**

a. Importantes problemas de tráfico en la ronda por obras.

b. El Festival de Teatro, ahora más internacional y con nuevos escenarios.

c. Victoria del equipo de baloncesto después de perder tres partidos.

Los West Virginia Mountaineers contra los Michigan Wolverines durante un partido en el Barclays Center (Brooklyn) (Foto: Debby Wong, 2012)

2 🔊19 **Listen to the radio news broadcast about the Theater Festival and decide if the following statements are true (T) or false (F). After you have finished, with your partner, listen to the broadcast once again and rewrite the false statements to make them true. Make a list of the most important points from the news report.**

	T	F
a. El festival de teatro fue ayer.	☐	☐
b. El festival tiene lugar *(takes place)* en verano.	☐	☐
c. Este año hay muchas compañías de otros países.	☐	☐
d. Todas las obras *(the plays)* se representan en el Teatro Central, el Auditorio y La Nave.	☐	☐
e. Se puede comprar las entradas en Internet.	☐	☐

3 **Read the writing strategy. Then pick one of the news items in Activity 1 or choose a current local event and write a news report about it.**

Follow these steps to **write a news report**:

1. **Write a headline** containing the most important information of the news to attract the reader's attention.

2. **Write an introduction** answering the following questions: What (happened)?, Who (is the main character)?, Where (did it happen)?, When (did it happen)?

3. **Finish with the body of the article** incorporating more details and answering the following questions: What? (happened) and How? (did it happen?)

4. **Organize the information** in an inverted pyramid: the most important information should be in the first part of the report (introduction) and the less important details should come after, in the body.

5. **Use simple sentences**: subject + verb + complement. E.g.: *El capataz (the foreman) suspendió la obra por el mal tiempo.*

6. To explain the cause and effect relationship of the information, use the following expressions: *por esa razón, por ese motivo, por eso...*

7. With your news article include a photo or graphic with a caption that supports the reader's comprehension of the article.

Titular:	

Entrada		Cuerpo	
¿Qué?		¿Por qué?	
¿Quién?			
¿Dónde?		¿Cómo?	
¿Cuándo?			

4 **PEER REVIEW** **Exchange drafts with a partner. Answer the questions and discuss them with your partner.**

a. Underline the headline. Does it sum up the important news in the article? Does it draw your interest and attention?

b. Highlight the introductory paragraph. Can you find the answers to the 4 basic questions (listed above)? Circle the answers and write the questions that go with each answer.

c. Underline the information in the body of the article.

d. Choose two examples of simple sentences and underline the subject, the verb and the object.

e. Highlight all of the words that explain the relationship between the different sentences. Have you and your partner used the same words?

5 **Use the peer review to edit your news report. Edit your spelling, grammar, punctuation, and organization. Publish your final version.**

ORTOGRAFÍA Y PRONUNCIACIÓN Las palabras llanas

■ In Spanish, *palabras llanas* are words that have the stress on the next to last syllable.

1 🔊 20 **Listen to the following words. Notice how the stress falls on the next to last syllable of each word.**

a. azúcar	c. árbol	e. dibujo	g. libro	i. planta	k. útil
b. cara	d. difícil	f. botella	h. móvil	j. brazo	l. lápiz

2 **Now classify the words from Activity 1 according to whether they have a written accent or not.**

A. Con tilde	B. Sin tilde

 MORE IN ELEteca | EXTRA ONLINE PRACTICE

LA EDUCACIÓN

LOS TOP 5 DE...

LA ORGANIZACIÓN DE LOS ESTADOS IBEROAMERICANOS EN SU INFORME (REPORT) PARA LA EDUCACIÓN

Catorce millones de niños, niñas y adolescentes en América Latina están fuera del sistema educativo. La OEI acordó (agreed) en su última reunión unos puntos básicos para alcanzar un mayor nivel de escolarización, para disminuir la deserción (dropout) escolar y para crear mejores profesionales.

✓ Promover (promote) la participación y la práctica. Aprender y hacer. Fomentar las habilidades (skills), formar a los estudiantes y desarrollar su talento.

✓ Reconocer los distintos tipos de inteligencia y educar en un ambiente de pluralidad. Aprender a pensar en un mundo global, intercultural y cambiante (changing).

✓ Conocer y valorar (assess) los recursos tecnológicos como fuente de información.

✓ Enseñar a trabajar en equipo, a colaborar y a cooperar con los compañeros estudiantes. Buscar soluciones a los problemas de manera conjunta (together) y con diversidad de pensamiento.

✓ Generar proyectos para poder relacionarse (relate) con la realidad profesional. Incentivar al estudiante a participar en actividades no académicas como las artísticas o deportivas.

La educación es un derecho fundamental del niño.

Los progresos en la educación no llegan a toda la población.

Fuentes: sitio web oficial de Unicef, América latina y el Caribe, 2018; *Panamá América*, Roberto Roderick Ogg Fábrega, 26 de noviembre de 2018; sitio web oficial de la Unesco; sitio web de la Universidad de Salamanca.

La Universidad de Salamanca, España, es la más antigua de España y una de las cuatro más antiguas de Europa (año 1218).

Dos estudiantes de la Universidad Nacional Autónoma de México, Ciudad de México

Un grupo de niños va a su escuela rural en Cusco, Perú.

¡Qué interesante! ESCUELAS DE ESPAÑOL EN GUANAJUATO

✓ Guanajuato es la capital del estado mexicano de Guanajuato, en el centro-norte del país.

✓ Tiene una población de 153 000 habitantes.

Es una ciudad universitaria, con una intensa vida cultural. Allí viven más de cuarenta mil estudiantes.

✓ En Guanajuato hay muchas escuelas de español: muchos alumnos extranjeros viajan hasta esta ciudad mexicana para aprender el idioma. "Guanajuato es el equivalente mexicano de la Universidad de Salamanca en España. Los estudiantes que quieren

✓ aprender español en América Latina viajan hasta aquí. Tenemos historia y los mejores profesores", dicen en la Escuela Mexicana de Guanajuato.

Vistas de la Ciudad de Guanajuato

Fuente: sitio web oficial del Gobierno del Estado de Guanajuato, 2018; http://escuelamexicana.com/programs.html.

🔊 21 Mi experiencia

"Hola, yo soy Fede y vivo en Buenos Aires, Argentina. Tengo diecisiete años y estudio Física en la Escuela Técnica Número 19 de mi ciudad. ¡Mi sueño (dream) es ser físico! Las escuelas técnicas en Argentina son instituciones dedicadas a la formación de técnicos en electrónica, electromecánica, automotores, química, física, matemáticas, etc. Yo estudié seis años de primaria y ahora debo completar otros seis en la escuela técnica. Los alumnos que no asisten a la escuela técnica deben estudiar seis de primaria y luego solo cinco de secundaria. La escuela de educación técnica en mi país tiene muy buena reputación porque... ¡somos los mejores estudiantes!".

Fuente: sitio web oficial de la Escuela Técnica Nº19 Alejandro Volta.

Fede está en el último curso de Física.

🗨️ **VOCE ATINAS** ▶️ LA EDUCACIÓN EN AMÉRICA LATINA

¿COMPRENDISTE?

Connect the following sentences.

1. Millones de niños en Latinoamérica...

2. El informe de la OEI dice que un punto importante...

3. Todos los niños, niñas y adolescentes...

4. Cientos de estudiantes extranjeros...

5. Muchos estudiantes argentinos...

a. es enseñar a trabajar en equipo.

b. no están dentro del sistema educativo.

c. quisieron estudiar español en Guanajuato, México.

d. tienen derecho a recibir una educación.

e. tuvieron buenos resultados en la escuela técnica.

AHORA TÚ

What do you think? Answer the following questions and discuss your ideas with other students.

1. ¿Estás de acuerdo con los nueve puntos básicos del último informe de la OEI?

_____

2. ¿Sabes qué otros derechos fundamentales tienen los niños, aparte de la educación?

_____

3. ¿Qué planes tienes para tu educación? ¿Quieres ir a la universidad, a una escuela técnica o tomar otras opciones?

_____

4. ¿Hay protestas de estudiantes en tu país? ¿Contra qué protestan?

_____

5. En tu país, ¿existe el derecho a la educación?

_____

El rincón de las Ciencias Sociales

PROTESTAS EN COLOMBIA

En febrero de 2019 cientos de maestros y estudiantes colombianos salieron a las calles para protestar. Tal y como (Just as) pasó en otros países del mundo hispano como España, Argentina y Chile, los estudiantes y profesores de Colombia protestaron contra los proyectos de reforma educativa de su gobierno, entre ellos, no garantizar el derecho (right) a la educación, cortar presupuestos (budgets) y privatizar universidades... "Las protestas fueron importantes. Muchos medios de comunicación hablaron de ellas", dijo María Dulce, una estudiante colombiana.

Fuentes: El País; La Nación; BBC International; Agencia EFE, edición América, febrero de 2019.

Una muchacha protesta contra la reforma educativa en Colombia.

TALKING ABOUT WHERE YOU WENT

1 **Fill in the blanks with the correct form of *ir* in the preterite to describe where Javi and his family went last weekend.**

Este fin de semana (a) .... a visitar a mis abuelos. Mi hermana (b) .... a visitar a mi tía. Mis padres no (c) .... a visitar a nadie. Se quedaron en la casa. Hace un mes todos nosotros (d) .... de visita a San Antonio. Y mis vecinos (e) .... de visita a San Francisco, ¿adónde (f) .... tú este fin de semana?

2 **Decide if the following statements are true (T) or false (F) according to the reading in Activity 1.**

		T	F
a.	Javi fue a visitar a su tía.	☐	☐
b.	La hermana de Javi fue a visitar a sus abuelos.	☐	☐
c.	Los padres de Javi fueron a Nueva York.	☐	☐
d.	Toda la familia fue de visita a San Antonio hace un mes.	☐	☐
e.	Los vecinos fueron a San Francisco.	☐	☐

LOS MEDIOS DE COMUNICACIÓN

3 **Answer the following questions about different means of communication.**

a. ¿Qué es un titular? ....
....

b. ¿Cuál es tu medio de comunicación favorito? ....

c. ¿Cómo se llama la persona que trabaja en prensa? ....

d. ¿Qué revistas te gusta leer? ....
....

e. ¿Cómo se llama la primera página de un periódico? ....

PRETERITE OF IRREGULAR VERBS

4 **Fill in the blanks with the correct preterite form of the verb in parentheses.**

a. Ayer nosotros (ir) .... al museo con la maestra.

b. Nuestro viaje (ser) .... fantástico.

c. Julia y Ester (ser) .... muy buenas amigas el año pasado.

d. El mes pasado mi hermana y yo (ir) .... a Nueva York.

e. ¿Adónde (ir) .... tú hoy por la mañana?

f. Daniel y Miguel (ser) .... vecinos míos.

g. Marta (ir) .... a visitar a sus abuelos el verano pasado.

h. ¿Qué personaje (ser) .... tú en la obra de teatro?

5 Read the following pairs of sentences and determine from the context which sentence in each pair uses a preterite form of *ser* and which uses a preterite form of *ir*.

   a. Julio fue a la playa ayer. ....

       Julio fue el primero en llegar a la playa. ....

   b. Marta no fue al parque la semana pasada. ....

       Marta no fue la amiga que yo vi en el parque. ....

6 Write the infinitive and identify the subject of each sentence below.

   a. Ayer *fuimos* al cine. ➡ Nosotros, ir ....

   b. Anoche no *pude* hacer los deberes. ➡ ....

   c. El año pasado el curso *fue* muy difícil. ➡ ....

   d. ¿Qué *dijiste* al ver tu nueva habitación? ➡ ....

   e. ¿Sabes qué *hicieron* los muchachos después del partido? ➡ ....

LONG FORM POSSESSIVES

7 Select the correct option.

   a. Estas gafas son las **mías** / **míos**.

   b. Vi a Miguel con unos amigos **sus** / **suyos**.

   c. » ¿Es **tuya** / **mía** esta taza?

        » No, el **mío** / **la mía** es de plástico.

CULTURA

8 Answer the following questions according to the information you learned in *La educación*.

   a. ¿Cuál es la finalidad de los cinco puntos básicos acordados en la última reunión de la OEI?

   b. ¿Qué cantidad de niños, niñas o adolescentes no reciben educación escolar en América Latina?

   c. ¿Dónde está la Universidad de Guanajuato y por qué es muy conocida?

   d. ¿Qué hacen los profesores y los estudiantes cuando hay reformas en la educación que no consideran apropiadas?

AL FINAL DE LA UNIDAD PUEDO...

	☆	☆☆	☆☆☆
a. I can talk about actions in the past using the preterite of irregular verbs and expressions of time.	☐	☐	☐
b. I can express ownership using possesive pronouns.	☐	☐	☐
c. I can recognize different types of communication media and the parts of a newspaper article.	☐	☐	☐
d. I can read and understand *Prensa digital*, Deborah Rodríguez.	☐	☐	☐
e. I can write a news report.	☐	☐	☐

MORE IN ELEteca | EXTRA ONLINE PRACTICE

Verbos

- andar *to walk (around)* 1
- dar *to give* 2
- divertirse (e > ie) *to have fun* 3
- estar ocupado/a *to be busy* 4
- ponerse *to put on* 5

Los medios de comunicación

- el artículo *article* 6
- el / la cámara (persona)
  cameraman 7
- el / la diseñador/a
  gráfico/a *graphic designer* 8
- el documental *documentary* 9
- el / la editor/a de video *video editor* 10
- la entrevista *interview* 11
- el / la fotógrafo/a *photographer* 12
- las noticias *news* 13
- las noticias de los
  famosos *celebrity news* 14
- la página *page, web page* 15
- el periódico *newspaper* 16
- el periódico digital *digital newspaper* 17
- el / la periodista *journalist* 18

- la portada *cover* 19
- la prensa *press* 20

- la prensa deportiva *sports publications* 21
- el / la presentador/a *presenter/ broadcaster* 22
- el programa *program* 23
- la red social *social network* 24
- el / la redactor/a *editor* 25
- la revista *magazine* 26

- la revista de información
  científica *science news magazine* 27

Las noticias de prensa

- el cuerpo de la noticia *main body text* 28
- la entrada *introduction* 29
- las noticias del día *today's news* 30

- la primera página *front page* 31
- el subtítulo *lead or subhead* 32
- el titular *headline* 33

Las personas

- el / la concursante *contestant* 34
- los famosos *famous people* 35

- el lector *reader* 36
- el personaje *personality, character* 37

Expresiones útiles

- ¿adónde? *where (to)?*
- la entrada *ticket (for a movie, show)*
- el extranjero *abroad*
- seguro *sure, for sure*

No quiz on these 4 words.

| Titular | **Aumenta el número de becas para estudiar en el extranjero** |
| headline | |

| Subtítulo | **El Gobierno quiere promocionar el intercambio cultural y el aprendizaje de lenguas entre los jóvenes** |
| subhead | |

| Entrada | Esta semana el Ministerio de Educación publicó una nueva |
| opening paragraph summarizing the facts | convocatoria de becas dirigidas a estudiantes del último año de Secundaria para iniciar sus estudios en universidades de países hispanos. |

| Cuerpo de la noticia | La ministra de Educación anunció su objetivo de mejorar la |
| part of the article containing details of the news in order of importance | formación académica y lingüística de los estudiantes y las relaciones culturales entre Estados Unidos y los países hispanos. |

PRETERITE OF IRREGULAR VERBS

(See page 70)

	SER / IR	DAR
yo	**fui**	**di**
tú	**fuiste**	**diste**
usted/él/ella	**fue**	**dio**
nosotros/as	**fuimos**	**dimos**
vosotros/as	**fuisteis**	**disteis**
ustedes/ellos/ellas	**fueron**	**dieron**

VERBS WITH IRREGULAR PRETERITE STEMS

(See page 71)

New stem [u]		Endings	
andar	**anduv–**		anduve, anduviste, anduvo, anduvimos, anduvisteis, anduvieron
estar	**estuv-**		estuve, estuviste, estuvo, estuvimos, estuvisteis, estuvieron
poner	**pus–**	e	puse, pusiste, puso, pusimos, pusisteis, pusieron
poder	**pud–**	iste	pude, pudiste, pudo, pudimos, pudisteis, pudieron
tener	**tuv–**	o	tuve, tuviste, tuvo, tuvimos, tuvisteis, tuvieron
New stem [i]		imos	
		isteis	
hacer	**hic/z–**	ieron	hice, hiciste, hizo, hicimos, hicisteis, hicieron
querer	**quis–**		quise, quisiste, quiso, quisimos, quisisteis, quisieron
venir	**vin–**		vine, viniste, vino, vinimos, vinisteis, vinieron

LONG FORM POSSESSIVES

(See page 74)

Singular		Plural	
Masculine	Feminine	Masculine	Feminine
mío	mía	míos	mías
tuyo	tuya	tuyos	tuyas
suyo	suya	suyos	suyas
nuestro	nuestra	nuestros	nuestras
vuestro	vuestra	vuestros	vuestras
suyo	suya	suyos	suyas

1 🔊 22 **Listen and answer the following questions.**

a. ¿Dónde estuvo la madre de Isabel?

b. ¿Qué hizo?

c. ¿Qué vio todos los días?

d. ¿Qué lugares visitó?

e. ¿Qué hizo esta semana Isabel en casa?

f. ¿Y en la escuela?

2 **Read the list of possible actions and list under the appropriate heading below what you did last weekend and what you did today.**

- ir al parque ✔
- llegar a clase
- desayunar
- abrir el libro de español
- cenar en un restaurante
- hablar con mis compañeros/as
- decir *hola* a mi profesor/a
- volver a casa
- terminar las clases
- jugar con la computadora
- acostarse tarde

¿Qué hice?	
El fin de semana pasado	**Hoy**
Fui al parque.	

3 👥 **Fill in the blanks with the correct preterite form of the verb in parentheses. Check your answers with a partner.**

Hoy (a) .... (llegar) tarde a clase porque mi hermano Ricardo (b) .... (romper) mis lentes. Después (c) .... (ir) a la óptica y me (d) .... (hacer) unos lentes nuevos. Hace diez minutos que (e) .... (descubrir) que me los (f) .... (graduar) mal, me los (g) .... (poner) al llegar y no (h) .... (conocer) a mi profesor de Español. Hace un minuto mi profesor me (i) .... (decir) que puedo salir de clase antes para volver a la óptica. ¡Qué mañana tan complicada (j) .... (tener)!

4 Match the parts to make complete sentences. Then read the sentences aloud with a partner.

1. Mi abuelo viajó…
2. La semana pasada fui…
3. El año pasado mis padres…
4. La semana pasada mi hermana…
5. El lunes fue el…
6. Ayer en la escuela…

a. cumpleaños de mi madre.
b. en globo en 1967.
c. ganó un concurso de poesía.
d. al campo de excursión.
e. tuve un examen de Matemáticas.
f. hicieron un viaje por México.

5 Look at the sentences from the activity above and find the following:

a. Dos verbos en pretérito irregulares en la raíz: .... y ....
b. Dos verbos que se conjugan igual en pretérito: .... y ....
c. Dos verbos regulares en pretérito: .... y ....

6 Write a paragraph with your answers to the following questions.

a. ¿Cuándo fue el último viaje que hiciste?
b. ¿Adónde fuiste?
c. ¿Con quién fuiste?
d. ¿Cómo lo pasaste?
e. ¿Qué viste?
f. ¿Qué cosas hiciste?
g. ¿Qué no te gustó nada del viaje?
h. ¿Qué fue lo que más te gustó?

Excited about life after high school? Imagine the possibilities that open up because you've earned the Seal of Biliteracy-you can visit any Spanish-speaking country without having to walk around with a translation app. It will make the experience much more interesting and unique compared to that of your classmates back home. Imagine the stories you'll have!

UNIDAD 3

¿ALÓ?

>>> ¿Te gusta ir de compras?

>>> ¿Adónde vas de compras normalmente?

>>> ¿Con quién crees que está hablando
por teléfono?

De compras.

88

IN THIS UNIT, YOU WILL LEARN TO:

◎ Ask for an item and how much it costs

◎ Use typical phrases in a phone conversation

◎ Express location, nationality, profession, etc., using the verbs *ser* and *estar*

◎ Express an action in progress using the present progressive tense (*estar* + present participle)

◎ Give instructions and ask someone to do something using informal commands

◎ Talk about stores and shopping

◎ Read *Un comercio muy especial*, Daniel de Pasquale

◎ Write a complaint letter

CULTURAL CONNECTIONS

◎ Share information about different ways to use the Internet and compare cultural similarities

CULTURA EN VIVO

¡UNA REGIÓN CONECTADA!

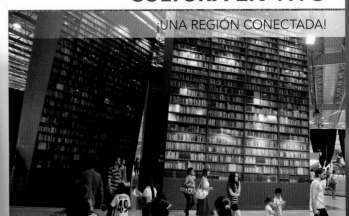

1 Look at this image of Manuel shopping with his sister Isabel. Then choose the statements that are true based on what you see or can infer from the image.

Before you do an activity like this, look at the picture and describe the image by writing down key vocabulary terms you will need to fully understand the statements.

a. ☐ Manuel y su hermana Isabel van a entrar en el centro comercial.

b. ☐ Ellos compraron mucha comida en el supermercado.

c. ☐ Ahora Manuel está aburrido.

d. ☐ Están comiendo en un restaurante.

e. ☐ Manuel recibió un mensaje de texto en su celular.

f. ☐ Isabel no tiene bolsas.

2 ⬛━23 Fill in the blanks with words from the list. Then listen to the conversation between Manuel and his sister to check your answers.

en efectivo ○ quién ○ cuánto cuesta ○ de rebajas ○ contestó ○ qué ○ diga ○ tan

Manuel: Mira, Isabel, ¡qué camiseta (a) .... bonita hay en esa tienda!

Isabel: Sí, es verdad. Me encanta ese color. ¿Entramos y la compramos?

Manuel: Sí, vamos.

(Entran en la tienda)

Dependiente: Hola, buenos días.

Manuel: Hola, buenos días. ¿(b) .... aquella camiseta roja de allí?

Dependiente: 12 €.

Isabel: ¡(c) .... barata!

Manuel: Sí, me gusta para papá. Nos la llevamos.

Isabel: También estamos buscando un cinturón del mismo color.

Dependiente: Miren, allí están los cinturones y todos están (d) ....

Isabel: Manuel, mira este cinturón rojo oscuro. Es perfecto.

Manuel: Entonces, nos llevamos este cinturón y la camiseta. ¿Nos dice cuánto es?

Dependiente: Son 21,50 €. ¿Van a pagar (e) ....?

Isabel: Sí. Aquí está.

Dependiente: Muy bien, muchas gracias. Hasta luego.

Isabel y Manuel: Adiós.

(Ring ring)

Manuel: ¿(f) ....? Hola, mamá. Dime. Sí, estamos aquí en el centro comercial. Encontramos el regalo de cumpleaños para papá. Vamos a mandarte una foto de lo que compramos, ¿vale? Ya vamos para allá.

Isabel: ¿(g) .... es?

Manuel: Es mamá. Dice que papá va a llegar a las seis y que ella está preparando la cena. Mira, vamos a mandarle una foto de la camiseta y el cinturón para ver si le gusta.

(Bing –sonido de mensaje recibido)

Isabel: ¿Ya te (h) ....?

Manuel: Sí, ¡dice que le encantan!

Isabel: Vámonos ya para la casa, que papá está a punto de llegar.

3 🔊23 **Listen to the conversation again and choose the correct response.**

1. En este momento Manuel e Isabel...
- **a.** ☐ están de compras.
- **b.** ☐ están en casa.

2. Hoy es...
- **a.** ☐ el santo de su padre.
- **b.** ☐ el cumpleaños de su padre.

3. El cinturón cuesta...
- **a.** ☐ 9,50 €.
- **b.** ☐ 21,50 €.

4. Javi y su madre...
- **a.** ☐ están hablando por teléfono.
- **b.** ☐ están mandando textos.

5. Isabel paga...
- **a.** ☐ con dinero.
- **b.** ☐ con tarjeta.

6. Su madre llama para saber...
- **a.** ☐ qué tal están.
- **b.** ☐ cuándo vuelven.

4 **Look at the images and match them with the correct sentences to describe what the people are doing at this moment.**

1.

2.

3.

4.

5.

- **a.** Están bailando. .... ☐
- **b.** Está estudiando. .... ☐
- **c.** Están comiendo. .... ☐
- **d.** Está comprando. .... ☐
- **e.** Está escribiendo. .... ☐

5 👥 **With a partner, look around the classroom and identify classmates doing the following things at this moment. Use *nadie* if no one is. Then share your observations with the class.**

Compañero/a de clase

- **a.** ¿Quién está hablando? ....
- **b.** ¿Quién está escuchando a su compañero/a? ....
- **c.** ¿Quién está mirando sus mensajes de texto en el teléfono celular? ....
- **d.** ¿Quién está bebiendo agua o café? ....
- **e.** ¿Quién está corriendo por la clase? ....
- **f.** ¿Quién está trabajando mucho? ....

ASKING HOW MUCH SOMETHING COSTS

■ To ask **how much** something **costs**:

¿**Cuánto cuesta** el celular? *How much is the cell phone?*

¿**Cuánto cuestan** los celulares? *How much are the cell phones?*

¿**Qué precio tiene**? *What is the price?*

¿Me podría **decir el precio**? *Could you tell me the price?*

Tarjeta de crédito

■ To ask what the **total** of your purchase is:

¿**Cuánto es?** *How much is it?*

■ What the salesperson asks to find out the **method of payment**:

¿**Cómo va a pagar?** *How are you paying?*

¿Va a pagar con **tarjeta** o **en efectivo**? *Are you going to pay with a credit card or cash?*

Dinero en efectivo

1 With a partner, match the parts of the conversation between Pablo and the salesperson at the store.

¿Cuál te gusta más?

Method of payment:
• Con tarjeta de crédito
• Con tarjeta de débito
• En efectivo
• Con una tarjeta de regalo
• Con el celular

 La dependienta

1. Buenos días. ¿Necesita ayuda?
2. ¿Qué color prefiere?
3. El color gris es muy popular. Está muy de moda.
4. Cuesta quinientos pesos.
5. Pues… la amarilla cuesta menos.
6. Muy bien. ¿Va a pagar con tarjeta o en efectivo?

 Pablo

a. ☐ ¡Uy! ¡Qué cara es!
b. ☐ Entonces, voy a comprar la amarilla.
c. ☐ Sí, quiero comprarme una chaqueta nueva.
d. ☐ No sé, no puedo decidir entre la gris y la amarilla.
e. ☐ Con tarjeta de débito.
f. ☐ Está bien. Me llevo la gris. ¿Cuánto cuesta?

2 🎧 24 **Listen to the conversation and answer the questions.**

a. ¿Dónde está Teresa?

b. ¿Qué quiere comprar?

c. ¿Cuánto cuesta el celular Mokia?

d. ¿Por qué es tan caro?

e. ¿Cuánto cuesta la funda (case) del celular?

f. ¿Qué compra finalmente?

3 👥 **With a partner, take turns describing the images below using *más* with adjectives to emphasize their qualities.**

Modelo:
¡Qué celular más pequeño!

 a.
 b.
 c.
 d.

4 👥 **With a partner, role-play a conversation between a customer and a salesperson. Decide what role each of you will play and use the cues provided.**

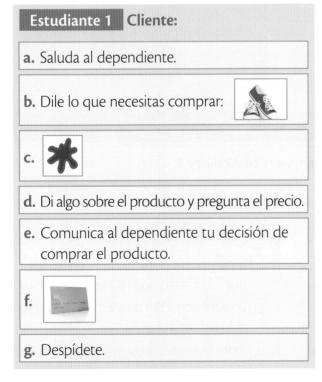

Estudiante 1	Cliente:
a. Saluda al dependiente.	
b. Dile lo que necesitas comprar:	
c.	
d. Di algo sobre el producto y pregunta el precio.	
e. Comunica al dependiente tu decisión de comprar el producto.	
f.	
g. Despídete.	

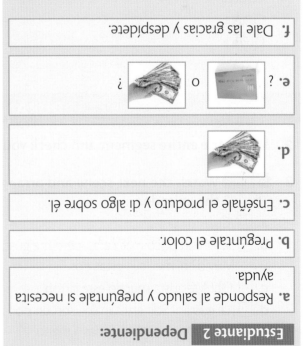

Estudiante 2 Dependiente:

a. Responde al saludo y pregúntale si necesita ayuda.

b. Pregúntale el color.

c. Enséñale el producto y di algo sobre él.

d.

e. ¿ o ?

f. Dale las gracias y despídete.

MORE IN ELEteca | EXTRA ONLINE PRACTICE

ANTES DEL VIDEO

1 First, arrange the images above in the order in which you think they will appear. Make your best guesses. Then, compare your answers with a partner. Write a brief description for each image to help move the story along.

Orden	Imagen	¿Qué pasa?
Primera		
Segunda		
Tercera		
Cuarta		
Quinta		
Sexta		

DURANTE EL VIDEO

2 Watch the entire segment and check your answers to Activity 1.

3 Watch the next scene and arrange the sentences in the order in which they occur in the episode.

00:00 - 03:45

a. ☐ ¿Cuánto cuesta?

b. ☐ Sí, son un poco más caras, pero me gustan. Muy bien, me llevo estas dos.

c. ☐ ¡Oh! Me gusta mucho este jarrón.

d. ☐ ¿Le gustan? Son artesanales, son un poco más caras porque están hechas a mano.

e. ☐ Es muy barato, solo cuesta treinta y cinco dólares.

f. ☐ Sí, son bellísimas. ¿Me podría decir el precio?

g. ☐ Claro. Son ochenta y nueve dólares.

h. ☐ He visto que pone "rebajas" en el letrero de la puerta. ¿Están todos los artículos rebajados?

i. ☐ En total son 1528 dólares. ¿Va a pagar en efectivo o con tarjeta?

j. ☐ Hola, buenas tardes, ¿en qué puedo ayudarle?

k. ☐ No todo lo que hay en la tienda. Solo algunas cosas están rebajadas de precio. Otras no.

4 **Choose the correct option.**

a. A Lorena el jarrón le parece **caro** / **barato**.

b. Lorena **compra un regalo para su amiga** / **necesita decorar su apartamento**.

c. **Toda la tienda está en rebajas** / **Solo algunos artículos están rebajados**.

d. Lorena busca objetos solo **baratos** / **interesantes**.

e. Las lámparas son **artísticas** / **artesanales**.

f. Quiere una alfombra **para su dormitorio** / **para el salón**.

g. Lorena **no se lleva** / **se lleva** una alfombra.

5 ▭══◉▭ **Watch the next scene and check off the sentences you hear.**

03:45 - 05:26

	Sí	No
a. ¿Está Eli?	☐	☐
b. ¿Dime?	☐	☐
c. ¿Puedo hablar con Eli?	☐	☐
d. No sé dónde está. ¿Quieres que le diga algo?	☐	☐
e. Tengo tres llamadas perdidas.	☐	☐
f. El número al que llama se encuentra apagado o fuera de cobertura. Puede dejar su mensaje después de oír la señal.	☐	☐
g. ¿De parte de quién?	☐	☐
h. El número que usted ha marcado no existe. Por favor, verifíquelo.	☐	☐
i. Vale, cuelga, y te llamo ahora.	☐	☐
j. ¡No lo puedo creer! ¡Tengo el número equivocado!	☐	☐

6 **Answer the questions about the segment.**

a. ¿A cuántas personas llama Lorena?

b. ¿Consigue hablar con las personas a las que llama?

c. ¿Con quién habla?

DESPUÉS DEL VIDEO

7 ○ ○ 👥 **Answer the following questions about shopping and discuss your preferences with a partner.**

a. ¿Con qué frecuencia vas de compras?

b. ¿Cuáles son tus tiendas preferidas?

c. ¿Compras en Internet? ¿Qué?

d. Cuando vas a comprar, ¿prefieres ir solo o con amigos?

8 ○ ○ 👥 **Role-play the following situation with a partner. Then present your skit to the class.**

Estudiante A	Estudiante B
Vas a decorar tu apartamento y necesitas algunos objetos para el salón y tu dormitorio. Vas a la tienda de muebles.	Trabajas como empleado/a en una tienda de decoración. Atiende a tus clientes.

 MORE IN ELEteca | EXTRA ONLINE PRACTICE

1 🎵25 **Listen to the audio describing different types of stores. Then match the expression to its definition.**

El centro comercial tiene...

• tiendas especializadas:

librería | perfumería | tienda de ropa | zapatería | tienda de electrónica

• tiendas departamentales:

FROM THE corpus

- In Mexico, Central America and Argentina, the terms **tienda departamental** or **tienda por departamentos** are used for *department store.*
- In Spain, the term used is **grandes almacenes**:
  *Los **grandes almacenes** y comercios de Madrid han comenzado las rebajas de invierno.*

El supermercado tiene...

• diferentes secciones:

carnicería | panadería | frutería | pastelería

1. hacer la compra
2. ir de compras
3. tienda de electrónica
4. tiendas especializadas
5. centro comercial

a. Comercios independientes que se dedican a vender productos específicos.
b. Comprar comida, bebida y otros productos de primera necesidad.
c. Conjunto de tiendas especializadas y una o dos tiendas departamentales dentro de un edificio.
d. Comprar ropa, electrónica y otros objetos.
e. Venden allí videojuegos, música, celulares y muchos otros aparatos.

2 **Fill in the blanks with a type of store.**

a. Los viernes por la tarde me reúno con mis amigos en el ....
b. Para el Día de las Madres, compré una crema para mamá en la ....
c. A mi mamá le gusta ir al .... para hacer la compra.
d. En la .... de cerca de casa venden excelente carne.
e. Prefiero comprar manzanas en la .... de la esquina.
f. Las faldas en esa .... están de rebajas.
g. Los domingos compramos una tarta de chocolate en la ....
h. Después de clases, Espe trabaja en una .... ordenando libros.

3 Use the following questions to write about your shopping preferences. Then, in small groups, exchange papers, and then discuss your opinions. Report back to the class. What do you have in common?

a. ¿Qué tienda tiene buenos precios en electrónica? ¿Qué compras allí?

b. ¿Qué tienda siempre tiene muchas rebajas en ropa? ¿Te gusta comprar allí?

c. ¿Qué centro comercial de tu zona es más divertido? ¿Por qué?

d. ¿A qué tienda no vas nunca? ¿Por qué?

e. ¿Prefieres comprar en grandes almacenes o en tiendas especializadas?

4 🔊 26 **Follow along as you listen to the following phone conversations and exchanges. Then select the conversation that answers the questions below.**

FROM THE corpus

- The most common way to answer the phone in Central America and Argentina is by saying **¿Aló?**
- In Mexico, the expression used is **¿Bueno?**, and in Spain, **¿Dígame?**

1.
» *Dime, Pedro.*
» *Oye, llámame que voy a contarte una cosa y tengo muy pocos minutos en mi cuenta (account) de teléfono.*
» *Vale, cuelga y te llamo ahora.*

4.
» ¡Oh! *Tengo tres llamadas perdidas de María.*
» *¿Cuándo te llamó?*
» *No lo sé, no lo escuché.*

2.
» *El teléfono al que llama está apagado o fuera de cobertura (range). Puede dejar un mensaje después de la señal.*

5.
» *¿Dígame?*
» *Buenos días, ¿está Javi?*
» *No, no está. ¿De parte de quién?*
» *Soy Carla.*
» *Hola, soy su madre. ¿Le digo algo?*
» *Sí, dígale que lo llamé, por favor.*

3.
» *¿Diga?*
» *Hola, ¿puedo hablar con Paco?*
» *¿Quién? Lo siento, tienes el número equivocado.*
» *Perdón.*

6.
» *El celular de César suena ocupado.*
» *Pues mándale un mensaje de texto.*

a. ☐ ¿En qué llamada la otra persona está hablando por teléfono?

b. ☐ ¿En qué llamada no está la persona que busca?

c. ☐ ¿En cuál llamó a otro número?

d. ☐ ¿En cuál no escuchó la llamada?

5 Fill in the blanks with the correct expressions from Activity 4. Share your answers with a partner.

To answer the phone
¿Sí? ....
¿Aló? ....
....

To tell someone they have a wrong number
....

To say you have missed calls
....

To ask to leave a message
....

To ask for a person
....
¿Se encuentra…?

To ask who is calling
....
¿Quién lo/la llama?

To leave a message
....

To ask if you can call later
¿Puedo llamar más tarde?

6 27 Listen to each telephone exchange and check the box that describes the outcome of the conversation.

	Suena ocupado	No está	No contesta	Está reunido	Es esa persona
a.	☐	☐	☐	☐	☐
b.	☐	☐	☐	☐	☐
c.	☐	☐	☐	☐	☐
d.	☐	☐	☐	☐	☐
e.	☐	☐	☐	☐	☐

7 Choose one of the situations below. With a partner, practice the conversation and present it to the class. As you listen to the messages, note the main idea and details of each.

Situación A		Situación B	
Estudiante 1	**Estudiante 2**	**Estudiante 1**	**Estudiante 2**
Answer the phone appropriately.	Greet the person and ask for a friend.	Answer the phone appropriately.	Greet the person and ask for a friend.
Ask who is calling.	Give your name and who you are.	Tell the person he/she has a wrong number.	Act surprised and give the number you are trying to reach.
Say the person is not there and ask if he/she wants to leave a message.	Leave a detailed message.	Insist that it is a wrong number and that you don't know the person.	Insist that it is the correct number and that you have important information to tell the person.
Agree to give the message. Say good-bye.	Say thanks and good-bye.	Say that you can't help him/her and suggest he/she send a text.	Apologize and say good-bye.

MORE IN ELEteca | EXTRA ONLINE PRACTICE

1. THE VERBS *SER* AND *ESTAR*

■ **Use the verb *ser* to:**

• **Identify** a person or thing:
  – *Ricardo es mi hermano.*   – *Bogotá es una ciudad.*

• Describe **physical characteristics**:
  – *Isaac es guapísimo.*

• Describe an **object** and what it's made of.
  – *La mesa es de madera.*

• Describe **personality** and **character traits**:
  – *Carmen es muy simpática.*

• Identify **origin** and **nationality**:
  – *Carlo es italiano.*   – *Es de Italia.*

• Give **the time**:
  – *Son las tres de la tarde.*

• Identify **professions**:
  – *Francisco es profesor.*

■ **Use the verb *estar* to:**

• Express **location**:
  – *Javi no está en casa.*
  – *El bosque de Chapultepec está en México.*
  – *Mi casa está lejos de la escuela.*

• Describe **temporary situations** or conditions:
  – *Laura está enferma.*
  – *Luis está muy triste.*
  – *La tienda está cerrada los domingos.*

! The English verb *to be* is expressed in Spanish both with **ser** and **estar**. Note their distinct uses.

Isaac es guapísimo.

---

1 Read the following sentences and fill in the blanks with the correct form of *ser* or *estar*.

a. Yo .... enojado porque no sé dónde .... mi celular.

b. Aurélie .... francesa. Normalmente vive en Madrid pero ahora .... en París.

c. El aeropuerto de Houston .... cerca del centro de la ciudad.

d. Susana .... una actriz muy famosa.

e. Cristina y Manuel .... en casa porque su madre .... enferma.

f. Hoy yo .... muy cansado porque ya .... las doce de la noche.

---

2 Complete the captions for the images below using *ser* or *estar*. Then match each one with its opposite.

1. ⌐ e ⌐

.... vieja

2. ☐

.... solo

3. ☐

.... viejos

4. ☐

.... dormida

5. ☐

.... contento

a.

.... jóvenes

b.

.... despierta

c.

.... acompañado

d.

.... enfadado

e.

.... nueva

GRAMÁTICA

2. ADJECTIVES WITH *SER* AND *ESTAR*

■ Some adjectives in Spanish change meaning when used with *ser* or *estar*. For example:

ADJECTIVE	SER	ESTAR
aburrido/a	*Ese libro es aburrido.* *That book is boring.*	*Estoy aburrido.* *I am bored.*
abierto/a	*Soy una persona abierta.* *I am an open, candid person.*	*La tienda está abierta.* *The store is open.*
listo/a	*¡Qué listo eres!* *You are so smart!*	*Ya estoy listo, vámonos.* *I'm ready. Let's go.*
malo/a	*Ese gato no es malo.* *That cat is not bad / evil.*	*Ese gato está malo.* *That cat is sick.*
rico/a	*Carlos Slim tiene mucho dinero, es muy rico.* *Carlos Slim has a lot of money. He's very rich.*	*¡Las arepas que preparaste están muy ricas!* *The arepas you prepared taste great!*

3 **Write a sentence for each picture below using one of the adjectives from the list above and the correct form of *ser* or *estar* to convey the correct meaning.**

a. .... b. .... c. .... d. .... e. .... f. ....

4 **Read the phone conversation between Marisol and Loli and fill in the blanks with *ser* or *estar*.**

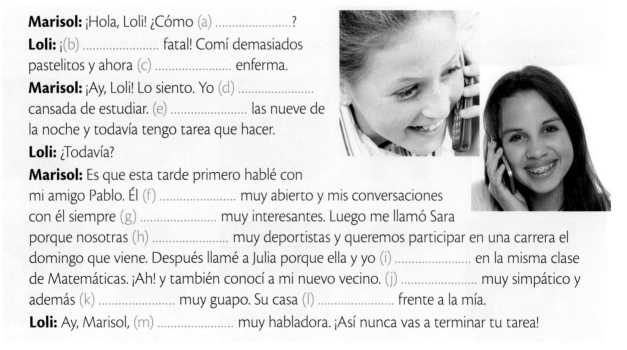

Marisol: ¡Hola, Loli! ¿Cómo (a) ....?

Loli: ¡(b) .... fatal! Comí demasiados pastelitos y ahora (c) .... enferma.

Marisol: ¡Ay, Loli! Lo siento. Yo (d) .... cansada de estudiar. (e) .... las nueve de la noche y todavía tengo tarea que hacer.

Loli: ¿Todavía?

Marisol: Es que esta tarde primero hablé con mi amigo Pablo. Él (f) .... muy abierto y mis conversaciones con él siempre (g) .... muy interesantes. Luego me llamó Sara porque nosotras (h) .... muy deportistas y queremos participar en una carrera el domingo que viene. Después llamé a Julia porque ella y yo (i) .... en la misma clase de Matemáticas. ¡Ah! y también conocí a mi nuevo vecino. (j) .... muy simpático y además (k) .... muy guapo. Su casa (l) .... frente a la mía.

Loli: Ay, Marisol, (m) .... muy habladora. ¡Así nunca vas a terminar tu tarea!

5  **Read the following situations and choose from the adjectives listed to explain how the people must be feeling as a result.**

nervioso ○ aburrido ○ tranquilo ○ ocupado ○ entusiasmado

Modelo: *Camila come su postre favorito.* ➡ *Camila está muy contenta.*

a. Martín y Jordi van a participar en un concurso.

b. Vamos a una fiesta con amigos.

c. Tienes que bañar al perro, sacar la basura, cortar el césped y ordenar tu habitación.

d. Ustedes están mirando una película larga y lenta en la que no hay mucha acción.

e. Estás en la piscina tomando el sol.

3. PRESENT PROGRESSIVE TENSE

- Like in English, the present progressive tense is used to express an action in progress or the continuity of an action. The expression is made up of the verb **estar** + present participle:

  *Esta semana **estoy estudiando** mucho. This week, I'm studying a lot.*

  *Ahora mismo **estoy comiendo**, te llamo luego. Right now I'm eating. I will call you later.*

- To form the present participle, add **–ando** to the stem of **–ar** verbs and **–iendo** to the stem of **–er** and **–ir** verbs:

–AR	–ER	–IR
trabajar ➡ trabajando	correr ➡ corriendo	escribir ➡ escribiendo
to work ➡ working	*to run ➡ running*	*to write ➡ writing*

- The use of the present progressive in Spanish is very similar to its use in English (a form of ***to be*** + present participle).

- *¡Atención!* In present progressive tense **ser** is never used, only **estar**.

6 **Fill in the blanks with the correct form of the present progressive.**

a. Mi mamá (hablar) .... por teléfono con el médico.

b. Los muchachos (comprar) .... un regalo para Juani en la librería.

c. Nosotros (escuchar) .... la música que ponen en la radio.

d. Ustedes (hablar) .... con mi amiga Lupe.

e. Yo (mirar) .... la televisión.

f. Ellos (hacer) .... ejercicio.

7 In groups of three or four, take turns describing what the people below are doing. Each of you will add another piece of information. Use *ser* and *estar*, and the present progressive in your descriptions.

Modelo: E1: Alejandro está leyendo.
E2: Está estudiando para un examen.
E3: Y está nervioso porque el examen va a ser difícil.
E1: Sí, pero es muy listo y no va a tener problemas.

a. Rosa   **b.** Paco y sus amigos   **c.** Nola   **d.** Tomás   **e.** Trini   **f.** Mis abuelos

4. INFORMAL COMMANDS

- Commands provide a different way to communicate with people. In English, everyday commands include saying things like: *Go straight and then make a left*; *Pass the salt, please*; and so on. In Spanish, informal commands are used to address a friend or someone you normally address as **tú** and are used to communicate instructions in the same way as in English.

- Use commands when you need to give instructions and ask someone to do something. Commands are also used to give advice or suggestions.

8 28 Listen to the following series of conversations and fill in the missing words.

a. » ...., ¿está en esta planta la tienda Movilandia?
» No, no. Para la sección de telefonía .... el ascensor y .... a la tercera planta.

b. » Hola, no sé cómo iniciar este iPod que compré ayer.
» Claro, no tiene batería. .... el cable.

c. » ¿Sabes llegar al museo?
» Sí, ... la línea dos del metro y .... en la primera parada.

d. » ¿Puedo hablar un momento contigo *(with you)*?
» ...., ahora estoy escribiendo un e-mail muy importante, ... más tarde.

9 With a partner, read the conversations in Activity 8 aloud. Then review the words in italics and choose the best explanation for what these words do.

a. *Perdona* se usa para…	☐ llamar la atención.	☐ dar una instrucción.
b. *Toma, sube, conecta* y *baja* se usan para…	☐ llamar la atención.	☐ dar una instrucción.
c. *Espera* y *vuelve* se usan para…	☐ llamar la atención.	☐ dar una orden.

■ In Spanish, informal affirmative commands use a different form of the present tense:

Infinitive	Tú form, drop the s	Affirmative tú commands
tom**ar**	tomas ➜ toma	**Toma** el metro. *Take the subway.*
volv**er**	vuelves ➜ vuelve	**Vuelve** más tarde. *Come back later.*
sub**ir**	subes ➜ sube	**Sube** en el ascensor. *Go up on the elevator.*

■ Verbs that change stem in the present tense will also change stem in the **tú** command form:

	EMPEZAR	DORMIR	SEGUIR
	E ➜ IE	O ➜ UE	E ➜ I
Tú	emp**ie**za	d**ue**rme	s**i**gue

■ The following verbs have irregular **tú** commands in the affirmative:

Infinitive	oír	tener	venir	salir	ser	poner	hacer	decir	ir
Imperative	oye	ten	ven	sal	sé	pon	haz	di	ve

10 **Write the correct *tú* command forms of the verbs in parentheses.**

 a. (Escribir) .... una redacción.

 b. ¡(Comer) ...., por favor!

 c. (Hacer) .... un sándwich.

 d. (Ir) .... despacio.

 e. (Oír) ...., ¿qué hora es?

 f. (Venir) .... a las nueve.

11 🎵29 **Gisela wants to learn Spanish and her friends Toni and Karen are giving her some advice. Listen to their conversation and check Toni's and Karen's directions for Gisela. Fill in the blanks with the correct command forms. Then check your answers with a partner and practice aloud, with each of you taking a part.**

 Gisela: ¿Qué puedo hacer para aprender español?

 Toni: Para empezar, (a) .... (estudiar) las palabras del vocabulario y (b) .... (hacer) todos los ejercicios de gramática.

 Karen: (c) .... (Leer) revistas en español. ¡Ah!, y (d) .... (llamar) a tu amiga de México. ¡(e) .... (Practicar) con ella!

 Toni: Sí, también (f) .... (mirar) películas en español, (g) .... (escuchar) música latina, y (h) .... (ir) a un restaurante español y (i) .... (pedir) en español.

12 👥 **Ask a partner for written advice, help, or directions for your own situation or one of the situations below. Your partner will write a list of at least three things for you to do. Exchange lists. Try to follow your partner's written directions. Report back if their directions worked.**

 a. Your mother / father is angry with you because your room is a mess. **¿Qué hago?**

 b. You want to buy a new cell phone but don't know where to go or what type to get. **¿Qué teléfono compro y dónde?**

 c. Where does your partner like to go after school? Ask for written directions on how to get there from your Spanish class.

 **MORE IN ELEteca** | EXTRA ONLINE PRACTICE   **GRAMMAR TUTORIALS 5 AND 6**

1 Look at this picture of a store in Argentina. Talk about it with a classmate and choose the word or phrase that best completes each statement.

1. La imagen muestra…
  a. ☐ una pastelería.
  b. ☐ una panadería.
  c. ☐ una cafetería.

2. Los muchachos están…
  a. ☐ trabajando.
  b. ☐ comprando.
  c. ☐ cocinando.

3. En este establecimiento podemos comprar…
  a. ☐ solo pan.
  b. ☐ pan y otros productos.
  c. ☐ comprar distintos productos y tomar café.

2 🔊30 Read the following article about a special store in Argentina. Check your answers from Activity 1.

En Buenos Aires, Argentina, las panaderías son un tipo de comercio muy especial. Normalmente, en otras ciudades del mundo, vamos a una panadería solo para comprar pan, pero para la gente de Buenos Aires (1) visitar una panadería es como visitar un centro comercial por la variedad (*variety*) de productos que se pueden encontrar.

Las panaderías de Buenos Aires son el lugar donde puedes comprar pan de cualquier tipo, tomar un café y comprar jugos para el desayuno antes de la escuela y, también, tiendas en las que es posible comprar pasteles, quesos, jamón y en algunas, incluso (*even*), pasta, huevos y el botellón de agua para la semana.

La Panadería de Pablo, en el casco histórico de San Telmo, ofrece deliciosos panes y (2) combina el arte culinario del chef Pablo Massey con la decoración diseñada por Horacio Gallo. Además, en ella puedes tomar *muffins* y medialunas (*croissants*) para el desayuno; (3) al mediodía pizzas, sándwiches y varios tipos de ensaladas, y, en cualquier momento del día, disfrutar de su fantástica cafetería.

Apenas (*as soon as*) entras en una panadería de Buenos Aires, ves a (4) los empleados, siempre muy amables, atendiendo a varias personas que preguntan "¿tienes queso parmesano?", "¿me das tres medialunas?" o "¿cuánto cuesta el café grande?". (5) Puedes encontrar una panadería en cada esquina y cerca de cualquier lugar. Cuando vas a una, te das cuenta (*realize*) de que los argentinos tienen una panadería preferida para cada producto que buscan. Es común escuchar "el café lo hacen muy bueno en esta, pero el pan es mejor en esa".

Definitivamente, (6) visitar una panadería en Buenos Aires es una experiencia que no vas a olvidar.

Daniel de Pasquale *Creador de contenido y redactor venezolano licenciado en Comunicación Social.*

3 Write a title for the article you have just read and share it with your classmates. ....

4 **Read the phrases and match them to the expressions highlighted in the previous article.**

a. ☐ En Buenos Aires hay muchas panaderías.

b. ☐ En las panaderías de Buenos Aires puedes comprar muchas cosas diferentes.

c. ☐ Entrar a una panadería en Buenos Aires es una actividad inolvidable.

d. ☐ La panadería de Pablo es también un restaurante.

e. ☐ Las personas que trabajan en las panaderías tratan muy bien a los clientes.

f. ☐ En la panadería de San Telmo también puedes almorzar.

5 **Look at the images below and match each one with its name.**

ensalada ○ quesos ○ pasta ○ jugo ○ pasteles ○ jamón

....

....

....

....

....

....

6 **Which of the products shown in Activity 5 can be purchased in a bakery in your city?**

7 **Choose the store where you would find the products in Activity 5 which cannot be found in a bakery.**

a. ☐ carnicería

d. ☐ floristería

g. ☐ frutería

b. ☐ librería

e. ☐ pastelería

h. ☐ perfumería

c. ☐ zapatería

f. ☐ supermercado

i. ☐ tienda de ropa

8 **Answer these questions.**

a. ¿Dónde compra la gente el pan en tu país?

b. ¿Cómo son las panaderías de tu ciudad?

c. ¿Hay establecimientos similares a las panaderías de Buenos Aires? ¿Cómo se llaman?

1 These persons are angry. Put the story in a logical order. Which one of them is telling the story?

Andrés

Claudia

Ángela

a. ☐ Decidimos ir a un restaurante italiano.

b. ☐ Mis padres ordenaron una *pizza* de tres quesos y yo una lasaña de carne sin cebolla.

c. ☐ El mesero olvidó decírselo al cocinero.

d. ☐ El sábado pasado salí a celebrar mi cumpleaños con mis padres.

e. ☐ Informé al mesero de mi alergia a la cebolla.

f. ☐ Insistí en mi alergia a la cebolla, pero

g. ☐ Dos horas más tarde, cuando llegué a casa, tuvimos que salir urgentemente al hospital porque tuve una reacción alérgica.

2 Read the writing strategy. Then write a draft of a complaint letter.

Follow these steps to **write a formal complaint letter**:

1. **Use a formal greeting**: *Estimado/a señor/señora + apellido*. If you don't know who the person is, then use a general greeting such as *Estimados señores, Buenos días, buenas tardes / noches*. In Spanish, use a colon (:) after the greeting (not a comma as used in English).

2. **Introduce yourself**.

3. **Explain what happened to you and when it happened, and the consequences of what happened** due to the mistake made by the restaurant. You can use expressions such as: *como consecuencia de..., a consecuencia de...*

4. **Demand some kind of compensation** from the restaurant for what happened: *una comida gratis, la devolución del dinero...* Make sure to connect what happened to your demand. Use these terms: *por eso, por este motivo, por esta razón..., exijo una recompensa / una satisfacción...*

5. **Use a standard formal ending** for this type of correspondence: *a la espera de sus noticias / espero su respuesta / un cordial saludo...* and then sign with your full name.

Saludo:	
Presentación:	
Párrafo con la explicación de la situación:	
Párrafo concluyente con la reclamación de la compensación:	
Despedida:	

3 **PEER REVIEW** **Exchange drafts with a partner. Answer the questions and discuss them with your partner.**

a. Circle the greeting. Did you and your partner use the same one?

b. Underline the adverbs of time and the verbs used in the infinitive to explain what happened.

c. Underline the transition words. Did you and your partner use the same ones?

d. Underline the transitional word or phrase that connects what happened to the claim.

e. Circle the compensation that is requested. Is it the same as yours?

f. Underline the formal ending. Is it the same as the one you used?

g. Has your partner written his/her full name? Have you written your full name?

4 **Use the peer review to edit your complaint letter. Edit your spelling, grammar, punctuation, and organization. Publish your final version.**

ORTOGRAFÍA Y PRONUNCIACIÓN Las palabras esdrújulas

■ Words that are stressed on the third-to-last syllable are called **esdrújulas**. These words **always** carry a written accent: *ó-pe-ra, mú-si-ca, mé-di-co, cá-ma-ra, sim-pá-ti-co.*

1 🔊 31 **Listen to the following words and circle the stressed syllable. Then put the accent on the correct syllable.**

a. te-le-fo-no   c. fan-tas-ti-co   e. in-for-ma-ti-ca   g. ul-ti-mo
b. pa-gi-na   d. sa-ba-do   f. me-di-co   h. u-ni-co

2 **Write the plural form for these nouns. Make sure to write the accent mark on the correct syllable.**

a. árbol ➡ ....   d. ángel ➡ ....   g. resumen ➡ ....
b. cárcel ➡ ....   e. débil ➡ ....   h. examen ➡ ....
c. lápiz ➡ ....   f. joven ➡ ....   i. fácil ➡ ....

📁 **MORE IN ELEteca** | EXTRA ONLINE PRACTICE

¡UNA REGIÓN CONECTADA!

LOS TOP 5 DE...

¿Quieres conocer el aspecto más moderno de los países hispanos? ¡Lee este artículo!

LAS COMUNICACIONES EN LATINOAMÉRICA

La tecnología es, en la actualidad, una importante herramienta (*tool*) de comunicación. Los latinoamericanos quieren estar conectados con el resto del mundo: hay cuatrocientos cuarenta millones de usuarios de Internet en la región (el **67 %** de la población).

✓ Hacer una llamada desde cualquier lugar es fácil en Latinoamérica: el 98 % de la gente tiene acceso a la red (*network*) de teléfonos celulares.

✓ En Chile, el gobierno creó un programa para comunicarse con los granjeros (*farmers*) por mensajes de texto.

✓ Todos los 17 de mayo de cada año, desde 2006, se celebra el día Mundial de Internet. En este día se muestran las últimas tecnologías en el sector. Este año está dedicado al tema de la privacidad (*privacity*) en las redes sociales (Facebook, WhatsApp, Instagram, Twitter, Snapchat y YouTube).

✓ En Argentina, las redes sociales son un éxito (*success*): los argentinos pasan unas ocho horas al día conectados a ellas. En este país se celebra la feria (*fair*) más importante de innovaciones (*innovations*) tecnológicas: ExpoInternet Latinoamérica Argentina.

✓ En Latinoamérica, las compras por Internet son muy populares. ¡Ocupa el cuarto lugar del mundo! Este año hay 150 millones de compradores (*buyers*) digitales en la región.

Fuentes: Statista, 2018; *La Gaceta*, Tucumán, mayo de 2018; *La República*, Colombia, Fernando García, enero de 2019; Internet World Stats, 2018; *El Mundo*, 2018; Headsem Tecnología, 2019; *Kippel01, Diario digital*, mayo de 2018; Banco Mundial.

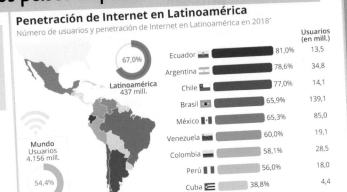

Penetración de Internet en Latinoamérica
Número de usuarios y penetración de Internet en Latinoamérica en 2018*

País	Penetración	Usuarios (en mill.)
Latinoamérica	67,0%	437 mill.
Ecuador	81,0%	13,5
Argentina	78,6%	34,8
Chile	77,0%	14,1
Brasil	65,9%	139,1
México	65,3%	85,0
Venezuela	60,0%	19,1
Colombia	58,1%	28,5
Perú	56,0%	18,0
Cuba	38,8%	4,4
Guatemala	34,5%	5,8
Mundo Usuarios		4.156 mill.
Penetración de Internet	54,4%	

Gráfico de usuarios de Internet en Latinoamérica **statista**

Hacer compras por Internet es frecuente en Latinoamérica.

En Buenos Aires se celebra la feria de tecnología más importante de la región (Foto: buteo, 2011).

En esta región, la mayoría de hogares tiene al menos un teléfono celular.

¡Qué interesante! MACHU PICCHU

La tecnología en Latinoamérica no es un invento actual. Los incas, habitantes originarios de los Andes, vivían en un imperio enorme: ocupaba parte de Bolivia, Perú, Colombia, Ecuador, Argentina y Chile. Para comunicar información relacionada con el comercio a distancia, desarrollaron (*developed*) un sistema llamado "quipu". Consistía en hacer nudos (*knots*) en sogas (*rope*) para representar cantidades y es un antepasado de las computadoras. Los incas también sabían que la comunicación era fundamental. Por eso, crearon un sistema de caminos (*paths*) para llegar a todos los rincones (*corners*) del imperio... ¡al igual que Internet hoy!

Fuente: sitio web de Sputnik Mundo, América Latina, mayo de 2017.

Machu Picchu, famosa ciudad del Imperio inca

Mi experiencia

32

"Me llamo Sergio y vivo en Chiapas, México. En mi país hay muchas personas que no tienen acceso a la tecnología. Viven en pueblos aislados *(isolated)* y no tienen computadora ni Internet. Pienso que en el mundo actual es difícil recibir una buena educación sin *(without)* la tecnología. Por eso, soy voluntario en una asociación de Chiapas que trabaja para acercar *(bring)* la tecnología a las comunidades indígenas. Las empresas de tecnología también colaboran: Mozilla Firefox es un buscador *(browser)* de Internet con una versión en maya, que es uno de los idiomas indígenas de Chiapas. Así, mucha más gente puede navegar en la red en su propia lengua".

Sergio es voluntario en Chiapas, México.

Golfo de México

Bahía de Campeche

Ciudad de México

CHIAPAS

Golfo de Tehuantepec

Región de Chiapas, México

¿COMPRENDISTE?

Combine the following sentences.

1. Las redes sociales...

2. El gobierno chileno...

3. El día Mundial de Internet...

4. El desierto de Atacama...

5. Con el quipu, los incas...

a. es una zona muy seca.

b. comunicaban información comercial.

c. son un éxito en Argentina.

d. se celebra en el mes de mayo.

e. envía mensajes de texto a los granjeros.

AHORA TÚ

Answer these questions based on your experience. Be prepared to discuss your responses in class.

1. ¿Qué redes sociales utilizas? ¿Cuántas horas te conectas cada día?

2. ¿Haces compras en Internet? ¿Es algo habitual en EE. UU.?

3. ¿Cuáles son las ventajas y las desventajas de este método?

4. ¿Hay personas en EE. UU. que no tienen acceso a la tecnología? ¿Cuáles son los motivos?

5. ¿Crees que saber usar la tecnología es una parte importante de la educación? ¿Por qué?

VOCE ATINAS | LAS REDES SOCIALES EN MÉXICO

El rincón de la astronomía EL DESIERTO DE ATACAMA

¿Te gusta mirar las estrellas? Si la respuesta es sí, visita el desierto de Atacama, en Chile, una de las zonas más secas *(dry)* del planeta. Este clima, combinado con la altura y la baja contaminación de luz *(light)*, convierte al desierto en el lugar ideal para observar el cielo. El Observatorio Europeo del Sur tiene una oficina en Chile. Allí se construye un telescopio gigante que entrará en operaciones en 2024.

Fuentes: *La Tercera*, Chile, Carlos Montes, octubre de 2018; *El Universal*; Infobae, julio de 2017.

Un telescopio en Atacama, Chile

LAS TIENDAS

1 **Choose the correct option.**

a. Para comprar el pan normalmente voy al **supermercado** / **centro comercial**.

b. Una cajera trabaja habitualmente en **una tienda especializada** / **un supermercado**.

c. Cuando voy de compras, compro **leche** / **ropa**.

d. Si quiero una crema, voy a una **perfumería** / **pastelería**.

e. Cuando compro la fruta, **hago la compra** / **voy de compras**.

f. Para comprar pan voy a la **carnicería** / **panadería**.

EL LENGUAJE TELEFÓNICO

2 **Fill in the blanks according to the prompts.**

a. Pregunta por Pedro. ➡ Hola, ¿......................... Pedro, por favor?

b. Responde el teléfono. ➡ ....

c. Pregunta quién llama. ➡ ¿De .... de quién?

d. No llamaste al número correcto. ➡ Lo siento, tienes el número ....

3 **Find the word or phrase that does not belong in each of these two groups of words.**

a. suena ocupado / está desconectado / no contesta / está comprando

b. celular / mensaje de texto / televisión / sms

SER / ESTAR

4 **Javi is chatting with a friend that he hasn't seen in a while. Fill in the blanks using *ser* or *estar*.**

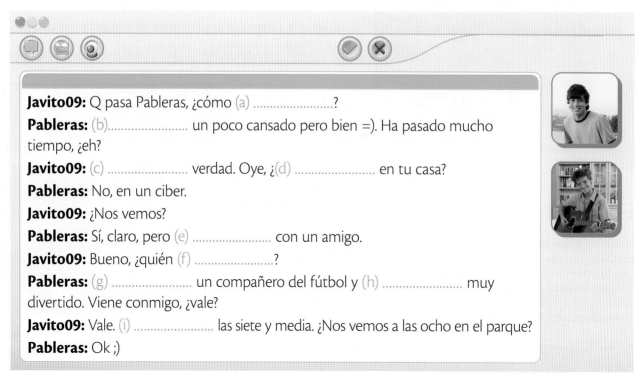

Javito09: Q pasa Pableras, ¿cómo (a) ....?

Pableras: (b)......................... un poco cansado pero bien =). Ha pasado mucho tiempo, ¿eh?

Javito09: (c) .... verdad. Oye, ¿(d) .... en tu casa?

Pableras: No, en un ciber.

Javito09: ¿Nos vemos?

Pableras: Sí, claro, pero (e) .... con un amigo.

Javito09: Bueno, ¿quién (f) ....?

Pableras: (g) .... un compañero del fútbol y (h) .... muy divertido. Viene conmigo, ¿vale?

Javito09: Vale. (i) .... las siete y media. ¿Nos vemos a las ocho en el parque?

Pableras: Ok ;)

5 Match each sentence on the left with the appropriate description on the right.

1. Hoy estamos muy cansados.
2. María es muy alta.
3. ¡Qué simpático es Dani!
4. ¿Dónde está Sevilla?
5. Karen es mexicana.

a. Describir características físicas.
b. Hablar de situaciones temporales transitorias.
c. Localizar a una persona o lugar.
d. Indicar la nacionalidad.
e. Describir el carácter.

ESTAR + PRESENT PARTICIPLE

6 Use *estar* + present participle to change the following sentences.

a. María compra en el centro comercial. ➡ ....
b. Pedro y Tomás hablan por teléfono. ➡ ....
c. David ayuda a su padre a pintar la habitación. ➡ ....
d. Mis primos viajan alrededor del mundo. ➡ ....

INFORMAL COMMANDS

7 Provide in an oral presentation a logical sequence of instructions on how to make something or complete a task.

8 As you listen to your classmate's instructions, what are they teaching you to do? Can you follow their instructions?

CULTURA

9 Answer the following questions according to the information you learned in ¡*Una región conectada!*

a. ¿Qué se celebra cada 17 de mayo desde 2006?
b. ¿En qué aspectos podemos decir que los incas fueron precursores de Internet?
c. ¿Qué hacen las empresas de tecnología para colaborar con las comunidades indígenas?
d. ¿Por qué el desierto de Atacama es uno de los mejores lugares para observar el cielo?

AL FINAL DE LA UNIDAD PUEDO...

	☆	☆☆	☆☆☆
a. I can ask for an item and how much it costs.	☐	☐	☐
b. I can use typical phrases in a phone conversation.	☐	☐	☐
c. I can express location, nationality, profession, etc., using the verbs *ser* and *estar*.	☐	☐	☐
d. I can express an action in progress using the present progressive tense (*estar* + present participle).	☐	☐	☐
e. I can give instructions and ask someone to do something with informal commands.	☐	☐	☐
f. I can talk about stores and shopping.	☐	☐	☐
g. I can read and understand *Un comercio muy especial*, Daniel de Pasquale.	☐	☐	☐
h. I can write a complaint letter.	☐	☐	☐

MORE IN ELEteca | EXTRA ONLINE PRACTICE

Las tiendas

la carnicería *meat department / butcher shop*

el escaparate *shop window*

la floristería *florist*

la frutería *fruit and vegetable store*

los grandes almacenes / las tiendas departamentales *department store*

la librería *bookstore*

la panadería *bakery (bread)*

la pastelería *bakery (cakes and pastries)*

la perfumería *beauty supply shop*

el supermercado *supermarket*

la tienda de electrónica *electronics store*

la tienda de ropa *clothing store*

la zapatería *shoe store*

En la tienda

¿Cómo va a pagar? *How are you paying?*

¿Cuánto cuesta? *How much does it cost?*

¿Cuánto es? *How much is it?*

de rebajas *on sale*

en efectivo *in cash*

hacer la compra *to do the food shopping*

ir de compras *to go shopping*

¿Me podría decir el precio? *Could you tell me the price?*

¿Qué precio tiene? *What is the price?*

tarjeta de crédito / débito *credit / debit card*

tarjeta de regalo *gift card*

Por teléfono

¿Aló? / ¿Bueno? / ¿Dígame? *Hello (when answering the telephone)*

¿De parte de quién? / ¿Quién lo/la llama? *Who is calling?*

dejar un mensaje *to leave a message*

la llamada perdida *missed call*

no contesta *no answer*

el número equivocado *wrong number*

¿Puedo llamar mas tarde? *Can I call back later?*

¿Se encuentra...? *Is . . . there?*

suena ocupado *busy signal*

Descripciones

abierto/a *candid, open*

entusiasmado/a *excited*

listo/a *smart, ready*

malo/a *bad, sick*

ocupado/a *busy*

rico/a *rich/tasty*

Palabras y expresiones útiles

el ascensor / el elevador *elevator*

las desventajas *disadvantages*

las ventajas *advantages*

THE VERBS *SER* AND *ESTAR*
(See page 99)

▨ Use the verb **ser** to talk about:

- • What a person or a thing is.
- • Physical characteristics.
- • What an object is made of.
- • What a person or an object is like.
- • Someone's nationality.
- • What time it is.
- • Someone's profession.

▨ Use the verb **estar** to talk about:

- • Where a person or an object is located.
- • Temporary situations or conditions.

PRESENT PROGRESSIVE TENSE
(See page 101)

▨ Use **estar** + present participle to express an action in progress or the continuity of an action.
To form the present participle:

Verbs in **–ar** ➡ **–ando**
Verbs in **–er / –ir** ➡ **–iendo**

trabaj-ar ➡ trabaj**-ando**
corr-er ➡ corr**-iendo**
escrib-ir ➡ escrib**-iendo**

▨ Irregular present participles:

leer ➡ le**y**endo   pedir ➡ p**i**diendo   dormir ➡ d**u**rmiendo   oír ➡ o**y**endo

INFORMAL COMMANDS
(See pages 102 and 103)

▨ Use the imperative verb form for **tú** when you want to give a command or tell someone to do something.
It can also be used to give advice or suggestions.
To form the affirmative **tú** command, drop the **s** from the present-tense form of **tú**:

Infinitive	Tú form, drop the s	Affirmative *tú* commands
habl**ar**	hablas ➡ habla	**Habla** más lentamente. *Speak more slowly.*
com**er**	comes ➡ come	**Come** la cena. *Eat dinner.*
escrib**ir**	escribes ➡ escribe	**Escribe** la carta. *Write the letter.*

Infinitive	oír	tener	venir	salir	ser	poner	hacer	decir	ir
Imperative	oye	ten	ven	sal	sé	pon	haz	di	ve

ERAN OTROS TIEMPOS

>> ¿Quiénes están en la foto y qué están haciendo?

>> ¿Tienes fotos antiguas de tu familia?

>> ¿Te gusta escuchar historias sobre el pasado de tus padres y abuelos?

Recordando viejos tiempos.

IN THIS UNIT, YOU WILL LEARN TO:

- Ask someone for their opinion and give your own

- Express agreement and disagreement

- Talk about the past and the way things used to be using the imperfect of regular and irregular verbs

- Ask what the cause of something is using *por qué* and answer using *porque*

- Talk about personalities and characteristics

- Read *Juegos tradicionales*, Guillermo Dávalos Vela

- Write a comparative essay

CULTURAL CONNECTIONS

- Share information about family history and life in the past in Hispanic countries and compare cultural similarities

CULTURA EN VIVO

ENCUENTRO DE CULTURAS (1):
LOS ESPAÑOLES Y EL NUEVO MUNDO

1 Look at the image and discuss the following questions.

a. ¿Quiénes son estas personas?

b. ¿Qué relación crees que tienen entre ellos?

c. ¿Dónde están?

d. ¿Qué están haciendo?

e. ¿Qué ropa llevan?

f. ¿Cuál es su estado de ánimo?

g. ¿Qué hay encima de la mesa?

h. ¿Qué día de la semana crees que es?

2 Answer the questions below. Then, with a partner, exchange information.

a. ¿Conoces el pasado de tus abuelos?

b. ¿Qué información tienes de su profesión, hábitos o aficiones?

3 🎵···33 Follow along as you listen to the conversation between Julián and his grandfather. Identify the main idea and essential details to help you answer the questions.

Read the script of the conversation while you listen to audio again to help you focus on the parts of the conversation you did not understand in class.

Julián: ¿Qué es eso, abuelo?

Abuelo: Un álbum de fotos antiguas.

J.: A ver. ¡Qué joven te ves en esta foto! ¿Por qué vas vestido así?

A.: Porque yo jugaba en el equipo de béisbol de la universidad.

J.: ¿Eras jugador de béisbol, abuelo? **¡Anda ya!**

A.: Que sí, y entrenábamos todos los días.

J.: ¿En serio? Cuéntame más.

A.: Bueno, eran otros tiempos, yo **creo que** más difíciles.

J.: ¡Qué va! Ahora es casi imposible jugar en el equipo de la universidad.

A.: No estoy de acuerdo contigo. Simplemente hay que trabajar duro.

J.: Si tú lo dices... ¿Y qué otras cosas hacías cuando tenías mi edad?

A.: Pues estudiaba y salía con mis amigos los fines de semana.

J.: ¿Y dónde iban?

A.: Pues salíamos al cine, nos reuníamos en casa… También íbamos a la piscina o hacíamos excursiones. Pero debía regresar temprano a casa, porque mis padres se enojaban si me retrasaba.

J.: ¡Qué vida tan diferente!

a. ¿Qué trajo el abuelo a casa de Julián?

b. ¿Qué piensa Julián de la foto del abuelo?

c. ¿Cree Julián que su abuelo jugaba en el equipo de bésibol de la universidad?

d. ¿Qué opina el abuelo de su época?

e. ¿Cree el abuelo de Julián que es imposible jugar ahora en el equipo de bésibol de la universidad?

f. ¿Qué hacía el abuelo los fines de semana?

4 **Fill in the blanks with the expressions in bold from the conversation between Julián and his grandfather.**

a. » .... la vida antes era mejor que ahora.

» .... con tu opinión.

b. » ¿Entonces no quieres venir?

» .... Seguro que la fiesta es muy aburrida.

c. » ¿Te dijo que de joven era millonario?

» .... No lo creo.

d. » A mí me parece que los muchachos de ahora lo tienen todo muy fácil.

» Yo pienso que no, pero ....…

5 **List the expressions from Activity 3 in the correct column according to their meaning.**

Dar una opinión	Expresar acuerdo *(agreement)*	Expresar acuerdo parcial	Expresar desacuerdo
	Estoy de acuerdo		

6 **Use the expressions above and describe to what extent you agree or disagree with the following situations that compare the way things were in the past to the way things are now. Do you agree with your partner's statements and his/her reasoning? Why or why not?**

Modelo: En general, la vida de mi abuelo era más divertida que la mía.

E1: Estoy de acuerdo.

E2: ¡Qué va!

a. En general, la vida de mis padres era más fácil que la mía.

b. Mis padres tenían más tiempo libre que yo.

c. Mis padres jugaban a más deportes que yo cuando tenían quince años.

d. Mis padres tenían que estudiar más que yo.

COMUNICA

ASKING AND GIVING OPINIONS AND ASKING WHY

■ To ask for an opinion:

*¿**Qué piensas / opinas sobre** las películas de Alfonso Cuarón? What do you think about Alfonso Cuarón's movies?*

*¿**Qué te parece** su última película? What do you think about his last movie?*

*¿**Cuál es tu opinión sobre** su trabajo como director de cine? What's your opinion about his work as movie director?*

■ To give your positive / negative opinion:

*(Yo) **pienso / creo / opino que** (no) son muy buenas. I think / believe / In my opinion they are (not) very good.*

*(A mí) **me parece que** (no) tiene un buen argumento. I think / I believe it has (doesn't have) a very good storyline.*

*A mí (no) **me parece un** buen director. I (don't) think he is a good director.*

■ To express an uncertainty:

No te puedo decir. *I can't say.*

No sé qué decir. *I'm not sure what to say.*

¡Yo qué sé! *What do I know!*

■ To ask why, use **¿por qué?** and **porque** to answer and explain:

» *¿**Por qué** estudias español? Why do you study Spanish?*

» *(Estudio español) **Porque** me gusta mucho. (I study Spanish) Because I like it a lot.*

---

1 👥👥 **Read the sentences below and use the expressions you just learned to express your opinion about the comment. Then share your opinions with a partner. Do you agree on many of the same things? Why or why not?**

a. La comida mexicana es mejor que la italiana.

b. Argentina va a ganar la próxima Copa Mundial de fútbol.

c. El invierno es mejor que el verano.

d. El inglés es más fácil que el español.

2 👥👥 **With a partner, decide which role to take and ask each other about the topics listed. Give your opinion and be sure to explain why.**

Modelo: E1: ¿Qué piensas de los gatos?

E2: No me gustan.

E1: ¿Por qué?

E2: Porque no son sociables.

Estudiante 1
Pregunta a tu compañero/a por:
• los gatos
• el fútbol
• la música romántica
Explica a tu compañero/a:
• los idiomas
• bailar

Estudiante 2
Pregunta a tu compañero/a por:
• los perros
• el tenis
• la literatura
Explica a tu compañero/a:
• el rap
• el dinero

EXPRESSING AGREEMENT AND DISAGREEMENT

■ Total agreement

Estoy de acuerdo contigo.
I agree with you.
¡Totalmente! *Totally!*
¡Por supuesto! *Of course!*
Tienes razón. *You are right.*
¡Sí, claro! *Yes, of course!*

■ Partial agreement

Estoy **en parte** de acuerdo
contigo. *I partially agree with you.*
No estoy **totalmente** de
acuerdo contigo. *I don't totally agree with you.*
Si tú lo dices… *If you say so.*

■ Disagreement

No estoy de acuerdo contigo.
I don't agree with you.
¡Para nada! *Not at all!*
¡Anda ya! *Oh, come on! (in disbelief)*
¡Ni modo! ¡Que no! *No way!*
¡Qué dices! *What are you talking about?*

■ Use negative expressions like **para nada**, **ni**, **nunca jamás** to reinforce the meaning of **no**:

No me gustó **para nada**. *I did not like it at all.*
Tú **no** tienes **ni** idea de lo que estás hablando. *You have no idea what you are talking about.*
No quiero hablar de eso **nunca jamás**. *I don't want to talk about it ever again.*

Note that, unlike English, double negatives are grammatically correct in Spanish.

FROM THE corpus
De ningún modo or **de ninguna manera** are used in Spain instead of **ni modo**.

3 🔊 34 **Listen to the following conversations and fill in the blanks with the expression you hear. Then choose the correct meaning from the options on the right.**

1. » Hay unas nubes muy negras en el cielo, yo creo que esta tarde va a llover.

   » ....

   a. ☐ La mujer cree que va a llover.
   b. ☐ La mujer cree que no va a llover.

2. » ¿Tú crees que el cine latinoamericano está de moda? A mí me parece que sí. Hay muchas películas en este momento con proyección internacional, ¿verdad?

   » Pffff, ...

   a. ☐ La mujer no está de acuerdo con él.
   b. ☐ La mujer está de acuerdo parcialmente con él.

3. » Mira, ¡qué vestido tan bonito! ¿Por qué no te lo compras? Seguro que te ves muy bien, ¿no crees?

   » ....

   a. ☐ La mujer está de acuerdo con él.
   b. ☐ La mujer no está de acuerdo con él.

4 **Work with a partner to express your opinion about the following topics. Give reasons for your opinion. Restate your partner's position and comment on his/her reaction. Do you agree on any of the topics?**

el mejor cantante o la mejor película o la mejor comida o la mejor ciudad

Modelo: *el mejor director de cine*
   E1: Para mí, Guillermo del Toro es el mejor director porque hace películas de mucha acción.
   E2: ¡Totalmente! / No estoy totalmente de acuerdo contigo. / ¡Ni modo!

🖥 **MORE IN ELEteca** │ EXTRA ONLINE PRACTICE

ANTES DEL VIDEO

1 **Answer the questions about your television viewing habits.**

a. Cuando ves la tele, ¿qué tipo de programas te gustan?

b. ¿Te gustan las series de televisión?

c. ¿Cuál es tu serie favorita? ¿Por qué?

d. ¿Y cuál es tu personaje favorito en esa serie? ¿Por qué?

2 **Ask your partner the same questions and note his/her answers. Do you agree on many of the same things?**

a. ....

b. ....

c. ....

d. ....

DURANTE EL VIDEO

3 00:00 - 01:00 **Watch the first segment and choose the six adjectives that Sebas and Felipe use to describe the series and their favorite characters.**

☐ genial   ☐ serio   ☐ divertido

☐ horrible   ☐ bromista   ☐ aburrido

☐ interesante   ☐ inteligente   ☐ callado

☐ emocionante   ☐ fuerte   ☐ hablador

4  **Watch the following segment and indicate whether the statements are true (T) or false (F).**
01:00 - 02:36

	T	F
a. Para una de las muchachas, todos los personajes son fascinantes.	☐	☐
b. Las dos amigas tienen el mismo personaje favorito.	☐	☐
c. Según Eli, el personaje favorito de Lorena es malvado.	☐	☐
d. Eli dice de un personaje que es cruel y desagradable.	☐	☐
e. Lorena y Eli leyeron los libros antes de ver la serie.	☐	☐

5 **Watch the last segment and match the following statements with Juanjo or Alfonso.**
02:36 - 05:18

Juanjo

Alfonso

a. Cada episodio es mejor que el anterior.

b. Los personajes son todos fantásticos.

c. Es muy inteligente y tiene una personalidad muy fuerte.

d. La verdad es que esa niña es impresionante.

e. Me parece que, en realidad, es el personaje principal de la serie. ....

f. El hermano tiene poderes mágicos.

DESPUÉS DEL VIDEO

6 **The friends used the following adjectives to describe their favorite characters in the series. List them as positive or negative according to their meaning.**

genial o bromista o divertido o malvado o cruel o impresionante o peligroso o emocionante desagradable o fascinante o práctico o original o padrísimo o linda

Positivos	Negativos

7 **Prepare a profile about one of your favorite series leaving out the title. Pass your profile around to other students to see how many can guess the series.**

Título [¿?]

Año [ ] País [ ] Género [ ]

Argumento

1 The following adjectives are useful when talking about characteristics for places and things. Match the adjective to its definition in English.

1. práctico/a
2. peligroso/a
3. entretenido/a
4. saludable
5. emocionante
6. aburrido/a
7. impresionante
8. relajante

a. *entertaining, enjoyable*
b. *healthy*
c. *impressive*
d. *dangerous*
e. *relaxing*
f. *practical*
g. *exciting*
h. *boring*

El Salto Ángel en Venezuela es impresionante.

Los mercados de México son entretenidos.

2 Write about the topics below, using the adjectives above to express and support your opinions. Exchange papers with a partner. Do you agree on any of the topics?

Las redes sociales

Modelo: las redes sociales

Yo creo que las redes sociales son muy entretenidas, pero también un poco peligrosas.

los deportes   las vacaciones   los parques de atracciones   los carros híbridos   tu pueblo o ciudad

Share information with your partner to help you remember examples better and put the knowledge into practice.

3 Let's play. Work together in pairs to complete the chart with examples of things that fit the categories. Call time when you have completed your chart. Review answers with the class. Points are awarded for each correct example that is not repeated. Student pairs with the most points win.

peligroso	emocionante	impresionante	saludable	práctico

4 🔊 35 **Match the adjectives to the image. Then listen to the audio to check your answers.**

1. ruidosos   **3.** estresada   **5.** cariñoso   **7.** perezoso

2. bromista   **4.** soso   **6.** habladora   **8.** impuntual

(a.)→☐   (b.)→☐   (c.)→☐   (d.)→☐

(e.)→☐   (f.)→☐   (g.)→☐   (h.)→☐

FROM THE corpus

■ In most of Latin America, people use **flojo/a** and **haragán/haragana**: *¡Despierta, **haragán**!*

■ In Spain, **perezoso/a** and **vago/a** are used more frequently.

5 **Match the adjectives from the activity above with their opposites below.**

a. frío/a ....   **d.** divertido/a ....   **g.** puntual ....

b. callado/a ....   **e.** silencioso/a ....   **h.** tranquilo/a ....

c. aburrido/a ....   **f.** trabajador/a ....

6 👥 **Yolanda is describing her family and friends. Read the sentences and choose the appropriate word to complete the descriptions. Then check your answers with a partner.**

a. Mi abuela siempre me da besos y me abraza. Es una persona (sosa / cariñosa) ....

b. A mi tío le gusta hacer bromas (*jokes*) y nunca habla en serio. Es (bromista / estresado)

c. Mi hermana no hace nada en casa. Nunca jamás limpia su habitación. Es muy (tranquila / floja) ....

d. Es bastante amable, pero no tiene mucha personalidad. Es una amiga (sosa / interesante) ....

7 🔊 36 **Listen to Javi describing Ana and Daniel. Then write down their personality traits.**

• Ana ➡ ...., ...y ....

• Daniel ➡ ...., ...y ....

Modelo: E1: ¿Cómo eres?

       E2: Soy muy hablador. Siempre estoy hablando por teléfono. ¿Y tú?

       E1: Yo soy bastante... ¿Cómo es...?

8 👥👥 **Write a short paragraph about yourself and list some things you like to do. In groups of 3 or 4, meet and exchange your papers. Each one will read someone else's paragraph to guess who wrote it. Then take turns adding information about each other.**

Modelo: Yo soy un muchacho deportista y muy sociable. Mis amigos dicen que soy divertido y hablador. Me gusta jugar al fútbol y hablar por teléfono.

 MORE IN ELEteca | EXTRA ONLINE PRACTICE

GRAMÁTICA

1. THE IMPERFECT TENSE OF REGULAR VERBS

■ You have already learned to talk about actions in the past using the preterite tense. Spanish has another past tense, the imperfect, which has different uses from the preterite.

Here are the forms of regular verbs in the imperfect:

	HABLAR	COMER	VIVIR
yo	hablaba	comía	vivía
tú	hablabas	comías	vivías
usted/él/ella	hablaba	comía	vivía
nosotros/as	hablábamos	comíamos	vivíamos
vosotros/as	hablabais	comíais	vivíais
ustedes/ellos/ellas	hablaban	comían	vivían

■ Notice the accent mark over the **í** in all the endings for **–er** and **–ir** verbs. Only the **nosotros** form has an accent in **–ar** verbs.

■ Verbs that change stem in the present do not change stem in the imperfect:
*Cuando **tenía** cinco años **quería** ser veterinaria.*
When I was five years old, I wanted to be a veterinarian.

■ The imperfect form of **hay** is **había**:
*Antes **había** más tiempo libre. Before, there used to be more free time.*

■ The imperfect is used:
• To express habitual actions or ongoing actions in the past:
*Antes **salíamos** todos los fines de semana.*
*Before, **we went** (**used to go**) out on weekends.*
*Cuando **era** niño, **tenía** mucha energía.*
*When I **was** a child, I **had** (**used to have**) a lot of energy.*

• To describe people or circumstances in the past:
*Mi abuelo **era** muy trabajador.*
*My grandfather **was** very hardworking.*

• To "set the stage" for an event that occurred in the past:
*Aquella tarde yo **estaba** leyendo en el parque cuando empezó a llover.*
*That afternoon, I **was reading** in the park when it started to rain.*

1 Diego's grandfather is recalling some of the things he used to do as a child in Ecuador. Fill in the blanks with the correct imperfect forms of the appropriate verb in parentheses.

Mira, Diego, cuando yo era niño, solo (a) .... (querer / tener) jugar y estar fuera. (b) .... (jugar / pasar) a las escondidas (*hide and seek*) con mis amigos. Me (c) .... (gastar / gustar) correr detrás de ellos cuando los encontraba. También (d) .... (tener / poder) un yoyó con el que siempre (e) .... (hacer / trabajar) trucos. En esa época, la moneda de Ecuador era el sucre. Con un sucre (f) .... (comprar / decir) montones de dulces. A menudo mi mamá me (g) .... (pasar / llevar) al parque y allí (h) .... (subir / leer) a los columpios (*swings*) y (i) .... (pasar / comer) allí toda la tarde. ¡Qué buenos tiempos aquellos!

2 Let's play. With a partner, takes turns filling a box with the correct imperfect form. Win the box by writing the correct form of the verb. Win the game by getting three correct boxes in a row to form tic-tac-toe. Keep playing for another chance to win.

preparar (él)	vivir (nosotras)	estudiar (ella)	viajar (tú)	leer (ellos)	abrir (él)
trabajar (yo)	hablar (ustedes)	tener (ellas)	dormir (nosotros)	beber (tú)	correr (nosotros)
comer (ellos)	jugar (tú)	cantar (yo)	salir (ustedes)	tomar (ella)	hacer (ellos)

2. TIME EXPRESSIONS WITH THE IMPERFECT

■ The imperfect is often used with the following expressions that describe the frequency of past actions:

• **antes**
Antes me gustaba mucho el chocolate, ahora no. I used to like chocolate a lot, now I don't.

• **entonces**
Entonces la vida en México era diferente. Life in Mexico used to be different.

• **de pequeño/a**
De pequeño jugaba mucho con mis amigos. As a child, I used to play a lot with my friends.

• **de joven**
De joven mi madre pasaba los veranos con sus abuelos. As a youngster, my mother used to spend her summers with her grandparents.

• **cuando**
Cuando Pedro estudiaba en la universidad, no salía mucho. When Pedro studied at the university, he didn't go out much.

To be more formal when referring to past eras or to refer to other moments in history, it is common to use these expressions: **en ese / aquel tiempo** and **en esos / aquellos tiempos**.

3 Fill in the blanks with the following time expressions and write the correct imperfect tense of the verbs in parentheses.

de pequeño/a ○ antes ○ todos los días ○ cuando

a. .... las mujeres no (trabajar) .... fuera de casa.

b. .... mis padres eran jóvenes (pasar) .... los fines de semana en el campo.

c. .... mi hermana (jugar) .... con un osito de color azul.

d. .... (tomar, yo) .... el autobús para ir a la escuela.

4 With a partner, talk about what you used to do in the past compared to what you do now. Use the activities from the list and the time expressions from the list above.

Modelo: De pequeño montaba en monopatín. Ahora juego al fútbol.

- acostarse a las…
- escuchar (tipo de música)
- leer…
- salir con…
- celebrar…
- estudiar…
- levantarse a las…
- usar la computadora para…
- comer…
- jugar…
- querer ser (profesión)
- vivir en…

5 Let's play. Write two true statements and one false describing what you used to do when you were a child. Use the time expressions below to give more details. Then, in groups of three, share your sentences and have your classmate guess which one is not true.

Modelo: E1: Cuando era pequeña, comía siempre dulces.

E2: Yo creo que es falso, porque tú comes siempre sano.

E3: Pues yo creo que es verdad, porque te gustan mucho los dulces.

E1: Es falso. Solo comía dulces a veces.

E2: ¡Bien! ¡Un punto para mí!

- siempre / todos los días
- a menudo
- a veces
- nunca

3. THE IMPERFECT TENSE OF IRREGULAR VERBS

■ There are only three irregular verbs in the imperfect tense:

	SER	VER	IR
yo	era	veía	iba
tú	eras	veías	ibas
usted/él/ella	era	veía	iba
nosotros/as	éramos	veíamos	íbamos
vosotros/as	erais	veíais	ibais
ustedes/ellos/ellas	eran	veían	iban

6 **Julián is interested in what life was like in Spain in the 1960s. Fill in the blanks with the correct imperfect tense of the verbs in parentheses.**

La España de los sesenta

En casa, mi abuelo dice que cuando él (a) .... (ser) niño, la situación en España (b) .... (ser) más difícil que ahora. Busqué en Internet algunas cosas sobre esa época. Por ejemplo, que España (c) .... (estar) gobernada por Franco y en nuestro país (d) .... (haber) una dictadura, lo que significa, entre otras cosas, que la gente no (e) .... (tener) libertad.

También (f) .... (haber) muchas personas que (g) .... (emigrar) a otros países europeos como Francia, Alemania o Suiza, en busca de trabajo.

Las familias (h) .... (ser) muy grandes. Las mujeres (i) .... (poder) tener una media de cuatro o cinco hijos y habitualmente no (j) .... (trabajar) fuera de casa. Muchas familias no (k) .... (tener) coche ni (l) .... (ver) la televisión. Tampoco (m) .... (ir) de vacaciones al extranjero. Las principales aficiones de los españoles (n) .... (ser) el fútbol y las corridas de toros. ¡Cómo cambian las cosas!

7 👥 **Compare your answers in the activity above with a partner. Then reread the text about Spain in the 1960's and answer the following questions. Discuss your answers and ideas, citing evidence from the text.**

a. ¿Quién gobernaba durante esa época (*period*)? ¿Era presidente o dictador?

b. ¿Qué tenía la gente? ¿Qué cosas no tenía?

c. ¿Adónde iban muchas personas? ¿Qué buscaban?

d. ¿Cómo era la vida de las mujeres?

8 In what decade or time of history would you like to live? To research that time period, develop five probing questions using *qué, cuándo, cómo, dónde*. Write them in a list. Avoid yes/no questions.

....

....

9 Search the Internet for answers to your questions above. Write about the differences of your chosen time period and now. Use connected detailed paragraphs.

10 Using your own words and the correct form of the imperfect for the verbs in parentheses, write a few sentences explaining your childhood. Then take turns reading your sentences to each other. Did you have similar or different experiences?

   a. Cuando yo (ser) .... niño/a, (ser) .... muy...

   b. Mis mejores amigos/as (llamarse) .... y (ser) ....

   c. A veces mi familia y yo (ir) .... a...

   d. En verano casi siempre (ir) .... a...

   e. Generalmente yo (ver) .... a mis primos...

   f. Por las tardes siempre (ver) .... en la televisión.

11 Take turns asking your partner about his/her childhood. Use the chart below to help you formulate four questions. Write down the questions and the answers.

	Habitación	Amigos	Juguetes
Pregunta	¿Cómo era tu habitación?		
Respuesta	Mi habitación era / tenía...		

12 Think ahead to your high school graduation and look back on this year at school with your classmates. What would you say about them? What were they like? What did they used to do (or not do)? Choose five classmates to discuss and together with a partner, write a description about them using the imperfect and adjectives from this unit. Share your writing with the class, and ask them to read and comment on it.

Modelo: ¿Te acuerdas de...? Era...

1 ☺☺☺ **Answer the following questions.**

a. ¿A qué jugabas cuando eras pequeño/a?

b. ¿Recuerdas quién te enseñó esos juegos?

c. ¿Jugabas más en la calle o en casa?

d. ¿Conoces algún juego antiguo? ¿Cuál?

2 **Match each game to the image that represents it. You can use the dictionary.**

> las escondidas ○ la gallinita ciega ○ las tabas ○ el pañuelo ○ saltar a la cuerda ○ las canicas

Niños jugando (Foto: Rudra Narayan Mitra)

3 🔊 37 **Read this article about traditional popular games and check your answers for Activity 2.**

Cuando no había televisión, computadoras ni videoconsolas, los niños jugaban, en las plazas y calles de los pueblos y ciudades, a diferentes juegos tradicionales. Actualmente muchos padres, madres y abuelos intentan recuperarlos y transmitirlos a sus hijos y nietos, a los niños del siglo XXI.

La Unesco reconoció en repetidas ocasiones que los juegos tradicionales y populares son patrimonio cultural y que, con ellos, los niños disfrutan jugando con otros niños sin necesidad de pantallas ni tecnologías. Jugando al aire libre los pequeños se divierten mientras corren, saltan, hacen ejercicio, se relacionan y disfrutan de la libertad de estar en la calle. Por eso es tan necesario recuperar juegos como estos que vamos a recordar:

– Las escondidas, en el que, simplemente, uno de los niños tiene que encontrar a sus compañeros que se han escondido *(are hidden)*.

– Saltar a la cuerda *(rope)*, juego que solo necesita una cuerda de cierta longitud y dos niños en sus extremos para moverla.

– La gallinita ciega, consiste en buscar con los ojos tapados *(covered)* a los demás niños.

– El pañuelo, donde solo es necesario un pañuelo y niños que compiten para conseguirlo.

Los juegos tradicionales no necesitan tecnología, se realizan con el propio cuerpo o con objetos muy simples y naturales: arena (sand), piedrecitas (pebbles), canicas (marbles) o pequeños huesos (bones) como las tabas (jacks). Sin duda alguna, los juegos populares estimulan el desarrollo físico e intelectual de los niños y la capacidad para relacionarse y hacer amigos.

Conservar estos juegos tradicionales es importante para transmitir valores como la amistad, la imaginación y la tolerancia. Además, con ellos los niños y las niñas aprenden a perder y a ganar, se preparan para la vida.

El juego de la rayuela

✎ **Guillermo Dávalos Vela** *Autor boliviano licenciado en Sociología y columnista del matutino El Deber.*

4 **Indicate if each sentence is true (T) or false (F). Then rewrite the sentences that are false to make them true.**

	T	F
a. En el pasado los niños jugaban más en la calle que ahora.	☐	☐
b. Con los juegos tradicionales los niños se relacionan menos.	☐	☐
c. Los padres y abuelos olvidaron transmitir estos juegos a sus hijos y nietos.	☐	☐
d. Los juegos tradicionales enseñan valores.	☐	☐
e. Los juegos populares necesitan juguetes antiguos difíciles de encontrar.	☐	☐
f. Cuando los niños practican estos juegos, hacen más ejercicio físico.	☐	☐

5 👀 **With a partner, research toys or children's games from the past. Of the toys and games you researched, which one was the most interesting to you? Why? Before you present what you learned, review the strategy and follow the suggestions.**

6 **As you listen to your classmates, note the main idea and supporting details in their presentation.**

To prepare for an oral presentation, create an outline beforehand with the most important ideas that you are going to develop so that you can do a thoughtful and focused search for information.

When you jot down the information that you plan to present, try to use familiar vocabulary and avoid repeating phrases and structures that you have found in your sources.

During your presentation, do not read your outline. Instead, explain the concepts and ideas in a way that is natural for you and use the outline as a guide for your presentation.

1 Look at the images and answer the questions.

1. ¿Cómo viajaba la gente en el pasado?
2. ¿Qué tipo de transportes había?
3. ¿Cómo crees que eran los viajes?

1. ¿Cómo crees que eran las ciudades antes de la revolución industrial?
2. ¿Había problemas de medioambiente (*environment*)?
3. ¿En qué trabajaba la mayoría de la gente?

1. ¿Qué ropa llevaban los hombres y las mujeres?
2. ¿Usaban las mujeres pantalones?
3. ¿Crees que la ropa era cómoda?

1. ¿Qué medios usaban las personas antes de la aparición de Internet?
2. ¿Era inmediata la comunicación?
3. ¿Crees que antes la gente escribía más?

2 With a partner, match the statements with the images above. Do you agree with them?

1. ☐ El desarrollo (*development*) económico ha provocado muchos problemas medioambientales.
2. ☐ Los jóvenes no escriben tantas cartas como antes.
3. ☐ La moda (*fashion*) actual es más práctica e igualitaria que la antigua.
4. ☐ Antes del tren y el avión los viajes podían durar (*to last*) días.

TALLER DE ESCRITURA

3 **Read the writing strategy. Then write a draft of a comparative essay about one of the topics below.**

> los transportes o la moda o las comunicaciones o el medioambiente

 Follow these steps to **write a comparative essay**:
1. **Collect and select** all the **information** you are going to present.
2. **Choose a title** related to the topic.
3. **List the points** you want to compare. Plan to write a paragraph for each point.
4. **Develop your paragraphs** by explaining what is the same and different now compared to the past.
5. **Write an introduction** to the topic.
6. You may wish to use graphics to illustrate your ideas.

Título:	Grab the reader's attention.	
Introducción	You should include: • A hook that raises interest. • The topic and points to compare and contrast. • A thesis statement.	
Comparaciones	Compare the past to now. Discuss the similarities and give examples and concrete details.	
Contrastes	Contrast the past to now. Discuss the differences through examples and concrete details.	
Conclusión	Summarize your essay and rephrase your thesis with more depth to prove that you have supported your thesis.	

4 **PEER REVIEW** **Exchange drafts with a partner. Answer the questions and discuss them with your partner.**

a. Find your partner's thesis statement in the introduction and conclusion. Underline them.

b. Circle every comparison.

c. How many similarities did he/she write about?

d. How many differences did he/she discuss?

5 **Use the peer review to edit your comparative essay. Edit your spelling, grammar, punctuation, and organization. Publish your final version.**

ORTOGRAFÍA Y PRONUNCIACIÓN Los diptongos

■ Diphthongs are combinations of vowels that form a single syllable. Their individual vowel sounds do not change, but they blend together to form a single syllable. Diphthongs occur in Spanish when:

• the vowels **i** and **u** appear together in the same syllable.

• the vowel **i** appears in combination with either **a**, **e**, **o** in the same syllable.

• the vowel **u** appears in combination with either **a**, **e**, **o** in the same syllable.

■ Examples:

• **u** and **i** together: f**ui**mos .... fui-mos
                   c**iu**dad .... ciu-dad

• **i** and **a** together: p**ia**no .... pia-no
                   b**ai**lar .... bai-lar

• **i** and **e** together: p**ie**nso .... pien-so
                   vól**ei**bol .... vó-lei-bol

• **i** and **o** together: s**oi**s .... sois
                   millonar**io** .... mi-llo-na-rio

• **u** and **a** together: c**ua**dro .... cua-dro
                   auto .... au-to

• **u** and **e** together: f**ue**go .... fue-go
                   d**eu**da .... deu-da

• **u** and **o** together: antig**uo** .... an-ti-guo

! Notice that both **ui** and **iu** are diphthongs. The same is true for other vowel pairs that form diphthongs. As long as these pairs of vowels are together, they will form a diphthong, regardless of which one comes first.

! Note that, when there is a written accent over the letter **i**, the diphthong is broken or "split" into separate syllables and the two vowels are pronounced separately.

1 **Separate the following words into syllables.**

   a. aunque   **d.** reina   **g.** ciudad   **j.** fuimos

   b. aire   **e.** tierra   **h.** agua   **k.** automóvil

   c. Europa   **f.** radio   **i.** trueno   **l.** muy

MORE IN ELEteca | EXTRA ONLINE PRACTICE

ENCUENTRO DE CULTURAS (1)

¿Quieres saber cuál es la herencia española en América? Te lo contamos.

LOS ESPAÑOLES EN EL NUEVO MUNDO

Con la llegada de Cristóbal Colón al continente americano, los españoles quisieron crear en el Nuevo Mundo una sociedad similar a la europea. Durante quinientos años, gran parte del territorio americano era español. En el siglo XIX, los países americanos empezaron su proceso de independencia de España.

✓ En Norteamérica, las colonias españolas incluían California, Nuevo México, Arizona, Texas, Nevada, Florida, Utah y parte de otros estados como Colorado, Wyoming, Kansas y Oklahoma, además de México.

✓ En Centro y Sudamérica, todos los territorios eran españoles con excepción de parte de Brasil y Surinam.

✓ Una parte importante de la colonización española fueron las misiones, que eran poblaciones de indígenas a cargo de monjes *(priests)* jesuitas, dominicanos y franciscanos.

✓ Hoy es posible ver la herencia colonial española en el idioma y la cultura de muchos países americanos. La arquitectura colonial también es parte de esta herencia. Este estilo es de casas de dos pisos, con grandes puertas y de color blanco.

✓ En el siglo XVII, el movimiento barroco inspiró muchos edificios, obras de arte y música en Europa. Este estilo, impresionante y con muchos adornos, llegó a Perú y se ve en muchas iglesias en las ciudades de Quito y Cusco.

Iglesia de la Compañía de Jesús en Cusco, un ejemplo del barroco peruano

El palacio de Justicia de Santa Bárbara, en California

Iglesia de estilo español en Goliad, Texas

Detalle de un edificio en el Parque de Balboa, San Diego

¡Qué interesante!

El Viejo San Juan es un distrito en la capital de Puerto Rico. Está en una pequeña isla, conectada por puentes a la isla principal. Es una zona que no ha cambiado mucho desde la época de la colonia española. Allí hay dos fuertes *(fortresses)*: el Morro y el Castillo de San Cristóbal, que se usaban para la defensa de la ciudad. Hay también muchas plazas e iglesias preciosas de piedra. Al caminar por las calles con adoquines *(cobblestones)* y casas de colores alegres, es fácil imaginar cómo era la vida en el siglo XVII.

Fuente: www.solboricua.com, William Figueroa, 2016.

Casas de colores en una calle del Viejo San Juan

38 Mi experiencia

"Soy Beatriz y soy una guía turística del Mercosur, una región sudamericana que incluye Argentina, Bolivia, Brasil, Paraguay, Uruguay y Venezuela. El objetivo de esta región, que existe desde 1991, es comercial y cultural, e incentiva la circulación de personas y bienes *(goods)* sin restricciones.

Uno de los circuitos turísticos más interesantes es el de las misiones jesuíticas guaraníes. Es una ruta que pasa por Brasil, Paraguay, Argentina y Uruguay. Estos países tienen una herencia cultural común, porque los jesuitas españoles crearon misiones en toda esta zona, donde vivía y aún vive el pueblo guaraní. Hoy, mi trabajo es mostrar *(to show)* a los turistas internacionales los lugares donde estaban las misiones. Muchos de ellos son ruinas *(ruins)*, pero yo les cuento detalles sobre las actividades de los españoles e indígenas en las misiones para ayudarlos a imaginar la vida en el siglo XVI".

Fuente: sitio web oficial del Mercosur, Cultura, 8 de junio de 2015.

Beatriz, guía turística

El circuito de las misiones del Mercosur

¿COMPRENDISTE?

Join the following sentences.

1. Las colonias españolas...

2. El estilo barroco...

3. En el Viejo San Juan...

4. El Mercosur...

5. Las aventuras de *El Zorro*...

a. se ve en muchas iglesias peruanas.

b. es una región cultural y comercial.

c. ocurren en la California Española.

d. hay muchas casas de colores.

e. incluían varios estados norteamericanos.

AHORA TÚ

What's it like for you? Answer the following questions and discuss your ideas with the class.

1. ¿Fue tu estado parte de una colonia española? ¿Cómo era la vida allí?
   _____

2. ¿Cómo son las casas de tu barrio? ¿Qué tipos de estilos diferentes hay?
   _____

3. ¿Te gustaría visitar el Viejo San Juan? ¿Por qué?
   _____

4. ¿Qué lugares turísticos hay en tu ciudad? ¿Cuál es tu favorito y por qué?
   _____

5. ¿Quién es tu personaje de cómic favorito? ¿Cómo es? ¿En qué época ocurren sus aventuras?
   _____

VOCES ATINAS

PUERTO RICO, UNA ISLA ÚNICA

El rincón de los cómics EL ZORRO

¿Conoces a El Zorro? ¿Sabías que las aventuras de este personaje ocurren en la California española?

El héroe nació en 1919, cuando el escritor Johnny McCulley lo incluyó en su historia *La maldición de Capistrano*. El Zorro es la identidad secreta del noble californiano Diego de la Vega. Es un hombre valiente y misterioso. Lucha *(he fights)* contra un gobernador español cruel e injusto.

Fuentes: *La Razón*, diciembre de 2013; *La Nación*, Historia España y el mundo, Personajes, noviembre de 2018.

Una imagen del misterioso personaje *El Zorro*

1 **Fill in the blanks with *porque* or *por qué*.**

a. ¿Sabes .... llegó Antonio tarde a clase?

b. No quiero salir esta noche .... tengo que estudiar.

c. Javi escribió sobre su abuelo .... le interesa mucho su vida.

d. ¿....................... no hiciste tu tarea?

e. Dime .... estás triste.

2 **What does Marta mean with these expressions? Match the meaning with the responses given in the following conversations.**

a. El verano pasado fue más fresco.
b. Sí, la profesora de español es muy amable.
c. No es verdad.
d. No.

1. **Juan:** Mi madre, de joven, era una modelo muy famosa.
   Marta: ¡Anda ya! .... ☐

2. **Carol:** El verano pasado fue más caluroso.
   Marta: No creo. .... ☐

3. **Alberto:** ¿Te apetece cenar este sábado con mis padres?
   Marta: ¡Para nada! .... ☐

4. **Cristina:** La nueva profesora de español es muy amable.
   Marta: Estoy de acuerdo. .... ☐

3 **Match the following descriptions with their corresponding adjectives.**

1. Marta no es nada cariñosa.
2. Miguel no me parece nada divertido.
3. A mi abuelo le gusta mucho conversar.
4. Carmen siempre hace sus tareas.
5. A David no le gusta mucho trabajar.

a. flojo
b. hablador
c. trabajadora
d. fría
e. aburrido

4 **Arrange the following words in the correct order to form logical sentences.**

Modelo: inteligente / muy / es / muchacha / una / Margarita ➡ Margarita es una muchacha muy inteligente.

a. Marcos / frío / muchacho / es / un

b. muchacha / no / una / Liliana / es / divertida / muy

c. bastante / es / un / Ramón / haragán / muchacho

d. muchacha / no / María / Elena / es / estudiosa / una

e. Felipe / unos / muy / trabajadores / son / muchachos / y / Rico

IMPERFECT TENSE

5 **Fill in the blanks with the verbs from the box in the imperfect tense.**

> trabajar ○ estar ○ hacer ○ tener ○ haber ○ vivir ○ tener ○ ser ○ tomar

Miren, muchachos, aquí (a) .... yo cuando (b) .... diez años. El pueblo se llamaba Villallano y (c) .... muy cerca de un pueblo más grande llamado Aguilar. Mi hermana y yo (d) .... el autobús para ir a la escuela y (e) .... que comer en el comedor. Mi padre (f) .... en la panadería de mis abuelos, que (g) .... el pan para todos los pueblos cercanos y mi madre (h) .... la veterinaria. Era muy popular porque en la zona (i) .... muchas vacas y ovejas.

6 **Osvaldo is talking about how he used to spend his summers when he was a kid. Complete the description with the correct imperfect form of the verbs *ir* or *ser*.**

Cada verano, cuando (a) .... pequeño (b) .... al pueblo de mis abuelos con mi hermano. El pueblo (c) .... muy bonito y muy chiquito pero lo pasábamos muy bien. Generalmente, mis primos también (d) ...., y entonces lo pasábamos genial. Por las mañanas (e) .... todos juntos de excursión a la montaña o al río. Mi abuela (f) .... a comprar al mercado y preparaba unas comidas deliciosas. Por las tardes jugábamos en la calle con otros niños y de vez en cuando (g) .... al cine. Los veranos con mis abuelos (h) .... maravillosos.

CULTURA

7 **Answer the following questions about *Encuentro de culturas*.**

a. ¿Qué estados formaban parte del territorio español? ¿Cuántos estados con nombres españoles puedes nombrar?

b. ¿Cómo eran las casas de estilo español que construían en las colonias? ¿Qué edificio público conoces con este estilo?

c. ¿Dónde hay buenos ejemplos del estilo barroco? ¿Cómo es este estilo?

d. ¿Por qué eran importantes las misiones? ¿Cómo se encuentran muchas de las misiones ahora?

e. ¿Qué aspectos del siglo XVII se mantienen en el Viejo San Juan?

AL FINAL DE LA UNIDAD PUEDO...

	☆	☆☆	☆☆☆
a. I can ask someone for their opinion and give my own.	☐	☐	☐
b. I can express agreement and disagreement.	☐	☐	☐
c. I can talk about the past and the way things used to be using the imperfect of regular and irregular verbs.	☐	☐	☐
d. I can ask what the cause of something is using *por qué* and *porque*.	☐	☐	☐
e. I can talk about personalities and characteristics.	☐	☐	☐
f. I can read and understand *Juegos tradicionales*, Guillermo Dávalos Vela	☐	☐	☐
g. I can write a comparative essay.	☐	☐	☐

MORE IN ELEteca | EXTRA ONLINE PRACTICE

EN RESUMEN: VOCABULARIO

Las personalidades

bromista *jokester*
callado/a *quiet*
cariñoso/a *affectionate*

divertido/a *fun*
emocionante *exciting*
entretenido/a *entertaining, enjoyable*
estresado/a *stressed*
frío/a *cold, distant*
hablador/a *talkative*
impresionante *impressive*

impuntual *perpetually late*
interesante *interesting*
peligroso/a *dangerous*
perezoso/a , flojo/a, haragán / haragana *lazy*

práctico/a *practical*
puntual *punctual*
relajante *relaxing*
responsable *responsible*
ruidoso/a *loud, noisy*

saludable *healthy*
silencioso/a *quiet*
soso/a *dull, bland*
tranquilo/a *calm*
vago *lazy*

Expresiones temporales

antes *before*
cuando *when*
de joven *as a youngster, young man/woman*
de pequeño/a *as a child*

entonces *then*

Pedir y dar opiniones

Me parece (que)… *I think / I believe …*
No sé qué decir. *I'm not sure what to say.*
No te puedo decir. *I can't say.*
¿Por qué? *Why?*
porque *because*
¿Qué opinas / piensas sobre…? *What do you think about … ?*
¿Qué te parece…? *What do you think about … ?*
¡Yo qué sé! *What do I know?*

Expresar acuerdo y desacuerdo

¡Anda ya! *Oh, come on!*
Estoy (en parte / totalmente) de acuerdo con… *I agree (in part / totally) with . . .*

¡Ni modo! ¡Que no! / ¡De ninguna manera! *No way!*

No estoy (totalmente) de acuerdo con… *I don't totally agree with . . .*
Nunca jamás. *Never ever.*
¡Para nada! *Not at all!*
¡Por supuesto! *Of course!*
¡Qué dices! *What are you talking about?*

Tienes razón. *You are right.*
¡Totalmente! *Totally!*

THE IMPERFECT TENSE OF REGULAR VERBS
(See page 124)

	HABLAR	COMER	VIVIR
yo	habl**aba**	com**ía**	viv**ía**
tú	habl**abas**	com**ías**	viv**ías**
usted/él/ella	habl**aba**	com**ía**	viv**ía**
nosotros/as	habl**ábamos**	com**íamos**	viv**íamos**
vosotros/as	habl**abais**	com**íais**	viv**íais**
ustedes/ellos/ellas	habl**aban**	com**ían**	viv**ían**

■ The imperfect form of **hay** is **había**.

THE IMPERFECT TENSE OF IRREGULAR VERBS
(See page 127)

■ There are only three irregular verbs in the imperfect tense:

	SER	VER	IR
yo	**era**	**veía**	**iba**
tú	**eras**	**veías**	**ibas**
usted/él/ella	**era**	**veía**	**iba**
nosotros/as	**éramos**	**veíamos**	**íbamos**
vosotros/as	**erais**	**veíais**	**ibais**
ustedes/ellos/ellas	**eran**	**veían**	**iban**

■ Use the imperfect tense for the following:

• To refer to actions in the past that occurred repeatedly:
Antes **salíamos** todos los fines de semana.
Before, we went (used to go) out on every weekend.

• To describe people or circumstances in the past:
Mi abuelo **era** muy trabajador.
My grandfather was very hardworking.

• To "set the stage" for an event that occurred in the past:
Aquella tarde yo **estaba leyendo** en el parque cuando empezó a llover.
That afternoon, I was reading in the park when it started to rain.

1 🎵 39 **Listen to four conversations and match each one with the correct image.**

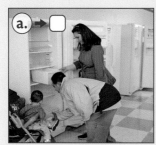   

2 🎵 39 **Listen again to the conversations and change the sentences to make them true.**

a. En las rebajas comprar es más caro. ➡ ....

b. Alberto llama a Luis. ➡ ....

c. La nevera de 800€ era grande. ➡ ....

d. La tía de Cristina come carne. ➡ ....

e. Luis necesita los apuntes de Ciencias. ➡ ....

3 **Respond to the following statements using the imperative (command) form of an expression from the list below.**

> volver más tarde o pasar o abrir la ventana o ir al médico o poner la radio o
> conectar el cable o ~~tomar el ascensor~~ o buscar en la biblioteca o decir

Modelo: *No puedo subir las escaleras, me duele mucho este pie.* ➡ *Toma el ascensor.*

a. Hola, ¿puedo entrar? ➡ ....

b. Quiero contarte una cosa muy importante. ➡ ....

c. Me duele mucho el estómago. ➡ ....

d. Quiero oír música. ➡ ....

e. No sé encender este aparato. ➡ ....

f. Necesito un diccionario monolingüe. ➡ ....

g. Necesito hablar con el jefe de estudios y no está. ➡ ....

h. Hace mucho calor aquí. ➡ ....

4 👥 **Give a presentation to the class on how to play your favorite game. Be sure to include step-by-step instructions.**

5 👥 **As you listen to your classmate's instructions, what are they teaching you to do? Can you follow their instructions to play the game?**

6 **Fill in the blanks with *ser* or *estar*.**

a. Buenos Aires .... la capital de Argentina.

b. Bilbao .... en el norte de España.

c. José .... enfermo.

d. ¿Dónde .... mis gafas?

e. Andrés .... el hermano de Luisa.

f. La nueva profesora .... muy aburrida; no nos divertimos en clase.

g. Mis padres .... argentinos.

h. Julia .... muy triste.

i. Este sábado la biblioteca .... abierta. Podemos ir a estudiar.

j. Los españoles .... muy trabajadores.

k. Los servicios .... en la planta de abajo.

7 **Teresa is describing her childhood to us. Fill in the blanks with an appropriate verb in the imperfect.**

De pequeña (a) ..... *hablaba* ...... muy poco porque era muy tímida. No tenía hermanos y tampoco (b) .... amigos. Recuerdo que mis padres me (c) .... mucho porque siempre (d) .... tarde a clase. Lo que más me gustaba (e) .... mi perro Trueno. Todas las tardes (f) .... con él en el parque. Algunos sábados (g) .... a casa de mis abuelos de visita. Allí (h) .... una amiga que se (i) .... Rosa y (j) .... muy simpática. ¡Me (k) .... estar con ella!

8 🎧───40 **Listen to the following conversations and fill in the missing words.**

1. » Ayer fui al cine. La película era muy buena.

» ¿.....................?, ¿qué película era?

» Era una película francesa.

» Sí, es que el cine europeo es mejor que el ....

» ¡.....................! Depende de la película, no siempre es así.

2. » Uf, otro día más de clase…

» ¡Qué dices! Ir a clase todos los días es ....

» ....

» Claro, hay que hacer cosas; todo el día sin hacer .... imposible, mejor ir a clase.

9 **Write about the opinions expressed in the activity above. Express your agreement or disagreement, and support you opinion. Use expressions of agreement and disagreement and explain your reasons.**

Diálogo 1: El cine europeo es mejor que el americano.

Diálogo 2: Ir a clase todos los días es fantástico.

Why is the Seal of Biliteracy important? Research shows that bilingual employees and business owners generate more revenue because they can reach more clientele. No matter what your future plans are, learning Spanish can help.

LA EDUCACIÓN

Are there ways we can improve our educational system?

With a partner, research the educational system of a Spanish-speaking country. Propose three improvements to your learning environment, suggesting changes based on how they do things in the educational system you researched. Concentrate on five aspects of the educational system of the country.

Share your findings with the class through a multimedia presentation. Then, have your class vote on their favorite aspects of the Hispanic educational system you would like to incorporate into the American educational system.

FIRST STEP

Research (Interpretive task)

1   **Look at the map. With a partner, choose a country that interests you, and from the list below, pick five things you want to learn about the educational system in that country.**

Cuba · República Dominicana · México · Guatemala · Nicaragua · Puerto Rico · El Salvador · Honduras · Costa Rica · Colombia · Panamá · Ecuador · Venezuela · Perú · Bolivia · Paraguay · Chile · Uruguay · Argentina

Profesores y alumnos en una clase de Guatemala
(Foto: Kyle M Price, febrero de 2019)

Estudiantes aprendiendo en clase en Perú
(Foto: Charly Valdivia, 2014)

- ¿Existe enseñanza preescolar? ¿Es pública o privada?
- ¿En qué ciclos educativos se divide la enseñanza? (preescolar, primaria, secundaria...).
- ¿A qué edades se cursa cada ciclo educativo?
- ¿La enseñanza es obligatoria? ¿Hasta qué edad? ¿Es gratuita?
- ¿Qué tipos de centros educativos hay? (privados, públicos...).
- ¿Qué otras opciones hay a la enseñanza secundaria? ¿Y a la universitaria?
- ¿Qué asignaturas tienen los estudiantes? ¿Son obligatorias o hay optativas?
- ¿Qué horarios tienen? ¿Hay vacaciones durante el año escolar?
- ¿Qué lugar ocupan los deportes en la educación?

2 Begin your research by identifying the primary and secondary sources (books, articles, etc.) that you will use in your final presentation. Your bibliography must include sources for the American educational system as well as for the country you have chosen. Turn the bibliography in to your teacher for approval.

> Remember to evaluate your sources. Not all information is created equal! When in doubt, always consult your teacher.

3 Divide the sources between you and your partner. For your sources, write a summary of how the key events or ideas develop over the course of each.

SECOND STEP
Presentation to the class (Presentational task)

4 Prepare a multimedia presentation based on your research. One of you should present about the educational system of the Hispanic country you have chosen and the other partner should compare that system with the American educational system. In your presentation, include formatting (e.g. headings), graphics (e.g. figures, data, tables, etc.) and images to enhance your presentation and aid in comprehension.

LA EDUCACIÓN

THIRD STEP
Debate and reach a consensus (Interpersonal task)

5 As a class, discuss what you have learned about other educational systems from the presentations. After debating the pros and cons of each, work together to choose three aspects of a Hispanic educational system that would improve the American educational system.

FOURTH STEP
Community outreach

6 Share the three aspects of a Hispanic educational system that your class thinks would be good to incorporate in the American educational system with Spanish-speaking members of the student council, the principal, school board, or other interested parties. If possible, share your research and the presentations.

7 **REFLECTION** Answer the following questions to think about what you have learned.

a. ¿Cuál fue el mayor reto (*challenge*) de este proyecto?

b. ¿Qué parte del proyecto te gustó más?

c. ¿Qué consejo puedes dar a los profesores para hacer este proyecto con sus estudiantes?

HISTORIAS DE LA VIDA

⨠ ¿Sabes dónde está esta persona?

⨠ ¿Te gusta aprender sobre la historia y la cultura de otros países?

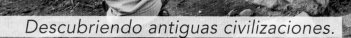

Descubriendo antiguas civilizaciones.

*Carnaval de Cartagena de Indias
(Andrey Gontarev, 2011)*

IN THIS UNIT, YOU WILL LEARN TO:

- ◎ Use the preterite of regular and irregular verbs to:

  – Talk about historical events and what happened

  – Talk about cultural heritage

  – Talk about important events and experiences in a person's life

  – Describe when actions occurred

- ◎ Talk about doing something again

- ◎ Read a selection of *El capitán Alatriste*, Arturo Pérez-Reverte

- ◎ Write an argumentative essay

CULTURAL CONNECTIONS

- ◎ Talk about historic events that have shaped culture in Hispanic countries

CULTURA EN VIVO

ENCUENTROS DE CULTURAS (2): LAS CULTURAS DEL MUNDO ESPAÑOL

*Mujer garifuna en Livingston, Izabal, Guatemala
(Foto: Fredy Estuardo Maldonado, 2018)*

1 **Look at this group of friends. Then with a partner, ask and answer the questions based on what you see or can infer from the image.**

Hypothesize some possible answers to the questions with your classmates in order to check your knowledge, share it, and learn and retain this new information.

a. ¿Qué asignatura crees que están estudiando?

b. ¿Qué tipo de soldado representa el casco (*helmet*)? ¿Un soldado musulmán, romano o un conquistador español?

c. El hombre de la estatua, Averroes, fue un filósofo y médico musulmán de la España del siglo XII. ¿Qué crees que tiene en la mano?

d. ¿A qué apunta el hombre en la última imagen?

2 **Write the name of the student next to the historical period he/she is thinking about.**

<u>Estudiante</u>

a. La época de los Reyes Católicos y Cristóbal Colón. ....

b. La presencia romana en España y sus logros arquitectónicos. ....

c. La contribución cultural y científica de los musulmanes durante más de siete siglos. ....

3 🎵 41 **Follow along as you listen to the conversation between Luis, Ana, and María. Then answer the questions that follow.**

Puente romano de Córdoba con la mezquita al fondo

Luis: ¿Qué te pareció la clase de ayer?

Ana: Muy interesante, pero **la historia reciente es la que más me gusta**. Como son hechos *(events)* que ocurrieron hace menos tiempo, lo imagino mejor.

María: Pues a mí me gustan más otras épocas. ¿Te acuerdas de la clase del otro día, cuando el maestro nos explicó cómo llegó Colón a América?

A.: Sí, ya me acuerdo. Colón fue a ver a los Reyes Católicos **porque** en Portugal no consiguió el dinero para el viaje.

L.: A mí lo que me gusta de esa época es que, hasta que los Reyes Católicos expulsaron a los judíos y musulmanes, convivieron tres culturas en España.

M.: Y, además, los árabes dejaron una huella *(mark)* muy importante, no solo en sus monumentos sino en la cultura, la ciencia, la lengua...

A.: Ya, pero la huella que dejaron antes los romanos fue también muy profunda; en muchas ciudades españolas hay obras arquitectónicas suyas, puentes...

L.: Sí, pero a mí lo árabe **me parece más exótico**, no sé, más diferente, ¿no?

A.: Puede ser... De todas formas, prefiero la historia reciente. Además, quiero saber muchas más cosas de la historia de España.

M.: Bueno, muchas más no, que luego tenemos que estudiarlas para el examen...

L.: ¡Ja, ja! Tienes razón...

a. ¿Qué prefiere estudiar Ana? ¿Por qué?

b. ¿A qué país pidió ayuda Colón antes de a España para realizar su viaje?

c. ¿Por qué le gusta más a Luis la época de dominación árabe que la romana?

d. ¿Qué otra cultura crees que convivió en España con judíos y musulmanes antes de su expulsión?

4 **Using any knowledge you may have from other classes, write about different periods in United States history. Use expressions from the conversation and the domain-specific vocabulary below as a guide. Present your opinions to the class.**

Época histórica
• la época del descubrimiento
• la época colonial
• la expansión hacia el oeste
• la guerra civil
• el siglo XX

Modelo: E1: ¿Qué época te gusta más?

E2: A mí me gusta más la época de la guerra civil.

E3: A mí, no. A mí me parece una época muy complicada y es difícil recordar los hechos.

E1: Sí, pero me parece muy importante porque explica un momento crítico en nuestra historia.

COMUNICA

TALKING ABOUT ACTIONS IN THE PAST

■ To indicate the order that an action took place in the past, use:

- **Antes de** + llegar / salir / empezar... *Before + arriving / leaving / starting . . .*
  Antes de empezar la universidad, mi profesor de historia me regaló su libro.
  Before starting college, my history teacher gave me his book as a gift.

- **Al cabo de** + un mes / dos años... *After + one month / two years . . .*
  Empecé a leer su libro y **al cabo de** dos horas lo terminé. *I began reading his book and, after two hours, I finished it.*

- Años / días / meses + **más tarde**... *Years / days / months + later . . .*
  Años más tarde vi a mi profesor en la televisión. *Years later, I saw my teacher on televisión.*

- **Al año** / **a la mañana** + **siguiente**... *The next year / morning . . .*
  Al día siguiente lo llamé por teléfono. *The next day, I called him on the phone.*

- **Un día / mes / año** + **después**... *A day / month / year + after . . .*
  Un mes después cenamos juntos y hablamos de los viejos tiempos.
  A month later, we had dinner together and talked about old times.

■ To talk about an action that started in the past:

- **Desde** el lunes / 2013 / marzo... *Since Monday / 2013 / March . . .*
  Estudio español **desde** agosto. *I study Spanish since August.*

■ To talk about the end of an action:

- **Hasta (que)**... *Until . . .*
  Estudié español **hasta que** cumplí dieciocho años y viajé a España. *I studied Spanish until I turned eighteen and I traveled to Spain.*

■ To talk about the duration of an action:

- **De... a / Desde... hasta** *From . . . to / until*
  Estudié español **desde** las cinco **hasta** las ocho. *I studied Spanish from five until eight.*

- **Durante** *During / For*
  Estudié español **durante** tres horas. *I studied Spanish for three hours.*

1 **Write sentences about what Jorge did last week using the expressions you just learned. ¡Atención! Try not to repeat any expressions.**

lunes (9:00 h)　　martes　　jueves (10:00 h)　　jueves (17:00 h)　　sábado

Modelo: b ➡ Al día siguiente fue a estudiar a la biblioteca.

2 👥 **With a partner, talk about what you did last year. Mention at least three problems or situations, when they started, and how long they lasted. Present what your partner did to the class. Give your opinion on his/her problem or situation.**

Before you begin an oral activity like this one, make a mental and written outline covering the major points you are going to talk about in your oral presentation.

TALK ABOUT DOING SOMETHING AGAIN

■ To say that an action is repeated, use the expression **volver a** + infinitive:

*Cristóbal Colón viajó a América en 1492 y **volvió a viajar** allí varias veces más.* Christopher Columbus traveled to America in 1492 and repeated that voyage several more times.

*El próximo año **vuelvo a estudiar** español.* Next year, I'm going to study Spanish again.

3 ⬛━42 **Fill in the blanks with the correct preterite form of the expressions with *volver*. Then listen to the conversations and check your answers.**

> volver a encontrarse o volver a ganar o volver a comprar

a. Carolina: ¿Sabes que el otro día perdí el libro de Historia?

Sandra: ¿Sí? ¿Y qué hiciste?

Carolina: Pues .... otro. No sabes el enfado que tiene mi madre…

Sandra: Ya, me lo imagino.

b. Paco: ¿Te acuerdas de Jaime, aquel muchacho que conocimos el año pasado en los campamentos?

Julián: Sí, era muy simpático. ¿Sabes algo de él?

Paco: Pues hace mucho que no. .... alguna vez, pero perdí su teléfono. Tú no lo tienes, ¿no?

c. Carlos: ¿Sabes cuántas veces ganó el Mundial de fútbol Argentina?

Luis: Una, ¿no?

Carlos: No, dos. Lo ganó en 1978 y después lo .... en 1986.

4 **Choose from the list of verbs and write sentences with *volver a* + infinitive and the information in the images.**

> casarse *(to get married)* o ganar *(to win)* o perder *(to lose)* o recibir *(to receive)* o
> suspender *(to fail [a test])* o tomar *(to take)*

mi tío / 1995 / 2010

examen / diciembre / marzo

elecciones / presidente / 2004 / 2008

Luisa / Óscar / 1999 / 2002

5 👥 **With a partner, initiate and maintain a conversation similar to the ones in Activity 3. Then present it to the class.**

 **MORE IN ELEteca** | EXTRA ONLINE PRACTICE

ANTES DEL VIDEO

1 Talk to your partner about what you normally do after taking a test. Do either of you do the following things? Why or why not?

– Desconectar y encontrarse con los amigos para hablar.

– Ir de compras para distraerte.

– Repasar las preguntas para confirmar si lo has hecho correctamente.

– Hablar con el profesor para preguntar dudas.

– Volver a casa para seguir estudiando.

2 Look at the images from the episode and arrange them in the order you think they will appear. Compare your answers with a partner. Then discuss which of the activities above you think Alfonso, Juanjo, and Eli most likely do after taking a test.

☐ Imagen 1   ☐ Imagen 3   ☐ Imagen 5
☐ Imagen 2   ☐ Imagen 4   ☐ Imagen 6

DURANTE EL VIDEO

3 Watch the entire episode and check your answers to Activity 2.

4 Arrange the images above in the correct order. Write a sentence in the preterite for each image. Using chronological, connected sentences, present to the class what happened in this episode.

....

....

....

....

5 Watch the following segment and rewrite the sentences to make them true.
01:00 - 01:48

    a. Alfonso y Juanjo están jugando a la videoconsola después de clase.

    b. Los dos están muy nerviosos porque mañana tienen un examen.

    c. Creen que solo respondieron bien a algunas preguntas.

    d. A Eli le pareció muy fácil el examen.

6 Watch the next segment and complete the sentences with the correct form of the
01:48 - 03:13 verb according to the conversation that takes place.

    a. ¿En qué año se .... (hacer) emperador Atahualpa?

    b. Atahualpa, el gran emperador inca, ... (conseguir) el poder en 1523.

    c. Muchachos, creo que .... (equivocarse).

    d. .... (ser) en 1532.

    e. ¿Qué explorador español .... (invadir) el Imperio azteca?

    f. .... (ser) Hernán Cortés.

7 Watch the last segment of the episode and match the correct answer to each
03:13 - 04:54 question.

    1. ¿Cómo se llamaba el hermano de Atahualpa?   **a.** En 1533.

    2. ¿Cuántos hombres tenía en su ejército Hernán Cortés?   **b.** Moctezuma.

    3. ¿Quién fue el gran emperador azteca?   **c.** Huáscar.

    4. ¿En qué año murió Atahualpa?   **d.** Algo más de quinientos.

8 What new vocabulary did you learn? Combine the following expressions used in the episode.

    1. Conseguir...   **a.** el poder.

    2. Hacerse...   **b.** el Imperio inca.

    3. Invadir...   **c.** las respuestas.

    4. Ser...   **d.** emperador.

    5. Revisar...   **e.** un genio.

DESPUÉS DEL VIDEO

9 Think about the last test or exam you took. Use the following cues to write about the experience: *cómo fue, si estudiaste mucho los días previos, si te pusiste muy nervioso, si te salió bien, si tuviste buena nota.* Make sure your main idea is clear and you add supporting details.

10 With a partner, write about your test-taking experiences and compare test preparation strategies and results. Write about two positive practices each of you follow and one that you know is not helpful. Share your conclusions with the class.

 **MORE IN ELEteca** | EXTRA ONLINE PRACTICE

1 **Sergio is looking at the family photo album with his grandmother. Match the photos to what Sergio's grandmother says about them.**

a. ☐ Esta es del primer día que tu papá fue a la universidad. Se recibió cinco años después.

b. ☐ Tu papá y tu mamá se conocieron en la fiesta de cumpleaños de una amiga de la universidad. Se enamoraron en el momento en el que se vieron.

c. ☐ Cuando tus padres se comprometieron, tu papá le regaló a tu mamá un anillo precioso que desde entonces siempre lleva puesto.

d. ☐ El día que se casaron tus papás, tu mamá se enfadó mucho porque el que llegó tarde a la boda ¡¡fue tu papá!!

e. ☐ El día que tu abuelo se jubiló compró dos billetes de avión y nos fuimos de vacaciones a Punta Cana.

f. ☐ Cuando naciste, todos nos pusimos muy contentos y fuimos al hospital a verte todos tus abuelos.

g. ☐ Esta foto es del día que tu papá empezó a trabajar como arquitecto. Todavía recuerdo lo nervioso que estaba ese día.

h. ☐ El primer día que fuiste a la escuela estuviste llorando hasta que tu mamá te recogió por la tarde.

FROM THE corpus

■ In Latin America, the terms **papá** y **mamá** are used: *¿A dónde fueron **papá** y **mamá**?*

■ In Argentina, the term **viejo/a** is used colloquially and in an affectionate manner: *¿Por qué llegaste tan tarde?, me preguntó mi **viejo**.*

■ In Spain, the terms most frequently used are **padre** y **madre**.

■ En Latin America, the verb **recibirse** is used to mean to graduate from: *Según datos de la Universidad Iberoamericana, donde Joaquín acaba de **recibirse**, los estudiantes tardan cinco años en terminar una carrera universitaria.*

■ The term **graduarse** is used in Spain: *Los estudiantes de enfermería **se gradúan** a finales de mayo.*

2 👥 **Use your imagination to write a narrative paragraph describing Óscar's life using some of the verbs from the box below. Exchange papers with a partner, and discuss.**

Modelo: *Óscar nació en una ciudad de Colombia. A los cinco años...*

casarse ○ conocer a su esposa ○ empezar a trabajar ○ ir a la universidad ○ graduarse ○ mudarse *(to move)* ○ nacer ○ tener hijos ○ tener una buena vida ○ trabajar... años

3 **Match the words and definitions on the left to the words and definitions most closely associated with them on the right.**

1. **Invadir:** entrar en un país por la fuerza de forma inesperada.

2. **Reinar:** solo lo pueden hacer los reyes.

3. **Descubrir:** ver o encontrar algo por primera vez.

4. **Guerra:** lucha entre naciones o partes de una nación.

5. **Ganar:** obtener la victoria sobre el enemigo.

a. **Explorar:** reconocer o examinar con detenimiento un lugar nuevo.

b. **Batalla:** cada una de las luchas que se producen dentro de un conflicto armado.

c. **Conquistar:** ganar mediante una guerra un territorio.

d. **Vencer:** derrotar o rendir al enemigo.

e. **Gobernar:** lo puede hacer un rey o un político.

⬣ In order to learn the meaning of a verb, relate it to the nouns that most often go with it:

Luchar / Combatir en una guerra. Fight / Battle in a war.
Ganar una batalla / guerra. Win a battle / war.

Do this every time you see a new verb in a different context.

4 **Read the following text about the life of an historic figure. Then fill in the blanks with the words from the box.**

conquistar ○ guerra ○ invadió ○ victoria ○ consiguió

Atahualpa (/Ah tuh WAHL puh/) era el hijo menor de un emperador inca. Cuando Atahualpa era pequeño, la civilización inca era la más grande y poderosa de las Américas. Cuando su padre murió, Atahualpa y su hermano Huáscar lucharon en una (a) .... civil para conseguir el control del gran Imperio. Esta guerra casi destruyó el Imperio inca, pero en 1532 Atahualpa (b) .... el control.

Atahualpa no pudo disfrutar de su (c) .... por mucho tiempo. Ese mismo año, un pequeño ejército español (d) .... el Imperio inca. El líder español, Francisco Pizarro, capturó a Atahualpa. Aunque los incas eran grandes guerreros, la guerra civil había debilitado *(had weakened)* sus fuerzas y los españoles pudieron (e) .... el Imperio inca.

Francisco Pizarro

5 **Who's your favorite figure from history? What did he or she do? When? Write an informative text about this figure. Make sure your main idea is clear and you include supporting details. Present the information to the class. Enhance your presentation with multimedia components or a visual display.**

PALABRA POR PALABRA

6 🔊43 **Listen to the following audio about one of the most important encounters between cultures in history. Fill in the blanks with the missing words from the audio.**

Al poco tiempo de la llegada de los españoles, comenzó un (a) .... de productos entre Europa y las Américas. Los españoles (b) .... a Europa tomates, papas, maíz y chocolate, (c) .... hasta entonces, y (d) .... gallinas (*chickens*), caballos, ovejas (*sheep*) y arroz. Los españoles también trajeron su lengua, su arquitectura, su comida y sus tradiciones. Durante esa época, se (e) .... diferentes razas, religiones y (f) .... dando lugar a una gran variedad de tradiciones y culturas. Gentes de (g) .... europea, indígena y africana crearon la gran (h) .... cultural que hoy existe en América.

7 **Read the following passage and then match each word to its meaning.**

Me llamo Nicolás y vivo en Estados Unidos. Mi **herencia cultural** es muy variada. Está compuesta por los indígenas americanos que vivieron aquí desde hace mucho tiempo, los españoles que llegaron a México en el siglo XVI y los africanos con sus ricas **tradiciones**. Estoy muy **orgulloso** de mi herencia porque es muy **diversa** y me encanta aprender sobre la historia de mi familia y sobre las diferentes culturas que la forman.

1. herencia cultural
2. tradiciones
3. orgulloso
4. diversa

a. Transmitir experiencias de generación en generación.
b. Variada.
c. Las costumbres que una población considera parte de sus usos.
d. Sentir gran satisfacción.

8 👥 **What are the cultural influences in your family? Write a paragraph about your cultural heritage and exchange paragraphs with a partner. How are your heritage's cultural practices similar to or different from your partner's?**

1. PRETERITE OF REGULAR VERBS

■ The preterite tense is used to describe events and actions that took place and were completed in the past.

1 Fill in the missing endings for the following regular verbs in the preterite. *¡Atención!* Be sure to include accent marks for the appropriate forms.

	VIAJAR	VOLVER	SALIR
yo	viaj**é**	volv......	sal**í**
tú	viaj......	volv**iste**	sal......
usted/él/ella	viaj**ó**	volv......	sal......
nosotros/as	viaj......	volv**imos**	sal......
vosotros/as	viaj**asteis**	volv**isteis**	sal**isteis**
ustedes/ellos/ellas	viaj......	volv......	sal**ieron**

2 Write the correct preterite verb to complete this description about Hernán Cortés and his arrival in Mexico.

En 1519, el explorador español Hernán Cortés y más de quinientos hombres (a) .... (llegar / conocer) a México y (b) .... (encontrar / viajar) hacia la capital azteca de Tenochtitlán. El Imperio azteca era muy rico y en muchos aspectos más avanzado que cualquier nación europea. Sin embargo, los aztecas no tenían caballos ni armas de fuego. Este importante hecho (c) .... (ganar / ayudar) a los españoles. Los aztecas se (d) .... (pasar / rebelar) contra los españoles y (e) .... (luchar / correr) en numerosas batallas. Al cabo de pocos años, Cortés y su ejército (f) .... (conquistar / participar) el poderoso Imperio azteca liderado por su emperador Moctezuma.

Hernán Cortés

3 👥 Take turns with a partner to talk about a trip (real or imaginary) you took. Combine elements from each column to create logical sentences.

Modelo: Durante mi viaje visité museos maravillosos.

¿Cuándo?	Acción	Aspecto	Descripción
	caminar	música	alto/a
	comer	comida tan...	único/a
• durante	conocer	grupos étnicos tan...	amable
• a la mañana / al día siguiente	descubrir	personas	divertido/a
• al cabo de una semana / un día	dormir	museos	interesante
• de... a...	pasear	puntos turísticos	maravilloso/a
	ver	edificios tan...	diferente
	visitar	arte	impresionante

GRAMÁTICA

4  Write a page in a travel journal in Spanish about a trip you have taken. Then share your journal entry with a partner. Include the following information:

- Who traveled with you.
- Places you visited.
- Things you saw.
- Things you did: eat, buy, discover.
- When you returned home.

2. PRETERITE OF STEM-CHANGING VERBS AND VERBS WITH SPELLING CHANGE

■ Verbs ending in **−ar** and **−er** do not change stem in the preterite.

■ Verbs ending in **−ir** that have a stem change in the present tense **also have a stem change in the preterite**, but in a different way. They change **e** to **i** and **o** to **u** in the **usted/él/ella** and **ustedes/ellos/ellas** forms only. Some verbs ending in **−er** and **−ir** have a spelling change **i** to **y** in the **usted/él/ella** and **ustedes/ellos/ellas** forms. The stems of these verbs end in a vowel (**leer, caer, construir, destruir**...):

	PEDIR	DORMIR	CONSTRUIR
	e ➡ i	o ➡ u	i ➡ y
yo	pedí	dormí	construí
tú	pediste	dormiste	construiste
usted/él/ella	pidió	durmió	construyó
nosotros/as	pedimos	dormimos	construimos
vosotros/as	pedisteis	dormisteis	construisteis
ustedes/ellos/ellas	pidieron	durmieron	construyeron

■ Other **−ir** stem-changing verbs and verbs with spelling changes include:

e ➡ i	o ➡ u	i ➡ y
conseguir (to get, obtain, acheive)	**dormirse** (to fall asleep)	**caer** (to fall)
divertirse (to have fun)	**morir** (to die)	**creer** (to believe)
mentir (to lie)		**leer** (to read)
reírse (to laugh)		**oír** (to listen, hear)
repetir (to repeat)		
seguir (to follow)		
vestirse (to dress)		

❗ ■ REÍRSE

me reí	nos reímos
te reíste	os reísteis
se **rio**	se **rieron**

5 **Complete the sentences with the correct form of the verb in parentheses.**

a. (Mentir, ellos) .... a sus padres sobre las notas del examen.

b. El otro día (vestirse, yo) .... muy rápido. Después, mis amigos (reírse) .... porque salí sin calcetines.

c. El lunes el director (leer) .... las nuevas normas de la escuela a todos los estudiantes.

d. (Oír, nosotros) .... la noticia por televisión; después la (leer) .... en el periódico.

e. ¿(Conseguir, ellos) .... hablar con él por teléfono?

6 **Match the image to the correct verb below. Then, with a partner, write a detailed sentence or caption for each image.**

	Descripción
1. ☐ conseguir	
2. ☐ dormirse	
3. ☐ mentir	
4. ☐ reírse	
5. ☐ construir	
6. ☐ divertirse	

GRAMÁTICA

3. PRETERITE OF IRREGULAR VERBS

 Some irregular preterite verbs in Spanish follow a pattern of their own. How much do you remember about these verbs?

7 **Complete the chart with the correct forms of *ser, ir,* and *dar* in the preterite.**

	SER / IR	DAR		SER / IR	DAR
yo			nosotros/as		
tú			vosotros/as		
usted/él/ella			ustedes/ellos/ellas		

8 **These verbs use irregular stems. Complete the chart with the correct stem for these verbs.**

a. hacer ➡ ....   **c.** poder ➡ ....   **e.** estar ➡ ....

b. querer ➡ ....   **d.** tener ➡ ....   **f.** decir ➡ ....

Other verbs that change to **u**:			Changes to **i**:
andar	**poner**	**saber**	**venir** ....

9 **Complete the paragraph with the correct form of the preterite. Do you know what famous Spanish artist this text is about?**

(a) .... (nacer) en Málaga en 1881 y (b) .... (morir) en Mougins, Francia en 1973.
(c) .... (seguir) los pasos de su padre José Ruiz Blasco, que (d) .... (ser) artista, profesor
de arte y su maestro. (e) .... (Hacer) sus primeros dibujos
a lápiz. (f) .... (Aprender) con los dibujos de su padre y los
(g) .... (repetir) con una perfección increíble para un niño de su
edad. Cuentan que una vez le (h) .... (pedir) a su padre un lápiz
y un papel y (i) .... (dibujar) unas palomas tan perfectas que su
padre (j) .... (sentirse) peor artista que su propio hijo. Hoy en día
está considerado el artista más importante del siglo XX y uno de los
que más (k) .... (influir) en el desarrollo del arte moderno.

10 **Classify the verbs from Activity 9 according to the categories in the chart.**

Regulares	Irregulares e ➡ i	Irregulares o ➡ u	Irregulares i ➡ y	Otros irregulares
nació,				

1   **Read this article about a book written by the same author as the excerpt you are going to read. Answer the questions.**

Arturo Pérez Reverte no reveló la fecha de la muerte del personaje más famoso de su narrativa histórica, el capitán Alatriste, aunque anunció dos nuevas novelas de la serie: *Misión en París* y *La venganza de Alquézar*. Solo indicó que el capitán muere veinte años más tarde de lo descrito en su otra novela, *El oro del Rey*, que también se desarrolla en la España del siglo XVII.

(Adaptado de *https://www.lavozdegalicia.es/*)

a. ¿Cómo se llama el escritor?

b. ¿Qué tipo de libros escribe?

c. ¿Cuál es la intención del periodista del artículo?

2   🔊 44   **Read this excerpt of *Las aventuras del capitán Alatriste*. What is the main idea?**

No era el hombre más honesto ni el más piadoso (*merciful*), pero era un hombre valiente. Se llamaba Diego Alatriste y Tenorio, y había luchado como soldado en las guerras de Flandes. Cuando lo conocí, **malvivía** en Madrid prestando sus servicios como espadachín (*swordsman*) por cuatro monedas a otros que no tenían la destreza (*know-how*) para solucionar sus propios asuntos. […] Ahora es fácil criticar eso; pero en aquellos tiempos la capital de las Españas era un lugar donde **la vida había que buscársela** de cualquier forma. […]

El capitán Alatriste, por lo tanto, vivía de su espada. Hasta donde yo alcanzo, lo de *capitán* era más un apodo (*nickname*) que un grado real. Una noche tuvo que cruzar, con otros veintinueve compañeros y un capitán […], un río helado, con la espada entre los dientes y solo con una camisa a fin de confundirse (*to blend in*) con la nieve, para sorprender al ejército holandés, que era el enemigo de entonces, porque pretendían proclamarse independientes. […]

Solo dos soldados españoles consiguieron regresar a la otra orilla (*bank*) cuando llegó la noche. Diego Alatriste era uno de ellos, y como durante toda la jornada había mandado sobre la tropa (*troops*) —al capitán de verdad lo mataron—, se le quedó el mote. […]

Mi padre fue el otro soldado español que regresó aquella noche. Se llamaba Lope Balboa y también era un hombre valiente. Dicen que Diego Alatriste y él fueron muy buenos amigos, casi como hermanos; y debe ser cierto porque después, cuando a mi padre lo mataron, le juró (*swore*) ocuparse de mí. Esa es la razón de que, a punto de cumplir los trece años, mi madre me mandó a vivir con el capitán. Así fue como entré a servir al amigo de mi padre.

✒ **Arturo Pérez-Reverte**   *Escritor y periodista español, miembro de la Real Academia de la Lengua.*

3 **Answer the questions about the details of the reading in Activity 2.**

a. ¿Cómo era Diego Alatriste? ....

b. ¿En qué trabajaba Diego Alatriste en Madrid? ....

c. ¿Por qué tenía el apodo de "capitán"? ....

d. ¿Quién era Lope Balboa? ¿Qué relación tenía con Diego Alatriste? ....

e. ¿Qué aventura unió especialmente a Diego Alatriste y a Lope Balboa? ....

f. ¿Quién es el narrador de la historia? ....

g. ¿Por qué fue a vivir con Diego Alatriste? ....

4 **Look at the expressions highlighted in green in the excerpt and replace them with a word from the list.**

envió ○ apodo ○ sé ○ querían ○ dirigido ○ poco dinero

a. por cuatro monedas… ....

b. hasta donde yo alcanzo… ....

c. pretendían proclamarse independientes… ....

d. durante toda la jornada había mandado sobre… ....

e. se le quedó el mote… ....

f. me mandó a vivir con el capitán… ....

5 **Does this story remind you of any other literature you have read? Discuss with a partner.**

6 **Look up *Las aventuras del capitán Alatriste* on the Internet. Fill in the blanks to summarize what you learned.**

• Nombre del autor: ....

• Género literario: ....

• Otras novelas del autor:

....

• Ambientación de la novela:

....

• Tema principal de la novela:

....

• Tema principal del fragmento:

....

• Personajes de la novela:

....

• Personajes que salen en el fragmento:

....

7 **Research on the Internet to learn more about Arturo Pérez-Reverte. What information can you find? What contributions has he made? Share your findings in small groups.**

1 These pictures represent young technical/vocational and university students. Discuss the advantages and disadvantages of each kind of program of study. Take notes.

2 Read your notes, put the information in order and complete the chart.

Estudiar Formación Profesional		Ir a la universidad	
+ Ventajas	**–** Desventajas	**+** Ventajas	**–** Desventajas

3 🎵 45 Listen to this radio program for the main idea and details. Compare your opinions with those of the experts. Do you agree?

4 Read the writing strategy. Then, choose one of the proposed topics on the next page, think about the advantages and disadvantages and write an argumentative essay.

Follow these steps to write an **argumentative essay**:

1. **Present the topic** about which you are going to write in the Introductory paragraph and explain why you think the topic is interesting or important. You may wish to ask a question in order to capture your audience's interest.

2. **Organize your essay** into the advantages and disadvantages represented in your opinion. State your opinion and give reasons or examples to support your opinion.

3. Write your essay in a clear and **logical order**, starting with the advantages, then the disadvantages or vice versa. You can also present both together giving an advantage and a disadvantage at the same time, using expressions such as: *pero, por el contrario, sin embargo…*

4. **Organize and introduce** different advantages and disadvantages with expressions such as: *por una parte, por otra parte, por un lado, por el otro, en primer lugar, en segundo lugar…*

5. **Think of a conclusion** to finish your essay that sums up your ideas and **give your opinion** about the topic using phrases such as:
   En conclusión, por tanto, por todo esto (to end your essay with a conclusion).
   En mi opinión, me parece que, creo que, pienso que (to express your opinion).

TALLER DE ESCRITURA

Tema:	
Párrafo introductorio:	
Ventajas:	
Desventajas:	
Conclusión y/o opinión:	

Temas

Tener vehículo eléctrico   Vivir en el campo   Tener mascotas   Vivir en un país multicultural

5 **PEER REVIEW** Exchange drafts with a partner. Answer the questions and discuss them with your partner.

a. Highlight the topic and underline the introduction. Does the introduction state the importance of the topic or the interest it has for the reader?

b. Count and then separate the paragraphs. What does each one discuss?

c. Underline the words or phrases that introduce each new idea or opinion. Have you and your partner used the same words or phrases?

d. Circle the conclusion. Have you included your opinion?

6 Use the peer review to edit your argumentative essay. Edit your spelling, grammar, punctuation, and organization. Publish your final version.

ORTOGRAFÍA Y PRONUNCIACIÓN Variantes en la pronunciación del español

1 ○○ 🔲🔲 **Look at the list of words. How would you normally pronounce them? Take turns reading the words aloud with a partner.**

- azúcar
- pesadilla

- hacer
- ceniza

- cereza
- gracias

2 📻46 **Spanish pronunciation varies according to the origin of the speaker. Listen carefully to the pronunciation of the words above by a speaker from Spain and one from a Latin American country. How are they different?**

> ❗ People in all regions of Latin America, in southern Spain and the Canary Islands speak with **el seseo**. This consists of pronouncing the letter **c** (before **e**, **i**) and **z** (before **a**, **o**, **u**) with the sound of the letter **s**.

3 📻47 **You will now listen to three audio recordings, a tongue twister, a series of sentences, and a conversation. Listen carefully and underline the words you hear in each text.**

Texto 1		Texto 2		Texto 3	
• ciudad	• Asia	• zapateros	• cintura	• lápices	• necesito
• carro	• Sarasota	• rizados	• cenizas	• sesenta	• canguro
• cuidado	• cerezas	• se pone	• sexto	• sentamos	• gracias

4 ○○ 🔲🔲 **Listen again and check your answers with a partner. Then discuss the following with your partner and share your observations with the class.**

- Which text was easier to understand?
- Which text was the most difficult?
- Why was it difficult? Was it because of the vocabulary or the pronunciation?

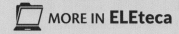 **MORE IN ELEteca** | EXTRA ONLINE PRACTICE

ENCUENTRO DE CULTURAS (2)

LOS TOP 5 DE...

LAS CULTURAS DEL MUNDO ESPAÑOL

El continente americano tiene una herencia internacional. ¿Quieres conocerla?

Con el descubrimiento de América, las culturas indígenas y española se combinaron. Pero la herencia cultural del continente no termina allí: tiene conexiones con África, con Asia y con otros países europeos. Estas son algunas de las culturas que forman parte de la identidad hispanoamericana.

Carnaval de Cartagena de Indias, en Colombia

✓ La llegada de los españoles a México significó el fin del Imperio azteca y el inicio del contacto con la cultura europea. Desde 1966, la Plaza de las Tres Culturas está en el lugar de la última batalla *(battle)* entre el español Hernán Cortés y Cuauhtémoc, el emperador azteca. En la plaza hay ruinas de un templo azteca, un convento español y una moderna torre.

✓ Los países del Caribe tienen una rica mezcla cultural, ya que su población desciende de africanos, indígenas y europeos. En esta región, el Carnaval es la fiesta que celebra la diversidad de herencias a través de la música, el baile, los trajes coloridos y los desfiles *(parades)*.

✓ En el Caribe más de seiscientas mil personas pertenecen al grupo étnico "garífuna". Es un pueblo con herencia africana e indígena caribeña. Tienen su propia lengua, el garífuna, y una cultura única que combina tradiciones de las Antillas y del oeste de África. Viven en varios países centroamericanos y en Estados Unidos.

✓ En Uruguay y Argentina hay una gran comunidad judía. Está formada por descendientes de los inmigrantes de Europa Oriental que emigraron a América en los siglos XIX y XX por motivos políticos y económicos. Hoy mantienen su religión y las fiestas tradicionales.

Fuentes: sitio web oficial del Instituto Nacional de Antropología e Historia de México; *BBC Travel*, Heide Brandes, diciembre de 2018.

Plaza de las Tres Culturas, en la Ciudad de México

Músicos del grupo étnico garífuna

Esta sinagoga en Buenos Aires es un lugar de reunión de la comunidad judía.

¡Qué interesante!

Los árabes vivieron en España durante ochocientos años, entre 711 y 1492. Durante ese tiempo la región se llamó Al-Ándalus. Por eso, la cultura española tiene mucha influencia de la árabe en el idioma, la cocina y las tradiciones. La Alhambra, un palacio en la ciudad de Granada, en el sur de España, es un símbolo de la herencia árabe en territorio español.

Detalle del edificio de La Alhambra, en España

🔊48 Mi experiencia

"Me llamo Alberto y soy de Lima, Perú. Mis abuelos eran japoneses y emigraron a Perú a principios del siglo XX. En Perú hay una gran comunidad japonesa: ¡Más de cien mil personas! La gente de esta comunidad se llama *nikkei*. Pienso que hay muchas cosas en común entre los peruanos y los japoneses, como ser optimistas y amables. La comida también es parecida, porque las dos culturas disfrutan mucho del pescado fresco. El plato típico de Perú es el ceviche y, en mi opinión, ¡se parece mucho a algunos platos deliciosos de Japón!

Mis padres mantienen el idioma y muchas tradiciones de su país. Es muy bonito celebrar fiestas típicas japonesas como el Día de los Niños y el Día de las Niñas. Yo nací en Perú y siento que soy peruano, pero estoy orgulloso *(proud)* de mi herencia japonesa".

Fuente: sitio web oficial de la Embajada de Japón en Perú, Sadayuki Tsuchiya, marzo de 2018.

El ceviche, un plato típico de Perú

¿COMPRENDISTE?

Indicate true, false, or not stated.

1. La Plaza de las Tres Culturas está en el lugar de una batalla.   T ☐ F ☐ NS ☐

2. El Carnaval es una fiesta donde se come mucho.   T ☐ F ☐ NS ☐

3. Los peruano-japoneses solo hablan español.   T ☐ F ☐ NS ☐

4. Los árabes vivieron muchos años en España.   T ☐ F ☐ NS ☐

5. Este año el Boca Juniors ganó dos competiciones.   T ☐ F ☐ NS ☐

AHORA TÚ

What's it like for you? Answer these questions. Discuss in class.

1. ¿Qué aspectos de tu cultura vienen de Europa? Piensa en un ejemplo.

   _____

2. ¿Qué personajes famosos son un símbolo de los indígenas norteamericanos? ¿Te sientes cerca de esta herencia?

   _____

3. ¿Qué otras culturas tienen un impacto en la identidad norteamericana? Da un ejemplo.

   _____

4. ¿Piensas que es importante mantener la herencia cultural? ¿Por qué?

   _____

5. ¿Qué influencia tiene la cultura hispana en EE. UU.? Piensa en una fiesta o tradición de origen hispano que se celebre aquí.

   _____

LA EMIGRACIÓN ESPAÑOLA EN AMÉRICA LATINA

El rincón del deporte BOCA JUNIORS Y LOS SUECOS

El barrio de La Boca en Buenos Aires, Argentina, está junto al puerto *(harbor)*. Tradicionalmente, es un barrio de inmigrantes donde se hablan muchos idiomas. El club de fútbol local se llama Boca Juniors y es uno de los más famosos del mundo. En 1907 el club buscaba los colores para crear su identidad. Los responsables del club decidieron usar los colores del primer barco en llegar al puerto de Buenos Aires. Fue un barco con bandera sueca y, desde entonces, los colores del club son el amarillo y el azul.

Fuente: *El País de América*, diciembre de 2018.

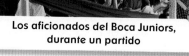

Los aficionados del Boca Juniors, durante un partido

1 **Complete the following sentences using the appropriate time expressions.**

a. Juan y Anabel se conocieron en julio y ⬜ l ⬜ a ⬜ d ⬜ dos años empezaron a salir.

b. Patricia vivió en Barcelona ⬜⬜⬜⬜ 2001 ⬜⬜⬜⬜ 2007.

c. Javier fue a un campamento ⬜⬜⬜⬜⬜ el verano.

d. Mi tía se casó muy joven, se divorció en 2005 y al año ⬜⬜⬜⬜⬜⬜⬜ se volvió a casar.

e. Mi hermano se graduó en 2006 y dos años ⬜⬜⬜⬜⬜ estudió un máster.

2 **Underline the sentences in which *volver* means "to repeat an action."**

a. Me dejé la carpeta olvidada en la clase y volví a buscarla.

b. Ayer volví a dejarme olvidada la carpeta en clase.

c. Anoche los vecinos de arriba volvieron a hacer una fiesta.

d. Anoche los vecinos de arriba volvieron a casa muy tarde.

3 **Fill in the blanks with the preterite of the verbs in parentheses.**

a. Dicen que las pirámides de Egipto las (construir) .... los extraterrestres.

b. Los Reyes Católicos (casarse) .... en 1469 y (reinar) .... desde 1474.

c. Leí que Elvis Presley, en realidad, nunca (morir) .... y vive en algún lugar escondido.

d. Newton (descubrir) .... la ley de la gravedad cuando se le (caer) .... una manzana en la cabeza.

e. Cristóbal Colón le (pedir) .... dinero a Isabel la Católica para poder hacer su viaje e Isabel la Católica se lo (conceder) ....

f. Los bombardeos durante la guerra civil española (destruir) .... muchos edificios.

g. Los españoles (ganar) .... la guerra de la Independencia contra los franceses (1808-1814).

h. Colón (repetir) .... su viaje a América tres veces más a lo largo de su vida.

MOMENTOS EN LA VIDA DE UNA PERSONA

4   **Write the appropriate verb under each image.**

MOMENTOS HISTÓRICOS

5   **Write the appropriate word for each definition.**

a. Lo puede hacer un rey o un político. ....

b. Cada una de las luchas que se hace dentro de un conflicto armado. ....

c. Ver o encontrar algo por primera vez. ....

d. Entrar en un país por la fuerza de forma inesperada. ....

CULTURA

6   **Answer the following questions according to the information you learned in *Encuentro de culturas: Las culturas del mundo español*.**

a. ¿Qué culturas se mezclaron después de la llegada de Colón?

b. ¿Qué otras culturas forman parte de la identidad hispanoamericana?

c. ¿Qué dos grupos emigraron a América del Sur, uno a Perú y el otro a Argentina y Uruguay?

d. ¿Qué plato es típico de Perú? ¿Recuerdas con qué se hace?

AL FINAL DE LA UNIDAD PUEDO...

	☆	☆☆	☆☆☆
a. I can use the preterite of regular and irregular verbs to talk about historical events and what happened; to talk about my cultural heritage; to talk about important events in a person's life and to describe when actions occurred.	☐	☐	☐
b. I can talk about doing something again.	☐	☐	☐
c. I can read and understand a selection of *El capitán Alatriste*, Arturo Pérez-Reverte.	☐	☐	☐
d. I can write an argumentative essay.	☐	☐	☐

📁 **MORE IN ELEteca** | EXTRA ONLINE PRACTICE

EN RESUMEN: VOCABULARIO

Verbos

abandonar *to abandon*

caer (i > y) *to fall*

casar(se) *to marry (each other)*

comprometer(se) *to get engaged (to each other)*

conceder *to allow*

conocer(se) *to meet (each other)*

conquistar *to conquer*

conseguir (e > i) *to get, to obtain, to achieve*

construir (i > y) *to build, to construct*

descubrir *to discover*

destruir (i > y) *to destroy*

dormirse (o > ue, o > u) *to fall asleep*

empezar a (e > ie) *to start doing something*

explorar *to explore*

ganar *to win*

ganar la batalla / la guerra *to win the battle/the war*

gobernar (e > ie) *to govern*

graduarse / recibirse *to graduate*

invadir *to invade*

jubilarse *to retire*

luchar *to fight*

mentir (e > ie) *to lie*

mezclar *to mix*

morir (o > ue, o > u) *to die*

mudarse *to move, relocate*

nacer *to be born*

reinar *to rule*

reírse (e > i) *to laugh*

vencer *to defeat*

volver a (o > ue) *to do something again*

Expresiones temporales

al año / a la mañana + siguiente... *The next year/morning...*

al cabo de + un mes / dos años... *after + one month/two years...*

antes de + llegar / salir / empezar... *before + arriving/leaving/starting...*

años / días / meses + más tarde... *years/days/months + later...*

de... a *from... to*

desde el lunes / 2010 / marzo *since Monday/2010/March...*

desde... hasta *from... until/to*

durante *during*

la época *era*

hasta (que)... *until*

un día / mes / año + después... *a day/month/year + later...*

Palabras y expresiones útiles

el apodo *nickname*

la descendencia *descendants*

desconocido/a *unknown*

el ejército *army*

el enemigo *enemy*

el intercambio *exchange*

judío/a *Jewish*

musulmán/musulmana *Muslim*

orgulloso/a *proud*

el / la soldado *soldier*

VOLVER A + INFINITIVE
(See page 149)

■ To say that an action is repeated, use the expression **volver a** + infinitive:

*Después de cenar, **vuelvo a estudiar** otras dos horas.*
After dinner, I'm going to study again for another two hours.

PRETERITE OF REGULAR AND IRREGULAR VERBS, AND VERBS WITH SPELLING CHANGES
(See page 155 to 158)

	VIAJAR	VOLVER	SALIR
yo	viaj**é**	volv**í**	sal**í**
tú	viaj**aste**	volv**iste**	sal**iste**
usted/él/ella	viaj**ó**	volv**ió**	sal**ió**
nosotros/as	viaj**amos**	volv**imos**	sal**imos**
vosotros/as	viaj**asteis**	volv**isteis**	sal**isteis**
ustedes/ellos/ellas	viaj**aron**	volv**ieron**	sal**ieron**

	PEDIR	DORMIR	CONSTRUIR
	e ➡ i	o ➡ u	i ➡ y
yo	ped**í**	dorm**í**	constru**í**
tú	ped**iste**	dorm**iste**	constru**iste**
usted/él/ella	p**i**d**ió**	d**u**rm**ió**	constru**yó**
nosotros/as	ped**imos**	dorm**imos**	constru**imos**
vosotros/as	ped**isteis**	dorm**isteis**	constru**isteis**
ustedes/ellos/ellas	p**i**d**ieron**	d**u**rm**ieron**	constru**yeron**

	SER / IR	DAR	DECIR
yo	**fui**	**di**	**dije**
tú	**fuiste**	**diste**	**dijiste**
usted/él/ella	**fue**	**dio**	**dijo**
nosotros/as	**fuimos**	**dimos**	**dijimos**
vosotros/as	**fuisteis**	**disteis**	**dijisteis**
ustedes/ellos/ellas	**fueron**	**dieron**	**dijeron**

andar	**anduv–**		anduve, anduviste, anduvo, anduvimos, anduvisteis, anduvieron
estar	**estuv–**	e	estuve, estuviste, estuvo, estuvimos, estuvisteis, estuvieron
poner	**pus–**	iste	puse, pusiste, puso, pusimos, pusisteis, pusieron
poder	**pud–**	o	pude, pudiste, pudo, pudimos, pudisteis, pudieron
tener	**tuv–**	imos	tuve, tuviste, tuvo, tuvimos, tuvisteis, tuvieron
hacer	**hic/z–**	isteis	hice, hiciste, hizo, hicimos, hicisteis, hicieron
querer	**quis–**	ieron	quise, quisiste, quiso, quisimos, quisisteis, quisieron
venir	**vin–**		vine, viniste, vino, vinimos, vinisteis, vinieron

6

¡HA ESTADO PADRE!

>>> ¿Qué hacen estos amigos?

>>> ¿Crees que lo están pasando bien?

>>> ¿Has ido alguna vez de *camping*? ¿Te gustó?

>>> ¿Adónde fuiste?

Unos amigos alrededor del fuego.

IN THIS UNIT, YOU WILL LEARN TO:

- ◎ Talk about recent activities and describe personal experiences
- ◎ Talk about what you feel like doing using *tener ganas de* + infinitive
- ◎ Express "most" and "least" as degrees of comparison using the superlative
- ◎ Refer to someone or something already mentioned using direct and indirect object pronouns
- ◎ Talk about leisure activities and staying at a hotel
- ◎ Read *La colonia Tovar*, Daniel de Pasquale
- ◎ Write a post in a travel forum

CULTURAL CONNECTIONS

- ◎ Share information about travel experiences and activities in Hispanic countries and compare cultural similarities

CULTURA EN VIVO

EL DÍA DE SAN VALENTÍN

Libros y rosas en el Día de Sant Jordi, Barcelona
(Foto: Lisi4ka, 2015)

HABLAMOS DE... LAS ACTIVIDADES RECIENTES

1 **Look at the picture of these friends on a camping trip. Then choose the best response to the questions based on what you see or can infer from the image.**

1. ¿Qué hicieron los amigos antes de ir de *camping*?
   - **a.** Fueron al aeropuerto.
   - **b.** Reservaron habitaciones en un hotel.
   - **c.** Prepararon las mochilas con agua, comida y mapas.

2. ¿Qué han hecho los amigos durante el día?
   - **a.** Han caminado muchos kilómetros.
   - **b.** Han esquiado en la montaña.
   - **c.** Han mirado televisión.

3. ¿Qué están haciendo ahora?
   - **a.** Están durmiendo.
   - **b.** Están asando perritos calientes.
   - **c.** Están contando historias de miedo.

4. ¿Dónde van a dormir?
   - **a.** En sacos de dormir.
   - **b.** En un hotel.
   - **c.** En casa.

2 **Match each sentence to the correct image. Review the strategy, then make your best guess for the meaning of the new expressions.**

a. Han caminado muchos kilómetros.
b. Se lo han pasado muy bien.
c. No se han perdido en la montaña.
d. Se han protegido del sol.
e. Han llevado todo a su espalda.

> First look for words that are similar to those in your language so that you can infer their meaning more easily and be able to spend more time on those words that you do not know.

 (1.) → ☐
 (2.) → ☐
(3.) → ☐
(4.) → ☐
 (5.) → ☐

 (6.) → ☐
(7.) → ☐
 (8.) → ☐
 (9.) → ☐
 (10.) → ☐

3  ·||||····49 **Listen to Paco and Marta talk about their weekend. Then identify who did what during the weekend.**

Paco: ¡Hola, Marta! ¿Qué tal el fin de semana?

Marta: Bueno, un poco aburrido. He estado estudiando para el examen de Historia del lunes y casi no he salido. Y tú, ¿has hecho algo interesante?

P.: ¡Yo me lo he pasado genial! Hemos estado de *camping* en la sierra de Durango.

M.: ¡Qué suerte! ¿Con quién has ido?

P.: Con mi vecina Lupe y su hermano mayor, que es un experto montañero. Él nos ha enseñado a montar solos una tienda de campaña y a usar el mapa y la brújula para no desorientarnos en el campo.

M.: ¡Qué divertido! ¿Y dónde han dormido?

P.: Pues en las tiendas, en nuestros sacos de dormir. Lo mejor de la excursión es que hemos visto una lluvia de estrellas por la noche. ¡Ha sido impresionante!

M.: ¿Y no les ha dado miedo encontrar animales salvajes?

P.: ¡Claro que no! Además, con Daniel nunca pasamos miedo, él sabe qué hacer en todo momento.

M.: Claro, es verdad. Mi papá siempre dice que a la montaña hay que ir con alguien experimentado.

P.: Sí, tu papá tiene razón. La montaña es fantástica, pero también peligrosa.

M.: ¡Qué envidia! ¡Para la próxima me apunto! Y... ya que yo no me lo he pasado tan bien, ¡espero al menos aprobar el examen de Historia!

a. Marta ○ **b.** Paco ○ **c.** Daniel, Lupe y Paco

1. ☐ Lo ha pasado genial.
2. ☐ Ha tenido un finde aburrido.
3. ☐ Han pasado el fin de semana de excursión.
4. ☐ Han visto una lluvia de estrellas.
5. ☐ No han pasado miedo.
6. ☐ Ha aprendido a montar una tienda de campaña.
7. ☐ Ha pasado el fin de semana estudiando.

4  **With a partner, complete the sentences to describe what Paco and Marta have done during the weekend. Present to the class what you learned about their weekend.**

Modelo: Paco ha aprendido a usar el mapa y la brújula.

... ha montado...

... ha tenido que...

... ha dormido...

... ha visto...

COMUNICA

■ To ask how much someone enjoyed a particular activity or a period of time, use:

¿Cómo te ha ido el viaje? *How was the trip?*

¿Qué tal te ha ido (el viaje)? *How was it (the trip)?*

¿Cómo / Qué tal te lo has pasado?
Did you have a good time?

■ To respond:

Ha sido...	Me ha ido...	Me lo he pasado...	To say it was just okay
genial / fantástico	de miedo	de miedo	Ni fu ni fa.
estupendo	superbién	genial	Regular.
divertidísimo	muy bien	estupendamente	Más o menos.
muy divertido	bien	superbién	
horrible / terrible	mal	muy bien	
aburridísimo	muy mal	muy mal / fatal	
un desastre			

1 〰50 **Fill in the blanks with an appropriate expression below and match each conversation to the correct image. Then listen to the conversations and check your answers.**

Fatal ○ ¡Ha sido genial! ○ Ni fu ni fa

a. Natalia: ¿Qué tal el fin de semana con María?
Jorge: ¡Bah! ...., hemos hecho lo de siempre: pasear y mirar tiendas. ¿Y tú?
Natalia: Yo he ido a ver una peli y ha estado bien.

b. Sergio: ¿Cómo te ha ido la excursión?
Alberto: ...., ¡nos ha pasado de todo! Entre otras cosas, el conductor se ha equivocado de ruta y nos ha llevado a otro pueblo...
Sergio: Sí, es verdad. En la escuela me han contado que ha sido un desastre.

c. Diana: ¿Vas a volver el año que viene al campamento de verano?
Sonia: ¡Por supuesto! ....
Diana: Sí, yo también pienso volver.

2 👥 **Take turns asking your partner about some of the latest activities he/she has done and what they were like. Choose from the activities suggested below and follow the Modelo.**

Modelo: E1: ¿Cómo te ha ido en la escuela hoy?
E2: Me ha ido bastante bien. / Bastante bien.

• ¿Cómo te ha ido el examen / la excursión con la escuela / el día con la familia...?
• ¿Qué tal te lo has pasado en el campamento de verano / en las vacaciones de invierno / en la fiesta?

THE SUPERLATIVE

- The **superlative** is used to express "most" and "least" when comparing two or more people or things:

  Ana es **la más** alta de la clase. *Ana is the tallest of the class.*

  Juan es **el menos** deportista. *Juan is the least athletic.*

  Ana y Marta son **las más** altas. *Ana and Marta are the tallest.*

  Juan y Paco son **los menos** deportistas. *Juan and Paco are the least athletic.*

  > ! Irregular forms:
  > - el/la mejor *the best*
  > - el/la peor *the worst*

- To express the idea of extremely, add **–ísimo/a/os/as** to the adjective:

  Ana es alt**ísima**. *Ana is extremely tall.*

  Juan es list**ísimo**. *Juan is extremely smart.*

  Ana y Marta son alt**ísimas**. *Ana and Marta are extremely tall.*

  Juan y Paco son list**ísimos**. *Juan and Paco are extremely smart.*

  > ! Drop the vowel before adding **–ísimo/a/os/as**:
  > - alto ➡ alt**ísimo/a/os/as**
  > - grande ➡ grand**ísimo/a/os/as**

3 👥 **Look at the souvenirs that Albert brought back from his trip to Mexico: Are they similar to souvenirs in your country? Describe them using the superlative form of the adjectives provided. Then take turns exchanging impressions with your partner. Do you have similar views and opinions?**

Modelo: El jarrón es el recuerdo más bonito.

útil ○ divertido/a ○ bonito/a ○ original ○ típico/a ○ feo/a

el sombrero

el cesto

la cerámica

la muñeca

el jarrón

el imán *(magnet)*

4 👥👥👥 **How well do you know your classmates? Ask a partner the following questions to know which one of you is the "most" in each category.**

a. el más dormilón ¿Cuántas horas duermes al día?

b. el más deportista ....

c. el más comilón ....

d. el más estudioso ....

🖥 **MORE IN ELEteca** | EXTRA ONLINE PRACTICE

ANTES DEL VIDEO

1 With a partner, list the following expressions as positive ☺, negative ☹ o neutral 😐 responses when someone asks about your day.

> Ha sido genial o Regular o Me la he pasado estupendamente o Me ha ido de miedo o
> Ni fu ni fa o Ha sido aburridísimo o Me ha ido (muy) mal o Me lo he pasado superbién o
> Ha sido muy divertido o Ha sido estupendo o Ha sido horrible o Más o menos o
> Ha sido un desastre o Me la he pasado fatal o Me ha ido superbién

DURANTE EL VIDEO

2 Match each statement to Images 1, 2, or 3.

a. Alfonso lleva una mochila.

b. Alfonso viene de la escuela.

c. Juanjo está enfadado.

d. Juanjo señala con el dedo.

e. Alfonso escucha a Juanjo.

f. Juanjo está cansado.

3 🔲═o═ **Watch the following segment of the episode and select the answer to each question.**
00:56 - 02:04

1. ¿Qué pasó con el despertador de Juanjo?

2. ¿Cómo reaccionó el profesor cuando Juanjo llegó tarde?

3. ¿Qué pasó con su portátil?

4. ¿Dónde encontró finalmente su portátil?

5. ¿Cómo se sintió en la clase de laboratorio?

6. ¿Qué le ocurrió a Juanjo con su madre?

a. Discutieron por teléfono.

b. Como el más tonto de la clase.

c. Se enfadó un poco.

d. En la clase.

e. El despertador no sonó.

f. Lo perdió.

4 🔲═o═ **At one point, Alfonso and Juanjo act out an imaginary scene in which they pretend to**
02:43 - 05:40 **live a carefree life. Choose the statements related to the fantasy.**

a. ☐ Van a viajar a Miami.

b. ☐ Van a tener un yate.

c. ☐ Van a estar toda la noche de fiesta.

d. ☐ Han encontrado vuelos por ochenta dólares.

e. ☐ Van a alojarse en una habitación normal.

f. ☐ Van a alojarse en una *suite* con dos camas muy grandes.

g. ☐ La habitación tiene dos *jacuzzis*.

h. ☐ Van a comprar una gran casa en Italia.

i. ☐ Una limusina los va a recoger en el aeropuerto.

DESPUÉS DEL VIDEO

5 👥 **Answer the following questions and then discuss your answers with your classmates.**

• ¿Quieres ser rico en el futuro?

• ¿Crees que es importante ser rico? ¿Por qué?

• ¿Crees que vas a ser más feliz si eres rico?

• Cuando tienes un mal día, ¿qué haces para relajarte? Intercambia otras ideas con tus compañeros/as de clase.

• Cuando tienes un mal día, ¿tienes la habilidad de recuperar el buen humor y no pasar todo el día pensando en lo mismo? Intercambia otras ideas con tus compañeros/as de clase.

• ¿Cuentas a alguien tus problemas? ¿A quién?

6 👥 **You have the opportunity to spend a week at a luxurious hotel. Role-play the conversation with a partner. Call the hotel to make a reservation and request all the things you will need. Use some of the following expressions to help you.**

Cliente

• Quería hacer una reservación.

• Una *suite* con gimnasio / *jacuzzi*…

• ¿Tienen piscina cubierta / servicio de restaurante…?

• A nombre del señor/señora…

• Para el 3 de diciembre hasta el…

Recepcionista del hotel

• ¿Habitación doble, individual?

• Muy bien…

• Sí, tenemos… / No, no tenemos…, lo siento.

• ¿A nombre de quién?

• ¿Para qué fechas?

📁 **MORE IN ELEteca** | EXTRA ONLINE PRACTICE

1 **Look at the following images and fill in the blanks with the correct verb from the list. Start with the ones you already know and make your best guess for the others.**

hacer o jugar o esquiar o patinar o montar o ir

.... de *camping* .... senderismo .... en bicicleta .... de tapas

.... surf .... a caballo .... *puenting*

.... al tenis .... a los videojuegos .... al ajedrez

> **FROM THE corpus**
> The word **tapa** is used in Spain. The word **botana** is used in Mexico, **pasapalos** in Venezuela, **boquitas** in Guatemala and **picadas** in Colombia:
> *Para abrir el apetito te presentamos esta gran variedad de **botanas**. Primero, jalapeños [...]*
> *Para comer tomamos unas **boquitas** de tostadas guatemaltecas.*

2 🎧 51 **Listen to the audio and check your answers.**

3 👥 **Complete the chart with at least two activities you frequently do, and two you want to do. Then share your experiences and preferences in small groups. Include other details to make your descriptions more interesting.**

Modelo: A menudo juego al ajedrez con mi abuelo. Tengo ganas de nadar en una piscina muy grande.

> **!** To talk about what you feel like doing or something you are eager to do, use the expression **tener ganas de** + infinitive:
> Tengo ganas de hacer *puenting*.
> *I'm eager to go bungee jumping.*

A menudo...	Tengo ganas de...
jugar al ajedrez	nadar en una piscina muy grande

4 🎵52 **Follow along as you listen to the conversation.**

Recepcionista: ¿Aló? Hostal Las Marismas…

Cliente: Hola, buenos días, quería **reservar** una habitación para esta noche.

R.: ¿Para cuántas personas?

C.: Somos tres.

R.: ¿Cuántas noches van a estar?

C.: Dos.

R.: Tenemos una habitación libre con una cama doble y una individual.

C.: Perfecto, ¿cuánto cuesta?

R.: Son setenta dólares por noche con **media pensión**.

C.: Nosotros solo queríamos **alojamiento** y desayuno.

R.: Esta es una oferta que tenemos ahora en noviembre por ser **temporada baja**, les va a costar lo mismo solo el alojamiento que la media pensión.

C.: ¿La media pensión incluye el desayuno y el almuerzo o el desayuno y la cena?

R.: Pueden elegir la opción más conveniente para ustedes.

C.: Pues, mejor la cena porque pensamos estar todo el día fuera.

R.: Muy bien. ¿A nombre de quién va a hacer la reservación?

C.: A nombre de Roberto Sánchez.

R.: ¿Me puede dar un número de contacto, por favor?

C.: Sí, claro, 611 11 11 11.

R.: De acuerdo, pues ya está su reservación, les esperamos esta noche.

C.: Muchas gracias.

5 **Read the following statements and indicate if each sentence is true (T) or false (F), according to the conversation.**

	T	F
a. El cliente ha pedido tres habitaciones.	☐	☐
b. En noviembre no va mucha gente.	☐	☐
c. En el precio se incluyen dos comidas al día.	☐	☐
d. El cliente solo quiere saber si hay habitación.	☐	☐

6 🎵52 **Listen again to Activity 4. Find the sentence in Activity 5 that corresponds to each topic listed below.**

1. ☐ alojamiento   **2.** ☐ media pensión   **3.** ☐ hacer una reservación   **4.** ☐ temporada baja

FROM THE corpus

■ The word used in Mexico and Central America is **hospedaje**: *Pregunté por un lugar de* ***hospedaje*** *y me recomendaron el hotel y restaurante Catania.*

■ The word **alojamiento** is preferred in Spain: *Teníamos* ***alojamiento*** *en un hotel junto al mar.*

7 Explain to your partner the meaning of the following terms with examples in Spanish. Your partner will guess the correct expression.

Estudiante 1

- temporada baja
- pensión completa
- habitación doble

Estudiante 2

- temporada alta
- media pensión
- habitación individual

8 Match each word to the correct image.

1. ☐ maletas
2. ☐ llave
3. ☐ escalera
4. [c] recepción
5. ☐ elevador
6. ☐ cliente
7. ☐ botones
8. ☐ recepcionista

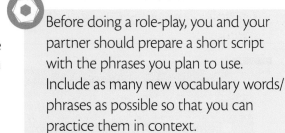

FROM THE corpus

- **Elevador** is used in Mexico and Central America: *Ahí tomé el* **elevador** *hasta el piso número 5.*
- **Ascensor** is used in Spain: *Bajamos en* **ascensor** *a la planta baja.*

9 With a partner, arrange the following sentences into a logical sequence.

☐ Sí, tenemos una habitación doble con camas individuales, pero no tiene baño.

[1] Buenos días, ¿tienen una habitación para esta noche?

☐ Treinta y ocho dólares por día.

☐ Doble. Pero necesitamos dos camas individuales.

☐ No, pero enfrente hay una cafetería.

☐ Perfecto. Aquí tienen la llave, ya pueden subir su equipaje.

☐ Nos parece bien. ¿Aceptan tarjeta de crédito o cheques de viajero?

☐ Sí, claro. ¿Doble o individual?

☐ ¿Me dan su pasaporte, por favor?

☐ ¿Está incluido el desayuno?

☐ ¿No tiene baño? ¿Y cuánto cuesta?

☐ Aceptamos solo tarjeta de crédito.

☐ Muy bien, entonces pagamos con tarjeta.

☐ Aquí están los pasaportes.

[15] Muchas gracias.

10 Role-play a similar conversation with your partner. One of you will be the receptionist and the other is the client who wants to make a reservation for two nights. Present your skit to the class.

Before doing a role-play, you and your partner should prepare a short script with the phrases you plan to use. Include as many new vocabulary words/phrases as possible so that you can practice them in context.

MORE IN **ELEteca** | EXTRA ONLINE PRACTICE

GRAMÁTICA

1. THE PRESENT PERFECT

- We use the present perfect to talk about actions that have taken place in the past but are connected with the present.

- The present perfect is formed with the present tense of **haber** and the past participle of the main verb:

		–AR	–ER	–IR
yo	he			
tú	has			
usted/él/ella	ha	viaj**ado**	com**ido**	dorm**ido**
nosotros/as	hemos			
vosotros/as	habéis			
ustedes/ellos/ellas	han			

- To form the past participle of a verb, drop the ending of the infinitive and add **–ado** for **–ar** verbs and **–ido** for **–er** and **–ir** verbs:

viaj**ar** ➡ viaj**ado**   *Mi hermano **ha viajado** mucho. My brother has traveled a lot.*

com**er** ➡ com**ido**   *Los niños ya **han comido**. The children have already eaten.*

dorm**ir** ➡ dorm**ido**   *Yo nunca **he dormido** en un saco de dormir. I have never slept in a sleeping bag.*

- The present perfect is often used with the following time expressions that refer to a recent past:

- **hoy** *(today)*
  Hoy *me he levantado muy tarde.*

- **últimamente** *(lately)*
  Últimamente *ha llovido bastante.*

- **este mes / fin de semana / año**… *(this month / weekeend / year . . .)*
  Este año *hemos viajado mucho.*

- **esta mañana / tarde / semana**… *(this morning / afternoon / week . . .)*
  Esta semana *he trabajado en casa.*

- **ya** *(already)*
  Ya *he comido tapas.*

- **todavía no** *(not yet)*
  Todavía no *he ido a San Juan.*

FROM THE corpus

- In Latin America, the present perfect is used less frequently. Instead, they prefer to use the preterite: *Hoy supe qué día será el examen para manejar. Today I found out the day I will take my driving test.*

- In Spain, however, it is customary to use the present perfect to indicate that a past action is tied to the present: *Esta mañana he sabido que ya ha llegado su hermano a Madrid. This morning I found out that his brother [has] already arrived in Madrid.*

1 **Complete the sentences with the forms of the present perfect to describe what Sara has done today.**

a. (Levantarse)................ a las ocho.

b. (Ir)................ a la escuela a las nueve.

c. (Correr)................ por el parque.

d. (Acostarse)................ a las diez y media.

e. (Comer)................ pollo con papas.

f. (Desayunar)................ café y tostadas.

g. (Hablar)................ por teléfono.

h. (Regresar)................ de la escuela en bici.

2 Work with a partner to fill out the chart below. Indicate when Sara did the things mentioned in Activity 1 by listing each under the correct heading.

Esta mañana...	Esta tarde...	Esta noche...
Se ha levantado a las ocho.		

3 What about you? Work with a partner and take turns saying what you have already done this morning and what you haven't done yet. Keep going to see who runs out of activities first. ¡Atención! Use *ya* and *todavía no* in your responses.

4 Complete the following e-mail from Anselmo to his friend Louise telling her about his flight cancellation. Use the present perfect and the verbs in parentheses.

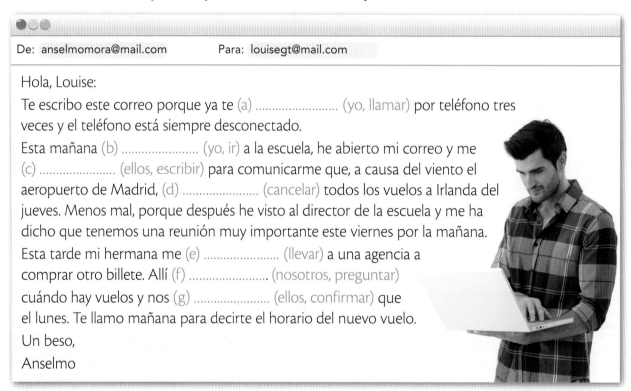

De: anselmomora@mail.com   Para: louisegt@mail.com

Hola, Louise:

Te escribo este correo porque ya te (a) .... (yo, llamar) por teléfono tres veces y el teléfono está siempre desconectado.

Esta mañana (b) .... (yo, ir) a la escuela, he abierto mi correo y me (c) .... (ellos, escribir) para comunicarme que, a causa del viento el aeropuerto de Madrid, (d) .... (cancelar) todos los vuelos a Irlanda del jueves. Menos mal, porque después he visto al director de la escuela y me ha dicho que tenemos una reunión muy importante este viernes por la mañana.

Esta tarde mi hermana me (e) .... (llevar) a una agencia a comprar otro billete. Allí (f) .... (nosotros, preguntar) cuándo hay vuelos y nos (g) .... (ellos, confirmar) que el lunes. Te llamo mañana para decirte el horario del nuevo vuelo.

Un beso,

Anselmo

5 Some verbs have irregular past participles. Review the e-mail with a partner and look for the irregular past participles to complete the chart below.

INFINITIVE	PARTICIPLE	INFINITIVE	PARTICIPLE
abrir →		morir →	muerto
decir →		poner →	puesto
descubrir →	descubierto	romper →	roto
escribir →		ver →	
hacer →	hecho	volver →	vuelto

6 Complete the sentences with the correct present perfect form of the verbs listed below.

escribir ○ romper ○ poner ○ morir ○ volver ○ hacer

a. Elena todavía no .... a casa.

b. El perro de Sara .... esta tarde.

c. Juan, ¿dónde .... las llaves?

d. Ellos .... los cristales de mis lentes.

e. ¿Qué (tú) .... este fin de semana?

f. Nosotros .... varias cartas.

7 Complete the sentences with things you have (or have not) done according to the expression given.

a. Hace un rato ....

b. Este año ....

c. Este fin de semana ....

d. Todavía no ....

e. Nunca ....

8 Using the activities prepared above, ask your partner if he/she has ever done these things. Are your responses similar or different?

> To ask if a person has ever done something, use:
>
> » **¿Alguna vez** has estado en México?
>
> *Have you ever been to Mexico?*
>
> » **No, nunca** he estado allí.
>
> *No, I have never been there.*
>
> » **Sí,** he estado **una vez** / **dos veces** / **muchas veces**...
>
> *I have been there once/two times/many times . . .*

2. DIRECT AND INDIRECT OBJECT PRONOUNS

9 Look at the chart below and fill in the missing pronouns.

me		*me*
te		*you*
......	*replaces*	*you (formal), him, her, it*
nos		*us*
os		*you (plural, Spain)*
......		*you (plural), them*

Remember that we use direct object pronouns to refer to someone or something **already mentioned**. In Spanish, direct object pronouns agree in number and gender with the noun they replace.

*Carmen no encuentra **su celular**. Cree que **lo** ha dejado en la escuela.*
Carmen can't find her cell phone. She thinks she left it at school.

■ Indirect objects tell us **to whom** or **for whom** the action of the verb is performed. **Indirect object pronouns** are used to replace an indirect object:

me		to or for me
te		to or for you
le	replaces	to or for you (formal), him, her, it
nos		to or for us
os		to or for you (plural, Spain)
les		to or for you (plural), them

> ❗ Since the indirect object pronouns **le** and **les** can have more than one meaning, a prepositional phrase is often added to clarify.

*Le he dicho **a Javier** la verdad.* I have told **him** (Javier) the truth.

*Siempre **les** digo la verdad **a mis amigos**.* I always tell **them** (my friends) the truth.

■ Direct and indirect object pronouns can be used together in the same sentence. When that happens, the order of the pronouns is always the same: **indirect object** + **direct object** + **conjugated verb**:

» *¿Dónde has dejado mi libro?* Where did you leave me my book?

» *__Te lo__ he dejado encima de la mesa.*
    A ti el libro

■ In cases where **le** or **les** precedes **lo**, **la**, **los**, **las**, the indirect object pronoun changes to **se**:

(El libro, a él) ~~Le~~ lo he dejado encima de la mesa. ➡ *__Se lo__ he dejado encima de la mesa. I left **it** on the table **for him**.*

■ Both direct and indirect objects are placed before the conjugated verb:

*Julia **me** ha regalado muchas cosas.* Julia has given me many gifts.

*Yo **le** regalé flores por su cumpleaños.* I gave her flowers for her birthday.

10 👥👥 **Andrés is in a hurry to go camping. Take turns with a partner asking and answering the questions. Use a direct object pronoun to avoid repetition.**

Modelo: *¿Has comprado la linterna? Sí, la he comprado.*

a. ¿Llevan todos los sacos de dormir?   Sí, ...

b. ¿Has escuchado el pronóstico del tiempo?   No, ...

c. ¿Has invitado a Berta y a José?   Sí, ...

d. ¿Va a llevar José una linterna?   Sí, ...

e. ¿Quién va a hacer la hoguera (*campfire*)? José ....

f. ¿Has preparado bocadillos?   Sí, ...

g. ¿Has visto mi mapa?   No, ...

h. ¿Tienes mis llaves?   No, ...

11 **Fill in the blanks with the appropriate indirect object pronoun.**

a. (A ella)........................ he dado a mi hermana su regalo de cumpleaños.

b. ¿(A mí) .... dejas tu diccionario, por favor?

c. La profesora (a nosotros)........................ da siempre mucha tarea.

d. A Carlos y a Juan (a ellos) .... dije el día de mi cumpleaños.

12 **Match the sentence to the correct image.**

a. Se lo ha contado. ○ **b.** Se la ha puesto. ○ **c.** Se la ha explicado. ○ **d.** Se las ha regalado.

13 **Ana is angry with her sister. Complete the story using the correct pronouns as indicated in parentheses to find out why.**

Hoy me he enfadado con mi hermana. Me ha pedido una camiseta y yo (a ella) .... he dicho que (a ella, la camiseta) .... dejaba, pero si no (la camiseta) .... ensuciaba *(dirty)*. Ella (a mí) .... ha dicho que vale, pero a los diez minutos (a mi hermana) .... he visto en el sofá comiendo una tarta de chocolate y justo en ese momento... ¡ (la camiseta) .... ha ensuciado de chocolate!

14 **Answer the following questions with a partner about Ana and her sister using object pronouns.**

a. ¿Quién pidió la camiseta? ....

b. ¿A quién le pidió la camiseta? ....

c. ¿Quién le dejó la camiseta a la hermana? ....

d. ¿Dónde comía la tarta? ....

e. ¿Quién ensució la camiseta? ....

f. ¿Con qué ensució la camiseta? ....

15 **Think of a similar situation you have had lending something to a friend or family member. Then take turns with a partner asking and answering questions about what happened. Use the cues below to get started.**

Modelo: E1: Una vez le dejé... a mi...

E2: ¿Qué pasó? / ¿Por qué se lo/la dejaste? / ¿Qué le dijiste?

a.  **b.**  **c.**  **d.**

1 👥 **Look at the image and answer the questions.**

a. ¿Qué tipo de paisaje ves?

b. ¿Crees que este lugar se encuentra en América o en Europa?

c. ¿Piensas que hay muchos restaurantes, tiendas y otras cosas interesantes para visitar o conocer?

2 🎧 53 **Read this article about trips and check your answers.**

La Colonia Tovar

Dicen que viajar es uno de los grandes placeres de la vida. Para algunas personas, no hay nada mejor que conocer lugares nuevos y sentir **la vibra** de sus calles, el color de sus paisajes o la energía de su gente.

Rodeada de montañas y formada por casas coloniales, tiendas de *souvenirs* y ricos restaurantes, la Colonia Tovar en Aragua, Venezuela, es capaz de transportarte a cualquier pequeño pueblo de la Alemania del siglo XIX.

El aroma que viene de las (1) flores silvestres, los colores de las frutas y los vegetales en el mercado, el olor a pan recién horneado (*baked*) que indica la dirección de la panadería, y las increíbles y apetitosas (2) fresas con crema chantillí hacen de este lugar un respiro (*rest*) para los venezolanos.

La mayoría de los habitantes de la Colonia Tovar son descendientes de sus fundadores (*founders*), inmigrantes llegados desde Alemania en el siglo XIX. Los colonieros aún no han perdido sus tradiciones y costumbres. Todavía puedes escuchar a algunas de las personas mayores hablando alemán, idioma que han transmitido a sus hijos y nietos venezolanos.

Si visitas el centro del pueblo, al pasar frente a los (3) escaparates de las tiendas de zapatos, de ropa, de juguetes, de deportes, de comida…, siempre vas a escuchar un simpático "¿se le ofrece algo?", "¿quiere pasar?" o "¿desea probarlo?".

En Colonia Tovar también tienes la posibilidad de visitar campos de fresa o (4) viñedos, y si vas en Semana Santa, puedes ver (5) procesiones, (6) vendedores ambulantes, juegos para los niños y, sobre todo, mucha comida sabrosa para probar.

Aquí mismito, a pocos kilómetros de la capital, Caracas, te transportas de un país a otro sin necesidad de abordar un avión. La Colonia Tovar es la excusa perfecta para tomarse una pausa y sentir paz en un mundo tan estresante como el actual.

 **Daniel De Pasquale**   *Creador de contenido y redactor venezolano licenciado en Comunicación Social.*

3 **Look at these images and match them to the expressions highlighted in Activity 2.**

Mercado callejero
(Foto: NadyaRa)

Pascua
(Foto: Lucy Brown - loca4motion)

4 **Write a summary of the article on page 186 in your own words.**

5 **Choose the correct option according to the meaning of the sentence.**

1. La vibra de sus calles.
   a. ☐ La atmósfera de sus calles.
   b. ☐ La longitud de sus calles.

2. ¿Se le ofrece algo?
   a. ☐ ¿Desea algo?
   b. ☐ ¿Vende algo?

3. Tienda de *souvenirs*.
   a. ☐ Tienda de antigüedades.
   b. ☐ Tienda de recuerdos.

4. Han transmitido a sus hijos.
   a. ☐ Han pasado a sus hijos.
   b. ☐ Han olvidado a sus hijos.

6 **What else would you like to know about La Colonia Tovar? Write five questions to inform your research in Activity 7.**

7 **Use your research questions from Activity 6 to conduct research on la Colonia Tovar. Use your research to write a report on Colonia Tovar using connected, detailed paragraphs.**

Colonia Tovar
(Foto: Mundosemfim)

TALLER DE ESCRITURA

1 Diego has recently traveled to the famous Uyuni Salt Flats. In Latin America there are other salt flats. Compare them to the ones in Uyuni. Why do you think the Uyuni Salt Flats are the most famous?

2 🔊54 Listen to Diego, check your answer to Activity 1, and then answer the questions.

a. ¿Cuándo y dónde ha viajado Diego?

b. ¿Con quién?

c. ¿Dónde se han hospedado?

d. ¿Qué características tiene el hospedaje?

e. ¿Por qué el padre de Diego eligió ese hotel?

f. ¿Qué puedes ver y hacer en el desierto de Uyuni?

g. ¿Le gustaron el desierto y el hotel?

h. ¿Recomienda Diego ese tipo de hospedaje?

3 Pretend you traveled with Diego. Read the writing strategy and then write a draft of a post in a travel blog summarizing your experience in the Uyuni Salt Flats and your observations about the lodging (place where you stayed while there).

Follow these steps to **write a summary**:

1. **Choose the most important details of the information** that you are going to use. In this case, you can use the questions in the previous activity as a guide.

2. **Use your own words** to summarize the information you have read and are going to write about.

3. **In the first paragraph**, briefly answer these questions: **Where?, When?, With whom did you travel?** and **Why you took this trip?**

4. **List the characteristics** about your destination and of the place where you stayed (what were they like?). Each characteristic should be explained in a separate paragraph. Keep your descriptions **brief**.

5. Begin each paragraph with a topic sentence. Follow your topic sentence with relevant details.

6. Remember to apply the basic rules of punctuation in your writing. Begin each sentence with a capital letter and end each with a period. When listing the characteristics of the place and its services, use commas between items listed.

7. **The last paragraph is the conclusion**. In the conclusion you should **recommend the location** you visited or tell how satisfied you were with the lodging. Use these expressions in your conclusion: *por lo tanto, por esto, por estos motivos…*

Aspectos que vas a resumir y número de párrafos:	
Primer párrafo introductorio:	
Características del destino turístico:	
Características del hospedaje:	
Conclusión / recomendación:	

4 `PEER REVIEW` **Exchange drafts with a partner. Answer the questions and discuss them with your partner.**

   a. Circle, separate and number each paragraph. Is your partner's organization the same as yours?

   b. Underline the characteristics your partner listed about the destination and the lodging. Are the descriptions brief?

   c. Look at the last paragraph closely. Is it a conclusion, a recommendation or both?

5 **Use the peer review to edit your post. Edit your spelling, grammar, punctuation, and organization. Publish your final version.**

ORTOGRAFÍA Y PRONUNCIACIÓN Las letras *g* y *j*

1 🔊 55 **Listen and repeat the following words.**

2 🔊 56 **Listen to the following pairs of words that vary in only one sound. Select the one you hear first.**

   a. ☐ casa / ☐ gasa   **d.** ☐ goma / ☐ coma   **g.** ☐ gato / ☐ cato
   b. ☐ mago / ☐ majo   **e.** ☐ lijar / ☐ ligar   **h.** ☐ cota / ☐ jota
   c. ☐ ajo / ☐ hago   **f.** ☐ rasgar / ☐ rascar   **i.** ☐ miga / ☐ mica

3 🔊 57 **Listen to the pronunciation of the following words.**

El sonido /j/	El sonido /g/
• **g** + e, i: **ge**nte, **gi**rasol	• **g** + a, o, u: **ga**lleta, **go**ta, **gua**po
• **j** + a, ,e, i, o, u: **ja**món, **je**fe, **ji**rafa, **jo**ven, **ju**eves	• **gu** + e, i: Mi**gue**l, **gui**tarra

4 ⚬⚬ **With a partner, fill in the blanks with *g*, *gu*, or *j* to form words you know.**

   a. ca☐ón   **d.** ☐ema   **g.** ima☐en   **j.** ☐orro   **m.** ☐usano   **o.** ☐ersey
   b. o☐o   **e.** ☐irasol   **h.** traba☐o   **k.** ☐errero   **n.** ☐afas   **p.** abri☐o
   c. má☐ico   **f.** ☐untos   **i.** ☐ato   **l.** á☐ila   **ñ.** ☐ía   **k.** a☐ua

🖥 **MORE IN ELEteca** | EXTRA ONLINE PRACTICE

EL DÍA DE SAN VALENTÍN

Esta celebración de origen anglosajón es también muy importante en los países de habla hispana.

LOS TOP 5 DE...
¡EL DÍA DE SAN VALENTÍN!

El Día de San Valentín es una tradición anglosajona, pero hoy en día se celebra en todo el mundo. Muchos países lo celebran de forma distinta y, a veces, el nombre de la celebración es diferente.

✓ En algunos países, como en España, se llama el Día de San Valentín o el Día de los Enamorados. En algunos países latinoamericanos como México, República Dominicana, Costa Rica, Ecuador, Puerto Rico y Colombia, se llama el Día del Amor y la Amistad. En Guatemala se llama el Día del Cariño.

✓ En muchos países latinoamericanos el 14 de febrero también celebran el Día del Amigo Secreto. Durante ese día, los amigos se preparan regalos de forma secreta.

✓ San Valentín fue famoso por realizar (perform) bodas entre soldados y sus novias, en contra de los deseos (wishes) del ejército.

✓ Esta celebración tiene su origen en la Edad Media. En ese periodo comenzó la tradición de cortejar (to court). En el Reino Unido, los hombres regalaban flores, chocolates y tarjetas a sus amadas, con mensajes secretos. Ese fue el origen de las tarjetas de San Valentín.

✓ Las tarjetas de San Valentín se producen comercialmente desde el siglo XIX.

¡Feliz día, cariño!
Nos vemos en el restaurante La Pérgola a las 9 y cenamos juntos.
Hice una reservación para celebrarlo. Te espero allí.
¡Te amo!

Mira esta tarjeta de felicitación: ¿Qué crees que celebran? ¿Qué van a hacer? ¿A qué hora se van a ver?

El Día de la Amistad se celebra en América Latina.

Los bombones siguen siendo un regalo tradicional entre parejas o amigos.

¿Quién es tu amigo secreto?

Fuentes: sitio web oficial de la Secretaría de Turismo de México; *El País*, diciembre de 2017; *La Nación*; *El Mercurio*.

¡Qué interesante! EL DÍA DE LA AMISTAD

✓ El Día del Amigo se inventó para celebrar la amistad.

✓ Inicialmente se festejaba solo en Argentina y Uruguay, donde eligieron el aniversario de la llegada del hombre a la Luna (20 de julio de 1969) para celebrarlo. Más tarde, otros países se unieron a este evento, si bien (although) eligieron otras fechas del calendario para hacerlo.

✓ En 2011, la Asamblea General de las Naciones Unidas propuso extender esta celebración al resto de los países del mundo. Al 30 de julio se lo llamó el Día Internacional de la Amistad.

El Café Tortoni, en Buenos Aires, es uno de los lugares más típicos para celebrar el Día de la Amistad.

Mi experiencia
🔊 58

"Me llamo Susana Sánchez y vivo en Barcelona. En mi comunidad, Cataluña, el Día de San Valentín se celebra poco. En su lugar *(instead)* celebramos el Día de Sant Jordi, también llamado Día de los Enamorados o Día del Libro y la Rosa. Según la tradición, los familiares, amigos o parejas se regalan una rosa o un libro. Antiguamente *(in the old days)* el hombre le regalaba una rosa a su amada y la mujer le regalaba un libro a él. Pero hoy en día todo el mundo compra una rosa y un libro a la persona que quiere. En el año 2018, en un solo día ise vendieron más de un millón y medio de libros!".

Fuentes: *El Mundo Cataluña*, abril de 2018; *La Vanguardia*, 24 de abril de 2019.

Día de Sant Jordi, famosa celebración catalana en la que se regalan libros y rosas
(Foto: Lisi4ka, 23 de abril de 2015).

Las Ramblas, una de las calles más largas de Barcelona, España, con puestos *(books stands)* **de libros**
(Foto: Kenneth Dedeu, abril de 2013)

¿COMPRENDISTE?

Decide if the following sentences are true (T) or false (F).

1. El Día de San Valentín no tiene origen en los países latinos.   T ☐   F ☐

2. El Día de la Amistad es lo mismo que el Día de San Valentín.   T ☐   F ☐

3. El Día del Libro y la Rosa se celebra en toda España.   T ☐   F ☐

4. Las ventas de libros en España descienden durante esta celebración.   T ☐   F ☐

5. Algunas palabras en español cambian de significado según el país.   T ☐   F ☐

AHORA TÚ

What's it like for you? Answer these questions. Discuss in class.

1. ¿Celebras el Día de San Valentín? ¿Cómo?
_____

2. ¿Prefieres este día o el Día Internacional de la Amistad? ¿Por qué?
_____

3. ¿Te gustaría celebrar el Día del Libro? ¿Crees que es una buena idea? ¿Por qué?
_____

4. Mucha gente dice que el Día de San Valentín es comercial. ¿Tú qué crees?
_____

5. En tu opinión, ¿crees que es importante tener un día que celebre el amor o la amistad? ¿Por qué?
_____

VOCES LATINAS

ME GUSTA LEER

El rincón del lenguaje

El español es una lengua muy variada. Hay muchas palabras que se usan en algunos países hispanos que en otros no se conocen. Muchas veces hay malentendidos *(misunderstandings)* entre amigos de varios países porque los significados de una misma palabra pueden variar de un país a otro. Así, unas palabras que se consideran bonitas en algunos países pueden llegar a ser insultos en otros. La palabra "amigo" se entiende en todos los países de habla hispana y en todos ellos es muy bonita. Pero tiene muchas variantes según el país en que se use. En México, por ejemplo, también se usa "cuate", "compa", "mano" o "camarada". En Colombia, "compadre", "hermano" o "parcero". En Bolivia, "pariente" o "fiera"; en Ecuador, "compinche" y en Cuba, "asere". Pero algunas de estas palabras... ipueden ser insultos en otros países!

Existen muchas variantes de la palabra "amigo" en los países de habla hispana.

TALKING ABOUT YOUR EXPERIENCES

1 **Did you have a good time? Classify the expressions from best to worst.**

ni fu ni fa ○ de miedo ○ mal ○ bien ○ muy bien ○ fatal

a. ....   b. ....   c. ....   d. ....   e. ....   f. ....

SUPERLATIVES

2 **Write a superlative to describe each means of transportation.**

Es el más...   Es...   Es el más...   Es...   Es...

....ísimo.   ....ísimo.   ....ísimo.

THE PRESENT PERFECT

3 **Match the explanations on the left with the sentences on the right.**

1. Describir o narrar acciones sucedidas en un pasado reciente.
2. Describir o narrar acciones sucedidas en un periodo de tiempo no terminado.
3. Expresar la realización o no de un hecho hasta el presente.
4. Valorar una actividad o periodo de tiempo.
5. Hablar del número de veces que se ha hecho algo.

a. *La película que hemos visto ha sido genial.*
b. *He ido muchas veces de acampada.*
c. *Hace un rato he visto a Juan.*
d. *Esta semana he estudiado mucho en el instituto.*
e. *Nunca he viajado en barco.*

4 **Write the sentence with the correct indirect object pronoun (*le/les*) and the verb in the present perfect tense.**

Modelo: *Julio / dar / un libro / a mi primo.* ➡ *Julio le ha dado un libro a mi primo.*

a. Yo / leer / el libro / a Isabel ➡ ....
b. Alejandro / llevar / las flores / a Ester y a Ania. ➡ ....
c. Los meseros / servir / más sopa / a María. ➡ ....
d. Ustedes / enseñar / los libros / a los niños. ➡ ....
e. ¿Quién / hacer / la reserva / a ustedes? ➡ ....

5 Match the sentences on the left with the antecedents for the pronouns on the right.

1. Se la diré.
2. Te los he traído.
3. Me lo ha contado.
4. Nos la ha explicado.

a. Los videojuegos que me pediste.
b. Que Pedro y Ana se han enfadado.
c. La lección en clase.
d. La verdad a mis padres.

LAS ACTIVIDADES DE TIEMPO LIBRE Y EL HOTEL

6 Fill in the blanks with the correct word from the list.

> patinar ○ saco ○ montar ○ hacer ○ hospedaje ○ jugar ○ temporada baja ○ ir ○ tienda

a. Como no hemos desayunado, comido ni cenado, en el hotel solo hemos pagado el ....
b. Yo siempre prefiero viajar en .... porque en esa época todo es más económico.
c. » A mí, los deportes que más me gustan son .... a caballo y .... surf.
   » Pues a mí, ... y .... al tenis.
d. Para .... de *camping*, necesitas una .... de campaña y un .... de dormir.

CULTURA

7 Answer the following questions according to the information you learned in *El Día de San Valentín*.

a. ¿Con qué otros nombres se conoce el Día de San Valentín en el mundo hispano?
b. ¿Cuáles son algunas tradiciones que hace la gente ese día?
c. ¿Qué tradición tienen en Cataluña?
d. ¿En qué países se originó la celebración del Día de la Amistad? ¿Qué organización la promociona?
e. ¿Qué hacen los argentinos ese día?

AL FINAL DE LA UNIDAD PUEDO...

	☆	☆☆	☆☆☆
a. I can talk about recent activities and describe personal experiences.	☐	☐	☐
b. I can talk about what I feel like doing using *tener ganas de* + infinitive.	☐	☐	☐
c. I can express "most" and "least" as degrees of comparison using the superlative.	☐	☐	☐
d. I can refer to someone or something already mentioned using direct and indirect object pronouns.	☐	☐	☐
e. I can talk about leisure activities and staying at a hotel.	☐	☐	☐
f. I can read and understand *La colonia Tovar*, Daniel de Pasquale	☐	☐	☐
g. I can write a post in a travel forum.	☐	☐	☐

MORE IN ELEteca | EXTRA ONLINE PRACTICE

En el hotel

el albergue *inn, hostel*

el alojamiento / el hospedaje *lodging*

el ascensor / el elevador *elevator*

la habitación doble *double room*

la habitación individual *single room*

la llave *key*

media pensión *half board*

pensión completa *full board*

el/la recepcionista *receptionist*

el recuerdo *souvenir*

la reservación / la reserva *reservation*

la temporada alta *high season*

la temporada baja *low season*

Actividades de tiempo libre

hacer *puenting* *to go bungee jumping*

hacer senderismo *to go hiking*

hacer surf *to surf*

ir de *camping* *to go camping*

jugar al ajedrez *to play chess*

Descripciones

aburridísimo *extremely boring*

¿Cómo / Qué tal te ha ido? *How was it?*

¿Cómo / Qué tal te lo has pasado? *Did you have a good time?*

de miedo *awesome*

divertidísimo *hilarious*

estupendamente *marvelously*

estupendo *marvelous*

fatal *awful*

genial *great*

más o menos *more or less*

ni fu ni fa *so-so*

regular *okay*

superbién *super*

un desastre *a disaster*

Verbos

contar (o > ue) *to tell, to count*

dejar *to leave, to lend*

ensuciar *to dirty*

mandar *to order, to send*

morir (o > ue) *to die*

regresar *to return*

romper *to break*

tener ganas de *to feel like (doing something)*

Expresiones temporales

alguna vez *ever*

una vez *once, one time*

dos veces *twice, two times*

todavía no *not yet*

últimamente *lately*

ya *already*

THE SUPERLATIVE
(See page 175)

■ The superlative expresses the best and the worst within a group:

el/la/los/las	+	noun ø	+	**más** **menos**	+	adjective	+	**de** + noun **que** + verb

*Mis sobrinas son las niñas **más** guapas **de** la familia.*

THE PRESENT PERFECT
(See page 181)

■ The present perfect is formed with the present tense of **haber** + past participle:

yo	he	
tú	has	viaj**ado** (–AR)
usted/él/ella	ha	com**ido** (–ER)
nosotros/as	hemos	viv**ido** (–IR)
vosotros/as	habéis	
ustedes/ellos/ellas	han	

Irregular past participles			
morir ➡ **muerto**		escribir ➡ **escrito**	
abrir ➡ **abierto**		ver ➡ **visto**	
poner ➡ **puesto**		hacer ➡ **hecho**	
decir ➡ **dicho**		volver ➡ **vuelto**	
romper ➡ **roto**			

■ The present perfect describes actions that have recently occurred. It is often used with the following expressions of time:

- esta mañana / tarde / semana / noche
- este mes / año / fin de semana / verano
- hoy
- últimamente
- hace diez minutos / dos horas / un rato

» *¿Qué ha hecho tu padre **esta tarde**?*

» *Ha visto una película de DVD.*

■ The present perfect is also used to ask or say how many times an action has taken place and uses the following expressions:

- ya
- todavía no
- aún no
- alguna vez
- nunca
- varias veces
- (n.º) veces
- jamás

» *¿Has viajado **alguna vez** en avión?*

» *No, **nunca**. Me da miedo.*

DIRECT AND INDIRECT OBJECT PRONOUNS
(See pages 183-184)

	Direct object pronouns	Indirect object pronouns
yo	me	me
tú	te	te
usted/él/ella	lo / la	le (se)
nosotros/as	nos	nos
vosotros/as	os	os
ustedes/ellos/ellas	los / las	les (se)

- Order of the pronouns:
indirect object + direct object
***Te** (a ti) **lo** (el libro) he dejado encima de la mesa.*

- **le / les + lo, la, lo, las ➡ se + lo, la, los, las**
*(El libro, a él) ~~te~~ **lo** he dejado encima de la mesa. ➡ **Se lo** he dejado encima de la mesa.*

1 🔊59 **Listen to four people present information about their trips. Fill in the following chart with the missing information.**

	¿Dónde? (main idea)	¿Con quién fue? (details)	¿Cuándo? (details)	¿Qué hizo? (details)	¿Lo pasó bien? (details)
Pepe					
Ana					
Iván					
Eva					

2 🔊59 **Listen to the presentations again and write the superlatives that you hear.**

a. ....   c. ....   e. ....

b. ....   d. ....   f. ....

3 **Fill in the blanks with the appropriate direct and indirect object pronouns according to the information in the sentence.**

a. Ana compró un Empire State de plata y .... regaló a su madre.

b. Mi abuela tiene muchas fotos de cuando estuvo en Ibiza y siempre que vamos a su casa .... enseña.

c. Pepe dice que comió insectos fritos pero yo no .... creo.

d. Iván es muy exagerado, seguro que no .... pasó tan mal.

4 **Read this blog from the famous Spanish adventurer Jesús Calleja. Fill in the blanks with the present perfect form of the verbs in parentheses.**

Mi pasión nació en mi tierra, en el corazón de los Picos de Europa, y (a) .... (desarrollarse) especialmente en el Himalaya. A Nepal, donde (b) .... (ser) guía de montaña durante más de dieciséis años, ¡(c) .... (viajar) más de cuarenta veces! A mis expediciones más importantes, como la del Everest en 2005, empecé a llevarme una cámara y a filmar. Con ese material se inició *Desafío extremo*, que (d) .... (convertirse) en un programa de éxito y va ya por su tercera temporada. Enseguida empezó a acompañarme Emilio Valdés, amigo y alpinista, que registra con su cámara todo lo que nos pasa. Como (e) .... (ustedes, poder) ver en temporadas anteriores de *Desafío extremo*, (f) .... (yo, culminar) los picos más altos de cada continente: Elbrus, Everest, Pirámide de Carstenz, McKinley, Vinson y Aconcagua. (g) .... (Llegar) a la cima, además, de otros dos ochomiles, el Cho Oyu y el Lhotse, y (h) .... (alcanzar) el Polo Norte. Además de la montaña, me apasionan las motos; (i) .... (ir) en dos ocasiones al *rally* de los Faraones en Egipto. También me gusta volar y soy piloto de avionetas. Últimamente (j) .... (empezar) a practicar el submarinismo, un deporte de aventura que te permite conocer la extraordinaria vida marina. Esa no es mi especialidad y de momento mis amigos, que son expertos submarinistas, siempre me (k) .... (acompañar) y me (l) .... (ayudar).

(Adaptado de *www.jesuscalleja.es*)

5 Read this text about an adventurer who lived in Spain a long time ago. Fill in the blanks with the words from the list below and use the preterite of the verbs in parentheses to complete the text.

> entonces o nadie o de adolescente o allí o porque o en 1635 o 1607 o más tarde

Doña Catalina de Erauso .... (nacer) en San Sebastián, España, en 1592.
(a) .... sus padres la .... (meter) en un convento, pero en (b) .... se .... (escapar), (c) .... no soportaba (*tolerate*) la vida de religiosa. Se .... (disfrazar) de hombre y se .... (ir) en un barco rumbo a América. Años (d) ...., ... (luchar) como soldado por la conquista de Chile. .... (ser) tan valiente que .... (decidir) nombrarla alférez (*lieutenant*). (e) .... (descubrir) que era una mujer hasta que en 1624, durante un duelo, ... (sufrir) una herida y no .... (tener) más opción que confesarlo. (f) .... inmediatamente .... (regresar) a España para recuperarse y el rey Felipe IV le .... (dar) una recompensa por su valentía. (g) .... (volver) a vestirse de hombre y .... (viajar) de nuevo a América. .... (morir) (h) .... en Veracruz, México.

6 Answer these questions about the text in Activity 5.

a. ¿De dónde se escapó Catalina? ....

b. "Convento" significa... ☐ la casa donde viven los religiosos. ☐ es una prisión.

c. "Disfrazarse" significa... ☐ vestirse para parecer otra cosa. ☐ vestirse bien.

d. ¿Por qué Catalina confesó que era una mujer? ....

e. ¿Cuántas veces fue Catalina a América? ....

7 Write a text (about 100 words) about your best trip ever. Where did you go, when, and with whom? What did you do? Did you have a good time? Exchange papers with a partner to read and discuss.

8 Retell your story to a new partner and make up two false events about your trip. Have your partner react to your story guess what is true and what is not true.

Tap into Hispanic culture by exploring the language and advancing your level and proficiency. Working towards the Seal of Biliteracy allows you to communicate and connect with Spanish speakers around the world. Your learning and abilities have no boundaries.

>> ¿Qué están haciendo estos muchachos?

>> ¿Por qué lo hacen?

>> ¿Cuándo lo hacen?

>> ¿Has colaborado alguna vez con una ONG?

Unos jóvenes colaborando

IN THIS UNIT,
YOU WILL LEARN TO:

- Talk about interesting facts and anecdotes using the preterite and imperfect
- Share what you know and react to what others tell you
- Describe personal experiences using the present perfect tense
- Refer to an unspecified person or thing using indefinite pronouns and adjectives
- Talk about the free time of young people and trivia games
- Read *Solidaridad andina*, María Luisa Garnelo
- Write a proposal

CULTURAL CONNECTIONS

- Share information about daily routines and volunteering in Hispanic countries, and compare cultural similarities

CULTURA EN VIVO

HISTORIAS MARAVILLOSAS

Isla del Sol en el Lago Titicaca

1 Look at the image and answer the questions based on what you see or can infer from the image.

a. ¿Qué tienen las muchachas en la mano?

b. ¿Crees que vieron una película o la van a ver?

c. ¿Te gusta el cine extranjero?

d. ¿Cuál es la última película que viste?

e. ¿Conoces alguna película de Penélope Cruz? ¿Cuál?

f. ¿Sigues la vida de tus actores favoritos? ¿Cómo?

2 How well do you know Penélope Cruz? Fill in the blanks in this text about her life with the appropriate time expression from the list below.

> durante su vida o en los años ochenta o en 2010 o durante cuatro años o
> hasta ahora o en 1974 o este año o desde los cinco hasta los dieciocho

Nació (a) .... en Madrid. (b) .... años estudió ballet. Sus primeros trabajos fueron (c) .... con anuncios publicitarios, videos musicales, televisión... En 1991 empezó a trabajar en el cine y (d) .... no ha parado de hacer películas. (e) ...., de 2001 a 2004, fue novia de Tom Cruise, antes de ganar un Óscar.

(f) .... ha tenido que aprender varios idiomas para filmar películas en Italia, Francia, Estados Unidos... (g) .... se casó con Javier Bardem y tienen dos hijos. (h) .... ha dicho que está en un momento muy feliz de su vida.

Penélope Cruz y Javier Bardem en el Festival de Venecia (Foto: Andrea Raffin, 2017)

3 🔊 60 **Listen to the conversation between Irene and Paula about the Spanish actress Penélope Cruz. Fill in the blanks with the missing words.**

> **Irene:** Me apetece mucho ver esta película. Además, Penélope Cruz me encanta.
>
> **Paula:** Pues ayer leí una (a) .... suya muy interesante.
>
> **Irene:** ¡Ah!, ¿sí? Cuenta, cuenta…
>
> **Paula:** ¿Sabías que se llama Penélope porque a sus padres les gustaba mucho una (b) .... que se titula así?
>
> **Irene:** ¡Qué curioso! La verdad es que no es un nombre muy común. Me gusta, es (c) ...., aunque me parece un poco largo…
>
> **Paula:** Pues a su familia creo que también, porque la llaman Pe.
>
> **Irene:** ¡Qué gracioso!
>
> **Paula:** Y es una actriz muy preparada. Estudió trece años ballet, interpretación… ¡y habla cuatro (d) ....!
>
> **Irene:** ¡Qué envidia! ¡Me encantaría poder hablar tantos idiomas!
>
> **Paula:** A mí, también. Y también leí que colabora con varias ONG. Incluso grabó una canción para un (e) .... benéfico. ¡Esta muchacha sabe hacer de todo!
>
> **Irene:** Desde luego. Yo la oí cantar en algunas (f) .... y lo hace muy bien. También hizo una serie de televisión de una escuela de baile.
>
> **Paula:** ¡Pero si no era ella! Era su (g) .... pequeña, Mónica Cruz, que también es actriz y se parecen un montón.
>
> **Irene:** ¡No me digas! ¡Son idénticas!
>
> **Paula:** Ya ves, incluso en una peli de la saga *Piratas del Caribe* Mónica hizo de doble de su hermana.
>
> **Irene:** Pues sí que se parecen: las dos son guapas, ricas, (h) ....…

4 **Complete the sentences with the correct information about Penélope Cruz.**

a. .... una serie sobre una escuela de baile.

b. Las dos hermanas se parecen ....

c. Penélope colaboró en un ....

d. Mónica fue .... de su hermana en una película.

5 👥 **Here are some questions from the interview that Paula read. Answer the questions as Penélope Cruz would, according to the information above. Then, with a partner, take turns playing the role of Penélope and the interviewer.**

a. Penélope no es un nombre muy común, ¿por qué te lo pusieron?

b. ¿Tu familia te llama de alguna forma especial? ¿Por qué?

c. ¿Es verdad que te gusta mucho cantar y bailar?

d. ¿Cómo es la relación con tu hermana?

e. .¿Es cierto que realizas acciones solidarias?

f. ¿Hablas idiomas?

Penélope Cruz en el Festival de Cannes (Foto: Denis Makarenko, 2018)

COMUNICA

■ To talk about interesting facts or trivia use:

- **¿Sabías que...?** *Did you know . . . ?*
- **¿Sabes...?** *Do you know . . . ?*

- **Dicen que...** *They say that . . .*
- **Cuentan que...** *They say that . . .*

■ To react or show interest, use the following expressions:

- **Cuenta, cuenta...** *Tell me, tell me . . .*
- **¿De verdad?** *Really?*

- **¡No me digas!** *No way!*
- **¡Qué curioso!** *How interesting / strange!*

1 〜61 **Listen to these conversations and fill in the blanks with words from the list. Then match the conversations with the images.**

> sabes o de verdad o cuenta, cuenta o qué curioso o sabías que o cuentan que

a. Elena: ¿(a) .... el **Chupa Chups** lo inventó un español?

Javier: ¿(b) ....?

Elena: Sí, se llamaba Enric Bernat y tuvo la idea de colocarle un palo *(stick)* a un caramelo porque veía que los niños se ensuciaban *(dirty)* las manos. Se hizo tan popular que hoy en día podemos encontrarlo en cualquier parte del mundo.

b. Irene: ¿(c) .... cuál es el origen de la **siesta**?

Jorge: No, (d) ....

Irene: Pues se trata de una antigua costumbre de guardar reposo y silencio después del mediodía, al ser la hora de más calor. Por eso, entre las tres y las cinco de la tarde, no está bien visto en España llamar a nadie por teléfono.

c. Alicia: ¿Sabes qué es un **botijo**?

Marta: ¿Un botijo? No, cuenta, cuenta...

Alicia: Es un recipiente de barro *(clay)* cocido que sirve para contener agua, y si lo colocas al sol el agua se enfría.

Marta: ¡(e) ....!

Alicia: Sí, (f) .... procede del tiempo en el que los romanos dominaban la península ibérica.

2 👥 **Using your own experiences (real or imaginary) and the expressions above, tell your partner about an incident that happened relating to each of the images. Your partner will react to your story.**

Estudiante 1	Estudiante 2

DESCRIBING PERSONAL EXPERIENCES

- To ask about personal experiences use the following:

  ¿Has estado **alguna vez** en Panamá?
  Have you ever been to Panama?

  ¿Has comido **alguna vez** chiles rellenos?
  Have you ever eaten chiles rellenos?

- To respond in the affirmative:

  Sí, he estado **muchas veces** / **varias veces** / **dos veces** / **una vez**... en Panamá.

  Sí, he comido **muchas veces** chiles rellenos.

- To respond in the negative:

  No, no he estado **nunca** en Panamá, or No, nunca.

  No, no he comido **nunca** chiles rellenos, or No, nunca.

- When you want to express an action that has been completed, use the expression:
  Ya he comido. *I have already eaten.*

- When you have the intention of doing something, but you have not done it yet, use the expressions:
  Todavía / **Aún no** he comido. *I haven't eaten yet.*

Todavía no he comido.

Ya he comido.

! In Spanish, **ya**, **todavía**, and **aún** can be placed before or after the verb. But, in contrast to English, they can never be placed between the auxiliary verb and the preterite:
Ya he comido chiles rellenos. He comido **ya** chiles rellenos.

3 👥 **Interview your partner about the following things and ask if he / she has already done them. If so, mention how many times and, if not, use *nunca* or *todavía no*.**

Modelo: E1: ¿Has ido alguna vez a un concierto?
E2: Sí, he ido dos veces, ¿y tú?

Plantar un árbol

Viajar en barco

Enamorarse

Aprender a tocar un instrumento

Tener una mascota

Aprender álgebra

Escalar una montaña

Cruzar el Atlántico

Hacer un viaje sin padres

Hacer submarinismo

Leer novela histórica

Ganar un premio

💻 **MORE IN ELEteca** | EXTRA ONLINE PRACTICE

¡ACCIÓN! REVISTA PARA GENTE CHISMOSA

ANTES DEL VIDEO

1 👥 **Arrange the images in the order you think they will occur. Then write a sentence in the preterite for each image.**

Primera imagen: ....

Segunda imagen: ....

Tercera imagen: ....

Cuarta imagen: ....

Quinta imagen: ....

Sexta imagen: ....

2 👥 **What do you think was happening between Eli and Sebas? Write a paragraph explaining your opinion and provide supporting evidence. Exchange papers with a partner to see whether you are thinking along the same lines.**

....

....

DURANTE EL VIDEO

3 **Watch the entire episode and indicate whether the statements are true (T) or false (F).**

	T	F
a. Eli y Sebas están en casa de su abuela.	☐	☐
b. Eli no tiene que estudiar.	☐	☐
c. Sebas piensa que Eli está perdiendo el tiempo.	☐	☐
d. Eli cree que las revistas del corazón tienen noticias interesantes.	☐	☐
e. Sebas pasa mucho tiempo viendo la televisión.	☐	☐
f. Sebas habla con Felipe por teléfono para encontrarse con él.	☐	☐
g. A Sebas también le gustan las revistas del corazón.	☐	☐

4 **Who says the following things in the episode? Eli or Sebas?**

   a. "A nadie le debe interesar la vida de los famosos".

   b. "Leer revistas es perder el tiempo".

   c. "A veces en las revistas se descubren escándalos sobre políticos".

   d. "Tú pierdes el tiempo jugando a los videojuegos".

   e. "Las revistas son para gente boba".

5 ⊂▭⊃ **Watch the following segment and answer the questions.**
02:50 - 04:15

   a. ¿De qué actriz es el reportaje que está viendo Sebas?

   b. ¿Dónde está la actriz?

   c. ¿Qué es lo que más le gusta a Sebas de las fotos?

   d. ¿Con quién está la actriz?

6 **Arrange the sentences in the order in which they appeared. Then match them to the images on page 204.**

   a. Sebas aprovecha para hojear la revista y contar por teléfono los detalles de un reportaje a su amigo Felipe.

   b. Sebas se sienta junto a ella y le aconseja no leer revistas de ese tipo.

   c. Eli se enfada y abandona el salón dejando la revista en el sofá.

   d. Eli está en el sofá leyendo una revista cuando llega su hermano Sebas.

   e. Eli parece muy molesta por las palabras que utiliza su hermano.

   f. Eli regresa y descubre que su hermano está leyendo sus revistas a escondidas.

   1. _d, imagen 1_   **2.** ....   **3.** ....   **4.** ....   **5.** ....   **6.** ....

DESPUÉS DEL VIDEO

7 **What can you conclude from this episode? Select only one of the options below.**

   a. Los hermanos y otros miembros de la familia discuten habitualmente.

   b. A los jóvenes les interesan mucho las revistas del corazón.

   c. Las revistas del corazón interesan a todo tipo de gente.

   d. La vida privada de los famosos no debería salir en las revistas.

   e. Sebas esconde su interés por las revistas porque cree que es algo malo.

   f. El interés por la vida de los famosos no es una cuestión de géneros ni de edad.

   g. A los jóvenes normalmente les gusta perder el tiempo.

8 👥 **Check your answer with your classmates. Do you agree?**

📁 **MORE IN ELEteca** | EXTRA ONLINE PRACTICE

1 Read the following text and fill in the blanks with a word from the list below.

> teléfono ○ televisión ○ mensajes de texto ○ juegos de mesa ○ computadora ○
> videojuegos ○ Facebook y Twitter ○ culturales ○ Internet ○ hacer deporte

Un reciente estudio realizado a los jóvenes españoles de entre quince y dieciocho años sobre sus prioridades en la vida concluye que el tiempo libre es una de sus prioridades y son la primera generación de españoles que dedica más tiempo a (a) .... que a la televisión. Los (b) .... son otro de sus pasatiempos.

Las actividades que más practican son: usar la (c) ...., escuchar música o la radio, salir o reunirse con amigos y ver la (d) .... En segundo lugar se sitúan actividades como ir a discotecas, (e) ...., asistir a conciertos o leer libros. En último lugar se encuentran actividades como visitar museos o exposiciones, colaborar con una ONG o asistir a conferencias.

Atrás quedaron algunos de los más populares (f) .... de otros tiempos, como el parchís, la oca o las cartas.

En general, lo que más les gusta es salir del entorno familiar y estar con los amigos, ya sea presencialmente o mediante redes sociales como (g) ...., y lo que menos practican son las actividades (h) .... porque las consideran actividades escolares y no de ocio.

Lo que más diferencia a los nuevos adolescentes es el uso de las nuevas tecnologías, principalmente las interactivas, motivo por el que Internet y el (i) .... celular están desplazando a la televisión y los (j) .... al correo electrónico.

Pero, aunque la adolescencia tiene mala fama y algunas personas dicen que los jóvenes no tienen principios ni control, según el psiquiatra Luis Rojas Marcos la mayoría de ellos son bondadosos, curiosos, inquietos y altruistas.

2 🔊62 Now listen to the audio and check your answers.

3 👥 With a partner, complete the chart with examples from the text above and other activities you know that fit the topics.

Juegos de mesa	Nuevas tecnologías (actividades)
dominó, Trivial,	chatear,

Actividades al aire libre	Actividades educativas
montar a caballo, rafting,	talleres,

4 👥 Answer the following questions about the reading. Then, in small groups, discuss your answers. Be prepared to present your information to the class.

a. ¿Te sientes identificado/a con el texto? ¿Por qué?

b. ¿Cuáles son tus hábitos de tiempo libre?

c. ¿Se parecen los jóvenes españoles y los de tu país? ¿En qué sí y en qué no?

5 Volunteering is another way in which teenagers spend their free time. Select the letter of the correct action below to complete the captions under each image.

a. ayuda humanitaria
b. una residencia de adultos mayores
c. la recolección de alimentos y ropa
d. un comedor público
e. dar clases privadas
f. la rehabilitación de casas
g. recaudar fondos
h. recoger basura

.... de las calles y los parques.　Servir comida en ....　Participar en ....　Trabajar como voluntario/a en ....

Colaborar en ....　..................... para una ONG.　Ofrecer ....　......................

ONG = Organización No Gubernamental (NGO)

6 🎙63 Listen to this group of students talk about their volunteer experiences over the summer. Then answer the questions below.

a. ¿Qué hacía Sonia en la residencia de ancianos?
b. ¿Qué es lo que más le gustaba a Tomás de su trabajo de voluntario?
c. ¿Por qué trabaja como voluntario Darío?

FROM THE corpus
In Mexico and Central America, **residencia de adultos mayores** is used. In Colombia, **hogar de abuelitos** and **residencia de la tercera edad** in Spain.

7 👤👤👤 Tell your class about what volunteer activities you have participated in and the kinds of things you would do as a volunteer.

¿Qué tipo de trabajo voluntario has hecho?	¿Qué hacías?
He trabajado como monitor (counselor) en un campamento de verano.	Jugaba al ajedrez con los niños, íbamos de excursión, daba clases privadas...

 Use the imperfect to describe repeated actions in the past:
ayudaba, ayudabas,...　　**servía, servías,...**

8 👤👤👤 Ask four classmates about their volunteer activities. Record their names and responses in a chart. Then summarize the results of your interviews to see what activities are the most popular.

Modelo: Muchos en mi grupo...

Nombre	Tipo de trabajo voluntario	¿Qué hacía?

9 Trivia games (*curiosidades*), whether on television or in class, are always popular. Match each word with its definition.

1. inventar
2. desembarcar
3. creador
4. conseguir
5. pico
6. lograr

a. Llegar a un lugar en barco con la intención de iniciar una actividad.

b. Sinónimo de *conseguir* y *alcanzar*.

c. Alcanzar lo que se pretende o desea.

d. Cumbre, punto más alto de una montaña.

e. Persona que hace algo nuevo o encuentra una nueva manera de hacer algo.

f. Idear algo nuevo artística o intelectualmente.

10 The following questions contain each of the words from Activity 9. Work with a partner to check that you selected the correct definitions above. Use context clues to help you.

a. ¿Sabes con qué otro nombre se conoció al creador del *Quijote*, Miguel de Cervantes?

b. ¿Con el gol de qué futbolista consiguió la selección española de fútbol ganar el Mundial de Sudáfrica? ¿Contra qué selección jugaban?

c. ¿Qué actor español de fama internacional logró ganar un Óscar? ¿Con qué película?

d. ¿Sabes quién inventó el submarino?

e. ¿Sabes cuál es el pico más alto de América del Sur y dónde se encuentra?

f. ¿En qué isla desembarcó Colón en su primer viaje al Nuevo Mundo?

11 ⬤─64 Let's play. How good are you at trivia? In the boxes below, write the letter of the question above that corresponds to the correct trivia card. Then take turns choosing a category and answering the trivia questions with a partner. Listen to the audio to check your answers. Who was the winner?

Historia
• Pregunta: ☐
• Respuesta:

Geografía
• Pregunta: ☐
• Respuesta:

Arte y literatura
• Pregunta: ☐
• Respuesta:

Cine y espectáculos
• Pregunta: ☐
• Respuesta:

Ciencia
• Pregunta: ☐
• Respuesta:

Deportes
• Pregunta: ☐
• Respuesta:

📁 **MORE IN ELEteca** | EXTRA ONLINE PRACTICE

1. CONTRASTING THE IMPERFECT AND THE PRETERITE

The imperfect

- Recall that we use the imperfect to describe ongoing or habitual actions in the past. It describes:

  - What used to be:
  Julio **trabajaba** de monitor todos los veranos. *Julio used to work as a counselor every summer.*

  - What was going on at a certain time:
  Ana **escribía** mensajes de texto mientras **veía** la televisión. *Ana was texting while she was watching television.*

  - What was happening (provides the background information in a story):
  Era muy idealista y **quería** ayudar a los más necesitados. *She was very idealistic and wanted to help the needy.*

- **Time expressions** used with the imperfect:

  - Todos los días / años / veranos...

  - Antes...

  - Siempre / a menudo...

  - Muchas veces / a veces...

The preterite

- The preterite tense is used to talk about specific actions that began and ended at a fixed point in the past. It describes:

  - A series of completed actions:
  Ayer **vimos** una película y después **fuimos** a cenar. *Yesterday, we watched a movie and then went out for dinner.*

  - What happened (main actions and events):
  El verano pasado **trabajé** en un campamento de verano. *Last summer, I worked at a summer camp.*
  De repente, **oí** un ruido extraño y **empecé** a correr. *Suddenly, I heard a strange noise and started to run.*

- **Time expressions** used with the preterite:

  - La semana / primavera... pasada

  - El fin de semana / año / mes... pasado

  - Hace tres días / dos años...

  - Ayer / anoche / el otro día...

  - En verano / otoño / 1980...

  - Una vez...

---

1 Complete the text about José Luis's volunteer experience last summer with the correct preterite form of a verb from the list.

> cambiar ○ conocer ○ crear ○ donar ○ organizar ○ pintar ○
> plantar ○ poder ○ reciclar ○ recoger ○ ser ○ trabajar

El verano pasado José Luis (a) .... de voluntario varias semanas en el parque de su barrio. Con el dinero que (b) .... los comercios del barrio, José Luis (c) .... comprar plantas y latas de pintura. Después (d) .... un grupo de voluntarios para ayudarlo. El primer día todos (e) .... toda la basura del parque y (f) .... los plásticos. Después, un grupo (g) .... flores, árboles, arbustos y plantas, y otro (h) .... un mural en una de las paredes. El parque (i) .... completamente de aspecto. Además, (j) .... una experiencia muy buena para José Luis. (k) .... a mucha gente y entre todos (l) .... un espacio bonito para su comunidad.

2 👥 Write a paragraph about each photo, describing what is going on. Include the following information about each and use the clues as a guide. ¡Atención! What tense will you be using, preterite or imperfect? Exchange papers with a partner and discuss.

- when was it ➡ **ser**
- how many people were there ➡ **haber**
- who were they ➡ **ser**

- where were they ➡ **estar**
- what were they doing ➡ **acción**
- how were they feeling ➡ **estar / tener**

3 👥 With a partner, use elements from all three columns to describe a camping vacation you took with friends. ¡Atención! Be sure to use the correct form of the imperfect or the preterite. Present to the class the events in chronological order.

Modelo: Un día, un grupo de amigos y yo fuimos de excursión a la montaña.

¿Cuándo?	¿Quién?	¿Qué?
• por las tardes	• un grupo de amigos y yo	• ir de excursión a la montaña
• un día	• yo	• dormir en tiendas de campaña
• a menudo	• Paquita y Rosa	• nadar en el lago
• por primera vez	• José	• tomar el sol
• muchas veces		• ver unos ciervos (deer) cerca del campamento
• el primer día		• hacer una hoguera (campfire)
• de repente		• asar hamburguesas en la barbacoa
• por las mañanas		• jugar al Monopolio y otros juegos de mesa
• el último día		• contar historias de miedo

4   **Read the strategy box and organize the sentences in Activity 3 into a logical order to create a journal entry about your trip. Be sure to include additional information about what you did and what the experience was like for you. Using your multi-paragraph journal entry as a reference, describe to the class your personal experiences on this trip.**

Put the information about the experience you are going to talk about in a logical sequence. This will help you choose the correct adverbs of time in order to use the imperfect and preterite correctly. In this way you will become familiar with the structure and use of adverbs of time in the past.

2. INDEFINITE PRONOUNS AND ADJECTIVES

■ Use indefinite pronouns and adjectives to refer to an unspecified person or thing.

PRONOUNS

People	Things
alguien ≠ nadie	**algo ≠ nada**

People

alguien ≠ nadie

» *¿Alguien sabe dónde está mi teléfono? Does anybody know where my phone is?*

» *No, nadie. No, no one (nobody).*

Things

algo ≠ nada

» *¿Quieres algo de comer? Do you want something to eat?*

» *No quiero nada, gracias. I don't want anything, thank you.*

PRONOUNS

People and things

■ Some indefinite pronouns have masculine and feminine forms as well as singular and plural forms, and as such must agree with the nouns they replace:

- **alguno/a/os/as** *some, any*
- **ninguno/a** *none, not any*

  Ninguno *de los vasos está roto. None of the glasses is broken.*

  » *¿Hay algún estudiante de Francia? Is there any student from France?*

  » ***Ninguno.*** *None.*

Algunos *de mis amigos hablan francés. Some of my friends speak French.*

ADJECTIVES

People and things

■ Like most other adjectives, indefinite adjectives agree in number and gender with the nouns they modify:

- **algún / alguna / algunos / algunas** *some, any*
- **ningún / ninguna** *no, none, not any*

  No hay ningún estudiante de Francia. There is no student from France.

  Tengo algunos libros que te van a gustar. I have some books that you will like.

❗ The plural forms **ningunos / ningunas** are rarely used as adjectives, only **ningún** and **ninguna**.

■ If negative words such as **nada** and **nadie** follow the verb in a sentence, **no** or another negative word must precede the verb:

» *¿Compras esos zapatos?* *Are you buying these shoes?*

» *No, **no** compro **nada**.* *No, I'm not buying anything.*

» *¿Hay alguien allí?* *Is anyone there?*

» *No, **no** hay **nadie**.* *No, there isn't anyone. / There is no one.*

» *¿Están todos los estudiantes en clase?* *Are all the students in the class?*

» *No, **no** hay **ninguno** / **nadie**.* *No, there isn't anyone. / There is no one.*

5 **Match the opposite expressions. Then complete the sentences with a word that matches its opposite in the sentence. ¡*Atención*! Remember that adjectives and pronouns must agree with the noun.**

1. alguna   a. ningún
2. algún   b. nada
3. alguien   c. ninguno
4. alguno   d. ninguna
5. algo   e. ninguna
6. algunas   f. nadie

a. Algunos fueron a protestar, pero .... volvió contento.

b. Alguien llamó por teléfono, pero .... contestó.

c. Ninguno de los voluntarios pidió dinero, pero .... pidieron menos horas.

d. Algunos de los mensajes de texto no llegaron, pero .... texto era para mí.

e. No conocemos a ninguna de tus amigas. Debes invitar a .... a casa.

6 **Arturo had a terrible experience at David's birthday party. Complete his description using *nada, nadie* or *ninguno/a*.**

El fin de semana pasado fui a la fiesta de David. La fiesta fue un desastre porque no conocía a (a) .... y (b) .... me hablaba. Tenía hambre pero no había (c) .... de comer. Vi a una muchacha con un plato de tacos, pero no me ofreció (d) .... Decidí salir de allí, pero no encontraba (e) .... puerta de salida. Cuando preguntaba dónde estaba la puerta, no me contestaba (f) .... No quería ayudarme (g) .... de los invitados. Estaba desesperado, cuando de repente oigo a David que me dice: «Vamos, que es hora del almuerzo». Entonces me despierto y veo que estoy en clase y no en (h) .... fiesta.

7 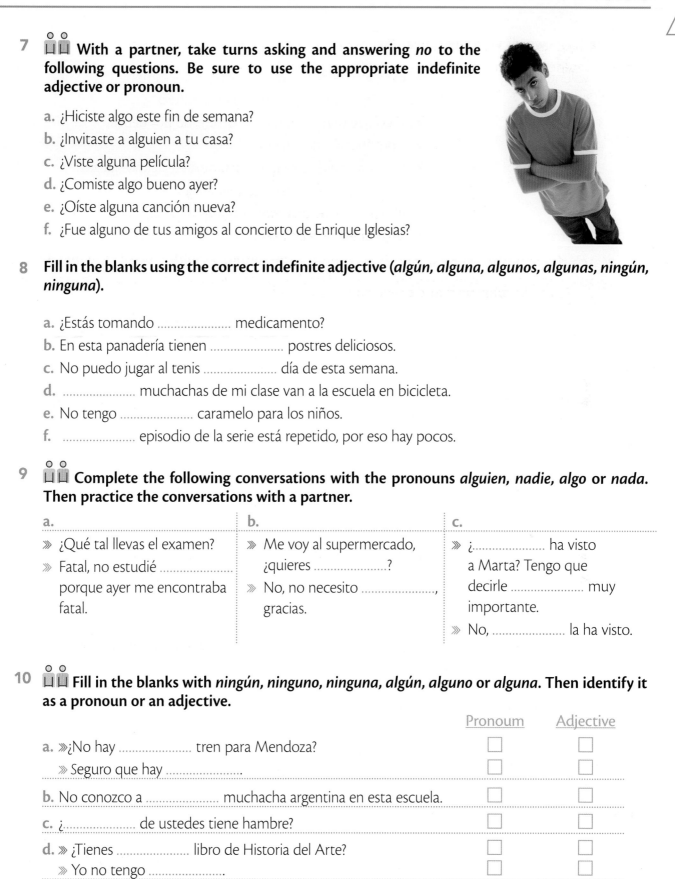 With a partner, take turns asking and answering *no* to the following questions. Be sure to use the appropriate indefinite adjective or pronoun.

a. ¿Hiciste algo este fin de semana?

b. ¿Invitaste a alguien a tu casa?

c. ¿Viste alguna película?

d. ¿Comiste algo bueno ayer?

e. ¿Oíste alguna canción nueva?

f. ¿Fue alguno de tus amigos al concierto de Enrique Iglesias?

8 Fill in the blanks using the correct indefinite adjective (*algún, alguna, algunos, algunas, ningún, ninguna*).

a. ¿Estás tomando .... medicamento?

b. En esta panadería tienen .... postres deliciosos.

c. No puedo jugar al tenis .... día de esta semana.

d. .... muchachas de mi clase van a la escuela en bicicleta.

e. No tengo .... caramelo para los niños.

f. .... episodio de la serie está repetido, por eso hay pocos.

9 Complete the following conversations with the pronouns *alguien, nadie, algo* or *nada*. Then practice the conversations with a partner.

a.	b.	c.
» ¿Qué tal llevas el examen?	» Me voy al supermercado, ¿quieres ....?	» ¿..................... ha visto a Marta? Tengo que decirle .... muy importante.
» Fatal, no estudié .... porque ayer me encontraba fatal.	» No, no necesito ...., gracias.	» No, ... la ha visto.

10 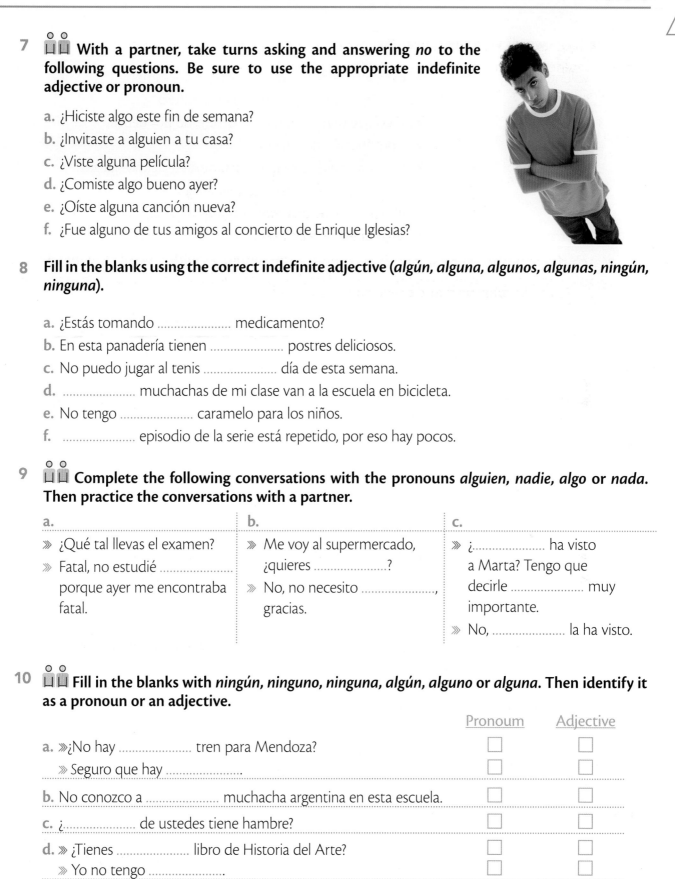 Fill in the blanks with *ningún, ninguno, ninguna, algún, alguno* or *alguna*. Then identify it as a pronoun or an adjective.

	Pronoum	Adjective
a. »¿No hay .... tren para Mendoza?	☐	☐
» Seguro que hay	☐	☐
b. No conozco a .... muchacha argentina en esta escuela.	☐	☐
c. ¿..................... de ustedes tiene hambre?	☐	☐
d. » ¿Tienes .... libro de Historia del Arte?	☐	☐
» Yo no tengo	☐	☐

MORE IN ELEteca | EXTRA ONLINE PRACTICE ◆ **GRAMMAR TUTORIALS 13 AND 14**

1 **Match the words with their meaning.**

1. voluntario/a
2. lazo
3. recurso
4. ancestral
5. aporte
6. cosecha
7. bote
8. ahorro

a. Conjunto de frutos que se recogen del campo.
b. Dinero guardado para usarlo en el futuro.
c. Algo que se hace porque se quiere, no por deber.
d. Contribución de dinero.
e. Cantidad de dinero que se acumula en algunos juegos.
f. Medio que se usa para conseguir algo.
g. Procedente de una tradición muy antigua.
h. Algo que une a las personas.

2 65 **Read this blog post and check your answers.**

BLOG: Mita, Minga y Pasanaku, prácticas solidarias andinas

La solidaridad es un valor y un sentimiento humano presente en todas las culturas del planeta. La entendemos como una ayuda que se da de forma desinteresada, sin recibir nada a cambio. Esta ayuda es siempre voluntaria y, con ella, se consigue establecer fuertes lazos de unión entre quienes la dan y aquellos que la reciben. Las personas que se unen para ofrecer su tiempo o sus recursos, además de tener un objetivo común, comparten sentimientos y esto es, quizá, lo más importante.

En los Andes son conocidas algunas formas tradicionales de solidaridad; prácticas ancestrales que aún existen en nuestros días. Vamos a hablar de las tres más significativas para conocer cómo se ha entendido desde la antigüedad la solidaridad en esa parte de América.

Mita es el trabajo voluntario que muchas personas realizan como un aporte a su comunidad. Se trata de colaborar en algunas obras públicas como mantener caminos o recoger basura, por ejemplo. Es un donativo de tiempo y energía para el bien común.

Minga es el trabajo cooperativo de amigos y vecinos que se reúnen para ayudar a alguno de ellos; por ejemplo, para recoger la cosecha o para reparar el techo de su casa. Es una forma divertida de colaborar porque se finaliza siempre con una fiesta que organiza quien recibe la ayuda.

Pasanaku consiste en un sistema de financiación sin la mediación de los bancos. Amigos y conocidos se reúnen y cada uno hace un aporte de dinero. Se crea, de esta manera, un bote que se sortea (*raffles*). El que gana invita al almuerzo y ya no entra al siguiente sorteo, pero sigue aportando. De esta forma todos reciben dinero en alguna ocasión. Para quienes consiguen el bote de primeros es un crédito y para los últimos un ahorro. Cuando alguien del grupo tiene una emergencia, recibe el dinero inmediatamente.

Estas prácticas solidarias fortalecen los lazos de amistad y confianza entre los participantes, pues, con el esfuerzo compartido, las tareas se terminan antes y se hace mucho más llevadero (*easier*) y agradable el trabajo.

 **María Luisa Garnelo** *Periodista boliviana licenciada en Ciencias Políticas. Ha trabajado en Canal 5 TV y otros medios.*

3 Look at the images and relate them to the practices you read about in Activity 2 to understand and identify the main idea of the reading. Compare your answers with your partner.

mita ○ minga ○ pasanaku

Puerto Suárez
(Foto: Julian Peters Photography)

4 One of the three practices is also considered a game. Which one do you think it is? Justify your answer.

5 Answer these questions about the text.

a. Según el texto, ¿qué es la solidaridad en general?

b. ¿Qué significa esta palabra según la tradición de los Andes?

c. Cómo amplía la autora esta definición tradicional de la palabra *solidaridad*? ¿Qué ejemplos usa para desarrollar esta idea?

6 Using this map of Latin America, locate the areas where these practices of solidarity take place, in your opinion.

7 Using the Internet, find more information about the history of these practices and answer the following questions.

a. ¿Cuál es la más antigua?

b. ¿En qué países se siguen realizando?

c. ¿Cambiaron o se hacen igual ahora que antes?

8 ¿Do you know of any examples of community assistance? How are these different than what is described in the article? Present your examples and ideas to your classmates.

215

TALLER DE ESCRITURA

1 Look at the following images. They represent activities of solidarity that an NGO has organized this month. What kind of NGO do you think it is? Discuss your ideas with your classmates.

2 Match the images above with these activities.

1. ☐ Hacer una colecta de juguetes.
2. ☐ Recaudar fondos.
3. ☐ Organizar un concierto solidario.
4. ☐ Repartir los juguetes entre los centros de acogida.

3 Look at the images again and enhance each description with more details. Use these questions as a guide.

a. ¿Qué tipo de juguetes consiguieron recoger?
b. ¿A qué centro de acogida entregaron el material?
c. ¿Cómo recaudaron fondos?
d. ¿Para qué organizaron un concierto benéfico?

4 Read the writing strategy. Then write a draft of a proposal to your teacher to be part of the volunteer program shown in Activities 1 and 2.

Follow these steps to **write a proposal**:

1. **Organize** the information in **3 paragraphs**.
2. **Explain the reason** for your e-mail **in the first paragraph**. In this case your are informing your teacher about your intention to participate in a toy drive.
3. In the next paragraph **give information about the NGO** (What kind is it?, Where does it operate?, etc.).
4. In the final paragraph, **expand the information you are presenting** by providing details (in this case the activities in which you want to participate or the activities you are proposing). Use phrases such as: *a continuación presentamos, seguidamente vamos a presentar...*
5. **Draw attention** to essential details by using one of these transitional phrases: *en primer lugar, en segundo lugar, además, por último, finalmente...*
6. **Present** the proposal beginning with the information that is **most important** (your intention to participate in that NGO) and **expanding it with important details** (secondary information: why, how and when you want to participate).

Motivo del correo:	
Descripción de la ONG:	
Enlace con las actividades en las que quieren participar o proponer:	
Información principal de cada párrafo:	
Información secundaria de cada párrafo:	

5 PEER REVIEW **Exchange drafts with a partner. Answer the questions and discuss them with your partner.**

a. Circle the introductory paragraph. Does it explain the reason for the correspondence? Is it general?

b. Has he/she used transitional words and phrases from one paragraph to the next?

c. Number each paragraph. Underline the expressions used to organize and introduce each paragraph.

d. Underline the different activities your partner has suggested to participate in. Are they the same ones you chose?

e. Underline the most important information in each paragraph.

f. Underline a detail in each paragraph. Do all of the paragraphs add information?

6 **Use the peer review to edit your proposal. Edit your spelling, grammar, punctuation, and organization. Publish your final version.**

ORTOGRAFÍA Y PRONUNCIACIÓN La entonación en las frases enunciativas e interrogativas

1 🔊 66 **Listen carefully to the following sentences and repeat after the speaker.**

Declarative statements have the following basic form of intonation:

- Jaime quiere ir a la playa.

Interrogatives have two basic forms of intonation:

- ¿Quieres algo? - ¿Dónde vives?

2 🔊 67 **Listen to the following sentences with *porque* and *por qué*. For each one, indicate whether it's an interrogative (I) or a declarative statement (D).**

a. ☐ I ☐ D   b. ☐ I ☐ D   c. ☐ I ☐ D   d. ☐ I ☐ D

- **¿Por qué?** is used to ask the question (*why*). It is written as two separate words with a written accent on the **e**. It is pronounced with the stress on the **e**.
- **Porque** is used to answer (*because*). It is written as one word without a written accent. The stress is on the **o**.

MORE IN ELEteca | EXTRA ONLINE PRACTICE

HISTORIAS MARAVILLOSAS

LOS TOP 5 DE...

HISTORIAS CURIOSAS DE LATINOAMÉRICA

Animales fantásticos, volcanes tristes y personajes misteriosos... ¡Las historias de la región son increíbles!

Los países hispanoamericanos son ricos en tradiciones y en imaginación. Para explicar el origen del mundo y los fenómenos naturales, las culturas prehispánicas imaginaron historias maravillosas. En muchas de ellas los animales de la región como el jaguar, el quetzal y la llama, son los protagonistas.

✓ El jaguar es el felino más grande de América. Era un animal sagrado (sacred) para las culturas precolombinas, ya que simbolizaba el poder y la fuerza. Es protagonista de muchas leyendas. Una de ellas cuenta que el jaguar saltó (jumped) al cielo para agarrar el sol, pero el águila (eagle) se lo quitó. Los dos animales pelearon y, al día siguiente, el jaguar despertó con manchas (spots) en la piel, resultado de las quemaduras (burns) del sol.

Escultura en piedra de un jaguar, en Chichén Itzá, México

✓ El quetzal es el pájaro nacional de Guatemala. Tiene plumas (feathers) coloridas y una larga cola (tail). En la época prehispánica sus plumas eran tan valiosas que se usaban como moneda (currency). Una de las leyendas dice que, cuando los indios lucharon (fought) contra los conquistadores españoles, hubo un río de sangre (blood). El quetzal bajó de los árboles a mirar y parte de sus plumas verdes se volvieron rojas por la sangre.

✓ La llama es un animal muy importante en la zona de los Andes. Está presente en la vida diaria: se usa para el transporte, por su lana y por su carne. Los antiguos habitantes de la región llamaron "Yakana" (la llama) a una de las constelaciones en la parte sur de la Vía Láctea (Milky Way). De acuerdo con la leyenda, Yakana vive en el cielo y el 28 de octubre (cuando la constelación está cerca del horizonte) baja la cabeza y bebe el océano.

Fuentes: sitio web oficial del Ministerio de Cultura y Deportes de Guatemala; Agencia Andes, www.pressenza.com.

Dos niños andinos con llamas bebé

El jaguar es un símbolo de fuerza y poder.

El quetzal es el pájaro nacional de Guatemala.

¡Qué interesante!

El volcán Cuicocha, a ciento veinte kilómetros de Quito, en Ecuador, está considerado activo en potencia. Hay una leyenda (legend) sobre él: Cuicocha era un volcán joven, impulsivo y lleno de energía. Era el hijo de otros dos volcanes del país: Pichincha (el padre) y Cotachachi (la madre). Cuando sus padres se separaron, el joven volcán entró en erupción y desapareció. Su madre, muy triste, lloró tanto por su hijo que creó la laguna de Cuicocha.

Fuente: Diario *El Comercio*, Ecuador, octubre de 2018.

El volcán Cuicocha, en Ecuador

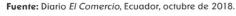

Mi experiencia

68

"Mi nombre es Katia y me interesa la arqueología. Vivo muy cerca del lago Titicaca. Este enorme lago está entre Bolivia y Perú. Era un lugar sagrado *(sacred)* para los incas y otras culturas prehispánicas andinas. En el lago hay muchas islas. Para ir de una isla a la otra se usan botes *(boats)* hechos de totora, una planta acuática de la zona.

De acuerdo con la leyenda, el lago se formó con las lágrimas *(tears)* del dios Inti, que estaba triste porque los hombres eran desobedientes.

Desde 2013, arqueólogos y buzos *(divers)* belgas y bolivianos localizaron en el lago miles de objetos como vasijas, piezas de oro *(gold)*, cerámica… de una antigua civilización andina. El gobierno boliviano y las Naciones Unidas financian un museo submarino que abrirá en el 2020. ¡Se podrá ver la ciudad preinca de Tiahuanaco a través *(through)* de paredes de cristal!".

Fuente: *BBC Mundo*, La Paz, diciembre de 2018.

Katia, sentada en una estructura de totora.

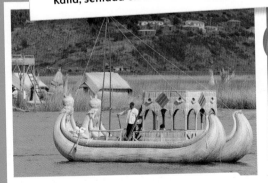

Un bote de totora en el lago Titicaca

¿COMPRENDISTE?

Indicate true, false, or not stated.

1. El quetzal se usa como medio de transporte. T ☐ F ☐ NS ☐

2. La leyenda dice que el jaguar se quemó con el sol. T ☐ F ☐ NS ☐

3. Los pueblos andinos prehispánicos veían una llama en el cielo. T ☐ F ☐ NS ☐

4. Hay una ciudad antigua cerca del lago Titicaca. T ☐ F ☐ NS ☐

5. La Llorona existe solamente en México. T ☐ F ☐ NS ☐

AHORA TÚ

What's it like for you? Answer these questions. Discuss in class.

1. ¿El águila es un animal importante en EE.UU.? ¿Qué valores representa?

_____

2. Después de leer las leyendas de estas páginas, ¿cuál es tu favorita y por qué?

_____

3. ¿Qué historias o leyendas de terror, similares a la Llorona conoces?

_____

4. Investiga sobre una leyenda relacionada con un lugar cercano a donde vives. Prepara un resumen.

 LEYENDAS DEL LAGO TITICACA

Una versión ilustrada del fantasma de la Llorona

El rincón de la mitología LA LLORONA

El mito de la Llorona existe en muchos países hispanoamericanos. Algunos detalles *(details)* son diferentes de acuerdo con la región, pero la historia es muy similar. La Llorona es, en teoría, el fantasma *(ghost)* de una mujer llamada María. Después de una tragedia María pierde *(loses)* a sus hijos. Desde entonces va vestida de blanco y llorando de noche.

Fuente: *La Prensa Perú*, 22 de octubre de 2018.

¿QUÉ HE APRENDIDO?

1 **Complete the following expressions with the missing vowels.**

a. ¿S[ ]b[ ]s q[ ]...?

b. C[ ]nt[ ]n q[ ]...

c. ¡Q[ ] c[ ]r[ ]s[ ]!

d. ¡N[ ] m[ ] d[ ]g[ ]s!

e. ¿D[ ] v[ ]rd[ ]d?

f. C[ ]nta, c[ ]nt[ ]...

2 **Match the following trivia to its corresponding trivia card.**

1. Los dinosaurios se extinguieron hace más de sesenta y cinco millones de años por un meteorito que cayó en la península de Yucatán.

2. Venezuela quiere decir "pequeña Venecia" y los españoles le pusieron este nombre al país porque las construcciones de los indígenas en el lago Maracaibo les recordaban a los canales de Venecia.

3. El apellido más popular en España es García. Lo llevan un millón y medio de personas. En Estados Unidos lo llevan casi un millón.

4. En Jalisco, México, hay un árbol que se llama "mariachi". Con su madera se hacen guitarras. Por eso, los guitarristas de canciones tradicionales mexicanas se llaman "mariachis".

Curiosidad n.º: [ ]

a. La Tierra estuvo varios meses en la oscuridad.

Curiosidad n.º: [ ]

b. Los apellidos hispanos más comunes en EE. UU. son: García, Rodríguez, Martínez, Hernández, López y González, y se cuentan entre los veinticinco nombres prinicipales de todo el país.

Curiosidad n.º: [ ]

c. Otra teoría dice que el nombre es autóctono y correspondía al nombre que los indígenas daban a una zona.

Curiosidad n.º: [ ]

d. Las canciones se llaman "rancheras".

3 **Give examples of activities relating to each category.**

a. Juegos de mesa ➡ ....

b. Actividades al aire libre ➡ ....

c. Nuevas tecnologías ➡ ....

d. Actividades educativas ➡ ....

e. Actividades solidarias ➡ ....

4 **Choose the correct verb form in each sentence.**

a. El jueves pasado **venían** / **vinieron** mis primos de Colombia.

b. Cuando **estaba** / **estuve** en Costa Rica, iba de excursión todas las tardes.

c. Ayer **comíamos** / **comimos** espaguetis con salsa de tomate.

d. De pequeña siempre **veía** / **vi** las películas de Disney en el cine.

e. Nosotros **hacíamos** / **hicimos** deporte todas las mañanas en el parque.

f. Javier Bardem **nacía** / **nació** en Las Palmas de Gran Canaria en 1969.

5 **Write sentences in the imperfect or preterite explaining what you used to do and what you did in the summer.**

a. Muchas veces .... c. Una vez ....

b. El primer día de vacaciones .... d. Siempre ....

INDEFINITE PRONOUNS AND ADJECTIVES

6 **Fill in the blanks with *alguien, algo, nadie* or *nada*.**

» ¡Hola! ¿Están dando (a) .... interesante en la tele?

» ¡Qué va! Estoy zapeando porque no hay (b) ....

» Por cierto, ¿me llamó (c) .... por teléfono?

» Mientras yo estaba en casa no te llamó (d) ....

» ¿Qué tal si ponemos una película y pedimos (e) .... para cenar?

» ¡Vale!

7 **Choose the correct option for each sentence.**

a. ¿Tienes **algún** / **alguno** libro de ciencia ficción?

b. ¿**Ninguna** / **ningún** clase tiene computadoras?

c. Mañana no va **nadie** / **alguien** a la fiesta.

d. » ¿Tienes algunos libros para dejarme?
   » No, no tengo **ningunos** / **ninguno**.

CULTURA

8 **Answer the questions according to the information you learned in *Historias maravillosas*.**

a. ¿Qué tres animales son protagonistas de leyendas prehispánicas? ¿Cuál es el propósito de crear estas historias?

b. Además de animales, ¿qué otros fenómenos naturales protagonizan estas historias?

c. ¿De qué están hechos los botes y las islas del lago Titicaca? ¿Dónde está el lago?

d. ¿Por qué llora María, la protagonista del mito de la Llorona?

AL FINAL DE LA UNIDAD PUEDO...

	☆	☆☆	☆☆☆
a. I can talk about interesting facts and anecdotes using the preterite and imperfect.	☐	☐	☐
b. I can share what I know and react to what others tell me.	☐	☐	☐
c. I can describe my personal experiences using the present perfect tense.	☐	☐	☐
d. I can refer to an unspecified person or thing using indefinite pronouns and adjectives.	☐	☐	☐
e. I can talk about free time of young people and trivia games.	☐	☐	☐
f. I can read and understand *Solidaridad andina*, María Luisa Garnelo.	☐	☐	☐
g. I can write a proposal.	☐	☐	☐

MORE IN ELEteca | EXTRA ONLINE PRACTICE

El tiempo libre

el anuncio *ad/commercial*

las actividades solidarias
  volunteer activities

la ayuda humanitaria
  humanitarian relief

el campamento de
  verano *summer camp*

el comedor público *soup kitchen*

los juegos de mesa *board games*

los mensajes de texto *text
  messages*

ONG (Organización No
  Gubernamental) *NGO (non-
  governmental organization)*

la recolección de alimentos y
  ropa *food and clothes drive*

las redes sociales *social networks*

la rehabilitación de casas
  building and restoring homes

el reportaje *report*

la residencia de ancianos / de
adultos mayores *home for
senior citizens*

Verbos

colaborar *to work together*

colocar *to place*

dar clases privadas *to tutor*

donar *to donate*

enamorarse *to fall in love*

escalar *to climb*

hacer submarinismo *to go scuba
diving*

lograr *to achieve*

ofrecer *to offer*

parecerse a *to be similar to, to
  look like (someone)*

quitar(se) *to take away (to take
  off)*

recaudar fondos *to raise money*

reciclar *to recycle*

recoger basura *to pick up
  garbage*

Hablar de hechos curiosos

Cuenta, cuenta... *Tell me, tell
  me ...*

Cuentan que... *They say that ...*

¿De verdad? *Really?*

Dicen que... *They say that ...*

¡No me digas! *No way!*

¡Qué curioso! *How interesting!*

¿Sabes...? *Do you know ...?*

¿Sabías que...? *Did you know
  that ...?*

CONTRASTING THE IMPERFECT AND THE PRETERITE

(See page 209)

The imperfect

- Use the imperfect to describe ongoing or habitual actions in the past:

  *Aquel día **llovía** mucho.*

  *Antes yo siempre **iba** a la playa de vacaciones.*

- The imperfect is often used with the following time expressions:

  Todos los días / años / veranos…

  Antes…

  Siempre…

  A menudo…

  Muchas veces…

  A veces…

  *Todos los veranos **íbamos** de camping.*

  *Antes **era** más común escribir cartas.*

The preterite

- Use the preterite to talk about specific actions that began and ended at a fixed point in the past:

  *Ayer **fui** en bici a clase.*

  *El año pasado **fui** de vacaciones a Puerto Rico.*

- The preterite is often used with the following time expressions:

  La semana / primavera… **pasada**

  El fin de semana / año / mes… **pasado**

  Hace tres días / dos años…

  Ayer / **anoche** / **el otro día**…

  En verano / otoño / 1980…

  Una vez…

  ***Ayer** vimos una peli muy buena.*

  ***El otro día** no fui a clase.*

  ***En marzo** viajé a Bélgica.*

INDEFINITE PRONOUNS

(See page 211)

People	Things	People and things
alguien ≠ **nadie**	**algo** ≠ **nada**	**alguno/a/os/as** ≠ **ninguno/a**
» ¿**Alguien** vio mi libro?	» ¿Quieres **algo** de comer?	» ¿**Algún** muchacho es de Francia?
» No, **nadie**.	» No quiero **nada**, gracias.	» **Ninguno**.
		***Algunos** de mis amigos hablan francés.*

INDEFINITE ADJECTIVES

(See page 211)

People and things

algún/alguna/unos/unas ≠ **ningún/ninguna**

*No hay **ningún** muchacho de Francia.*

*Tengo **algunos** libros que te van a gustar.*

- The plural forms **ningunos** / **ningunas** are rarely used as adjectives, only **ningún** and **ninguna**.

UNIDAD 8
HABÍA UNA VEZ

▷▷ ¿Qué hacen estas personas? ¿Dónde están?

▷▷ ¿Cómo lo están pasando?

▷▷ ¿Has ido alguna vez a un concierto? ¿Cuándo fue? ¿A quién fuiste a ver?

▷▷ Compara ese concierto que viste con el representado en la fotografía. ¿Se parecen? ¿En qué se diferencian?

Concierto en Dcode Festival, Madrid, España (Foto: Christian Bertrand, 2014)

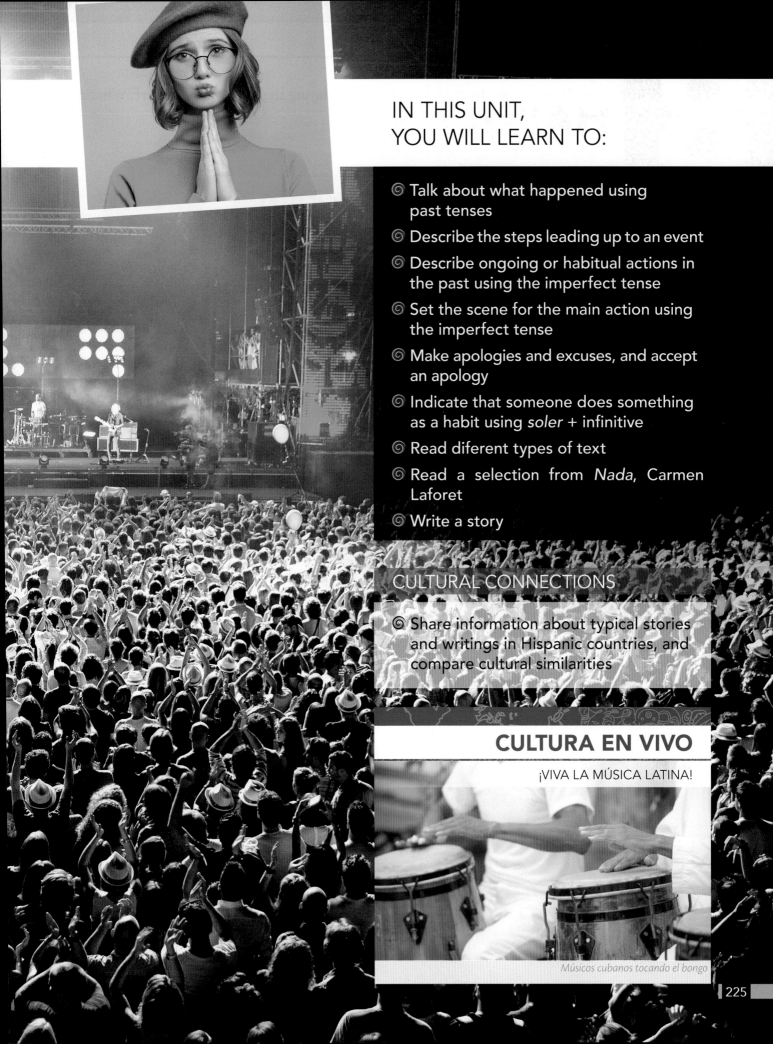

IN THIS UNIT,
YOU WILL LEARN TO:

◎ Talk about what happened using past tenses

◎ Describe the steps leading up to an event

◎ Describe ongoing or habitual actions in the past using the imperfect tense

◎ Set the scene for the main action using the imperfect tense

◎ Make apologies and excuses, and accept an apology

◎ Indicate that someone does something as a habit using *soler* + infinitive

◎ Read diferent types of text

◎ Read a selection from *Nada*, Carmen Laforet

◎ Write a story

CULTURAL CONNECTIONS

◎ Share information about typical stories and writings in Hispanic countries, and compare cultural similarities

CULTURA EN VIVO

¡VIVA LA MÚSICA LATINA!

Músicos cubanos tocando el bongo

1 Look at the headline and photo of Marcos on stage playing the guitar at a concert. What do you think happened? Choose from the options below.

Cultura y ocio

ESPECTACULAR CONCIERTO DEL GRUPO *MOVIDA*

a. ☐ Marcos era amigo de la cantante.

b. ☐ La cantante invitó a Marcos a subir al escenario con ella.

c. ☐ Marcos forma parte del grupo y toca en todos los conciertos.

d. ☐ Marcos llevaba su guitarra por si acaso (*in case*) le pedían tocar con el grupo.

2 Arrange the words to form sentences about what really happened at the concert.

a. de *Movida* / Marcos / en el estadio de fútbol. / fue al concierto ➡ ....

....

b. lanzó su guitarra / La cantante / agarró (*caught*). / al público / y Marcos / la ➡ ....

....

c. agarró la guitarra. / al escenario porque / Marcos subió ➡ ....

....

d. su canción / Marcos / favorita. / cantó con ellos ➡ ....

....

e. guitarra firmada. / El grupo / a Marcos la / le regaló ➡ ....

....

3 🔊 69 **Listen to the conversation between Marcos and Elena about what happened at the concert. Then fill in the blanks.**

Marcos: ¿Viste, Elena? ¡Salgo en el (a) ....!

Elena: ¿Sí? ¡¿Qué dices?!

Marcos: Mira, mira...

Elena: ¡Es verdad! Es el (b) .... de *Movida*, ¿no?

Marcos: Sí, estuvo genial. Pero lo mejor de todo fue lo que me pasó allí. ¡Ha sido la mejor (c) .... de mi vida!

Elena: ¿Qué te pasó?

Marcos: Pues resulta que **a mitad** del concierto la cantante **lanzó** su guitarra al **público** y dijo que si una persona la agarraba, iba a tener una (d) .... Yo no podía imaginar que esa persona iba a ser yo, pero cuando la lanzó, no sé, vino directamente hacia mí y ¡la agarré!

Elena: ¡Qué fuerte!

Marcos: Entonces la (e) .... dijo que la sorpresa era subir al (f) .... y cantar un **tema** con ellos.

Elena: ¡Qué **apuro**!

Marcos: Pues la verdad es que al principio sí, pero después me olvidé (*forgot*) de que había tanta gente mirándonos y solo pensaba en que estaba al lado... ¡del (g) .... *Movida*! y que podía cantar con ellos. ¡Fue maravilloso!

Elena: Me lo imagino...

Marcos: Y además, después del concierto me firmaron la guitarra, me la (h) .... y me hicieron una (i) .... que hoy sale en todos los periódicos. Mira, mira lo que pone en la guitarra: "Para Marcos, una joven promesa del *rock*".

Elena: ¡Qué **pasada**! ¡Esta sí es una **historia** para contársela a tus (j) ....!

4 **Look at the highlighted words in the conversation above and match them with their synonyms below.**

a. anécdota ➡ ....

b. canción ➡ ....

c. vergüenza ➡ ....

d. tiró ➡ ....

e. en medio ➡ ....

f. espectadores ➡ ....

5 👥 **Work with a partner and answer the following questions.**

a. ¿Por qué crees que Elena le dice a Marcos que es una historia para contar a los nietos?

b. ¿Por qué no tenía vergüenza Marcos?

c. ¿Qué le escribieron en la guitarra a Marcos? ¿Qué crees que significa?

d. ¿Has vivido alguna experiencia parecida?

e. ¿Conoces a algún grupo que lanza cosas al público? ¿Qué grupo es y qué hacen?

f. ¿Conoces a algún cantante que invita al público a subir al escenario? ¿Qué les pide hacer en el escenario?

COMUNICA

MAKING APOLOGIES AND EXCUSES

- To **apologize**:

  Perdón. *Excuse me. Forgive me.*

  Disculpa (tú) / **Disculpe** (usted).

  Discúlpame (tú) / **Discúlpeme** (usted).

  Lo siento (mucho / muchísimo / de verdad).
  I am (so/very/really) sorry.

  ¡Cuánto lo siento! *You don't know how sorry I am!*

  Siento (mucho)...

  Perdón por llegar tarde, **es que** el metro no funcionaba bien.
  Excuse me for being late, the subway didn't work.

  Siento mucho haber usado tu celular sin permiso. **No lo voy a volver a hacer más**.
  I'm sorry I used your cell phone without asking. I won't do it again.

- To **make excuses** when apologizing:

  Es que... *It's just that . . .*

  No lo voy a volver a hacer más. *I won't do it again.*

  No va a volver a pasar. *It won't happen again.*

  Fue sin querer. *I didn't mean to!*

  Yo no lo sabía. *I didn't know.*

FROM THE corpus

In Mexico and Central America, the terms **discúlpame**, **te ofrezco una disculpa**, **te pido que me disculpes**, **le pido perdón** are used to ask for forgiveness or to say you are sorry. In Spain, the normal terms would be **perdona**, **perdóname**.

1   Match each numbered image to the action most logically associated with it. Then, using the expressions above, write what you think the people would say to excuse or justify their action.

 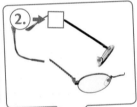 

1. ....

2. ....

3. ....

2   🎧─70 **Listen to the following conversations. Then write down what you think happened.**

   Diálogo 1: ....
   ....

   Diálogo 2: ....
   ....

In an activity like this one, it is important to make a list of the words that are important to be able to write something later. Don't try to write everything down –that's impossible anyway– just jot down the most important words.

3   👥 **With a partner, talk about situations where you had to apologize to someone and someone had to apologize to you.**

   a. ¿Cuándo fue la última vez que pediste perdón? ¿A quién se lo pediste?
      ¿Pusiste alguna excusa para justificarte? ¿Te perdonó?

   b. ¿Cuándo fue la última vez que te pidieron perdón a ti? ¿Quién fue?
      ¿Te puso alguna excusa? ¿Le perdonaste?

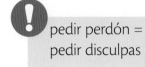

pedir perdón = pedir disculpas

ACCEPTING APOLOGIES

■ To **accept an apology**:

No te preocupes. *Don't worry.*

Tranquilo/a, no pasa nada. *Don't worry, it's Ok.*

No tiene importancia. *It's not important.*

Te perdono. *I forgive you.*

■ To **conditionally accept an apology**:

Te perdono, pero no lo vuelvas a hacer más. *I forgive you, but don't do it again.*

4 ▪️🎧71 **Listen to the conversations and match each one to the appropriate image.**

1. ☐ 2. → ☐ 3. ☐

5 ▪️🎧71 **Listen again to the conversations and fill in the blanks.**

a. Gabriel: ¡Eh! ¡Mira por dónde vas! ¡Me diste con la mochila en la cabeza!

Álex: .... tengo prisa y no te vi.

Gabriel: Bueno, ..., pero ten cuidado.

b. Olga: ¡Llevo más de media hora esperando!

Álvaro: .... el autobús tardó mucho en venir.

Olga: ¡Siempre me pones la misma excusa!

Álvaro: ¡Pero es verdad! Mira, tardó tanto que, mientras esperaba el autobús, te compré las flores que tanto te gustan.

Olga: Bueno, ..., pero porque me trajiste flores, que si no...

c. Óscar: .... llamarte a estas horas, pero necesito para mañana el libro de Historia, ¿me lo puedes llevar mañana a clase?

Carlos: Sí, claro, ..., mañana te lo llevo ...., intenta acordarte *(remember)* de las cosas antes, ¡son las doce de la noche!

Óscar: Ya, lo siento, ...

6 👥 **Choose a card to role-play the situations with a partner. Follow the instructions on your card.**

Estudiante 1

• Situación 1. Empiezas tú.

Invita a tu compañero/a a una fiesta. Acepta sus disculpas por no asistir a tu fiesta.

• Situación 2. Empieza tu compañero/a.

Tu compañero/a te dejó su pantalón favorito y dice que se lo devolviste roto.

Pídele perdón y justifícate.

Estudiante 2

• Situación 1. Empieza tu compañero/a.

Tu mejor amigo te invitó a una fiesta. Disculpate y pon una excusa para no ir.

• Situación 2. Empiezas tú.

Le dejaste tu pantalón favorito a tu compañero/a y te lo devolvió roto. Díselo. Luego, acepta sus disculpas.

MORE IN ELEteca | EXTRA ONLINE PRACTICE

¡ACCIÓN! ¡BRAD PITT ESTÁ EN LA CIUDAD!

ANTES DEL VIDEO

1 Have you ever met or seen a celebrity in person? Describe the experience to your partner.

2 With your partner, choose a celebrity you would both like to meet and spend time with. Then individually, create your own description of the meeting. Where did you see him/her? What did you do? Compare stories with a partner to see what you have in common.

3 Match the sentences to the appropriate images.

a. Lorena cuenta que ha conocido a Brad Pitt. • Imagen 1

b. Lorena envía un mensaje a Eli para decirle que va a llegar tarde. • Imagen 2

c. Lorena llega con unas bolsas en la mano. • Imagen 3

d. Lorena entrega unos regalos a sus amigos. • Imagen 4

e. A Juanjo le sorprende la historia de Lorena. • Imagen 5

f. Los muchachos están esperando a Lorena. • Imagen 6

DURANTE EL VIDEO

4 Watch the entire episode and write the number of the image in the correct order it appeared.

Primera imagen: .... Cuarta imagen: ....

Segunda imagen: .... Quinta imagen: ....

Tercera imagen: .... Sexta imagen: ....

5 In the episode, the friends reminisce about the good times they shared during the course of the year. Watch the episode again and explain why these moments stand out.

a. Eli conoció a Lorena.

b. Los muebles que compró Alfonso para la habitación.

c. El día que Alfonso y Juanjo fueron al festival.

d. El día que Lorena y Eli fueron al restaurante.

6 **Lorena tells her friends about meeting Brad Pitt. Which of the following versions is correct?**

a. Lorena iba por la calle y, de repente, Brad Pitt le preguntó si conocía algún café. Lorena lo acompañó y Brad la invitó a tomar algo con él.

b. Lorena estaba en la calle y, de repente, Brad Pitt le preguntó si conocía alguna tienda de regalos. Lo acompañó y le ayudó a elegir unos regalos para su familia.

c. Lorena estaba comprando en una tienda; Brad Pitt se acercó a ella y le pidió consejo sobre un regalo. Lorena le aconsejó y Brad le hizo varios regalos para agradecerle su ayuda.

d. Lorena estaba en la puerta de casa cuando Brad Pitt pasó por allí. Estaba un poco perdido y Lorena lo ayudó a llegar al metro.

7 **How did Lorena's friends react to her story? Match the person to what he/she said.**

Alfonso

Eli

Juanjo

a. ¡Dime que es una broma!

b. No te creo.

c. Eso es mentira.

DESPUÉS DEL VIDEO

8 **Indicate which of the following events you would like to celebrate with your friends. Choose only one and be prepared to explain why.**

a. El final del curso.

b. La victoria de un equipo.

c. El cumpleaños de un amigo.

d. La llegada del verano.

e. La salida de un amigo del hospital.

f. El aniversario de una amistad.

9 **With a partner, discuss what three qualities you consider to be the most important in a friendship. Present to the class a summary of the discussion with supporting evidence as to why these qualities are the most important. Express your ideas clearly and persuasively.**

10 **In small groups, discuss your thoughts about friends and celebrating friendships based on the notes you prepared in Activities 8 and 9. What event was the most popular? What qualities did you agree on the most? Refer to specific qualities that your classmates shared and explain why you agreed or disagreed.**

 MORE IN ELEteca | EXTRA ONLINE PRACTICE

1 **Read the following extracts and match them to the correct text type listed at the end of this activity.**

a.
Había una vez una niña que vivía con su madre en una casita en el bosque. Un día su madre le dijo:
—Hija mía, tienes que ir a casa de tu abuelita para llevarle...
(*Caperucita Roja*, Anónimo)

b.
Anoche cuando dormía
soñé, ¡bendita ilusión!,
que una fontana fluía
dentro de mi corazón.

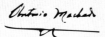

(*Anoche cuando dormía*, Antonio Machado)

c.

Dicen que en un país muy lejano había un dragón que se comía a las jóvenes del lugar.
Las muchachas se elegían por sorteo y un día le tocó a la hija del rey.
Pero un apuesto caballero llegó en su caballo blanco...

d.
CARLOS RUIZ ZAFÓN

LA SOMBRA DEL VIENTO

«Todavía recuerdo aquel amanecer en que mi padre me llevó por primera vez a visitar el Cementerio de los Libros Olvidados...».

(*La sombra del viento*, Carlos Ruiz Zafón)

e.
Robo en un chalé de Marbella

La policía está investigando el misterioso robo ocurrido ayer por la noche en un lujoso chalé de Marbella.

f.
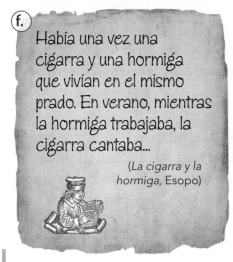

Había una vez una cigarra y una hormiga que vivían en el mismo prado. En verano, mientras la hormiga trabajaba, la cigarra cantaba...

(*La cigarra y la hormiga*, Esopo)

g.

El otro día estaba en el metro y estaba tan cansada que corrí para sentarme, pero había otro hombre que también se iba a sentar y al final, sin querer, me senté encima de él. ¡Qué vergüenza!

1. ☐ novela   **5.** ☐ poema
2. ☐ noticias   **6.** ☐ anécdota
3. ☐ cuento   **7.** ☐ leyenda
4. ☐ fábula

2 Complete the definitions with the appropriate text type they describe. Check your answers with a partner.

a. La .... es una historia inventada. Los protagonistas siempre son animales y el final de la historia es moral, didáctico. Este final es la *moraleja*.

b. La .... es una historia divertida o curiosa que nos ha pasado en nuestra vida, aunque después de contarla muchas veces es habitual introducir elementos nuevos inventados.

c. La .... es una historia inventada, aunque siempre se dice que tiene algo de realidad. Es muy antigua y no se sabe quién es el autor porque nos ha llegado de forma oral.

d. La .... es un relato que puede ser sobre un hecho real o inventado. No es para niños.

e. El .... suele estar escrito en verso y rimar.

f. Encontramos las .... en los periódicos.

g. El .... es un relato para niños.

3 ⫶⫶⫶72 Listen to the audio and determine each type of text.

a. ....   **b.** ....   **c.** ....

4 Read the following news article. Then answer the questions that follow.

Incendio en Buenavista

Ayer a las tres de la tarde una vecina del barrio Buenavista vio humo saliendo por una ventana y en seguida llamó por teléfono a los bomberos, que fueron los primeros en llegar. Solamente una persona resultó herida y los paramédicos la llevaron rápidamente al hospital en ambulancia. La policía llegó también al lugar del incendio para investigar las causas.

Todavía no se sabe con exactitud, pero todo parece indicar que la chimenea del cuarto piso fue la causa del incendio.

a. ¿Dónde ocurrió el incendio?

b. ¿A qué hora?

c. ¿Quién llamó a los bomberos?

d. ¿Alguien resultó herido?

e. ¿Quién llegó primero?

f. ¿Cuáles fueron las causas del incendio?

5 **Read this fable and answer the questions that follow.**

Fábula de la cigarra y la hormiga

Había una vez una cigarra (cicada) y una hormiga (ant) que vivían en el mismo prado. En verano, mientras la hormiga trabajaba, la cigarra cantaba y se reía de la pobre hormiguita.

–¿Por qué trabajas tanto y no disfrutas del verano? –le decía la cigarra.

Pero llegó el duro invierno y la cigarra no tuvo nada que comer, dejó de cantar y fue a casa de la hormiga para pedirle ayuda. Cuando entró en la casa, la cigarra vio a la hormiga calentita y rodeada (surrounded) de comida. La cigarra le pidió algo de comer, pero la hormiga le respondió:

–¿Ya no cantas ni te ríes? Pues ahora no quiero compartir contigo lo que tanto trabajo a mí me costó.

Y así fue como el trabajo de la hormiga se vio recompensado.

(Adaptado de *La cigarra y la hormiga*, fábula de Esopo)

a. ¿Para qué trabaja tanto la hormiga durante el verano?

b. ¿Por qué la hormiga no ayuda a la cigarra?

c. ¿Por qué la cigarra tiene hambre y frío en invierno?

6 👥 **With a partner, search the Internet for a fable. Review the strategy box. Retell the fable to your partner in your own words. Check your partner's understanding. Did he/she understand the main idea, who the characters are, the plot, and the moral of the story?**

⬡ In an activity like this do not copy and paste the information. It is important that you write the information in your own words.

....
....
....
....
....
....

1. USING THE PRETERITE, IMPERFECT, AND PRESENT PERFECT

Preterite

■ Use the preterite tense to **talk about actions** that were **completed** at a fixed point in the past:

*Ayer **llevé** la bici a clase.*

*El año pasado **fui** de vacaciones a Ecuador.*

Imperfect

■ Use the imperfect to **describe** ongoing or habitual actions in the past:

*Cuando **tenía** ocho años, **vivía** en San Juan y **llevaba** pantalones cortos todos los días.*

*Antes yo siempre **iba** a Florida de vacaciones.*

Present Perfect

■ Use the present perfect **to say** what a person **has done**. You generally use it in the same way you use its English equivalent. To form the present perfect in Spanish, combine the present of the auxiliary verb **haber** plus the past participle of the main verb:

*Yo **he aprendido** mucho de mi profesor de Matemáticas.*

*Luis y Rob **han comido** aquí.*

> **!** Remember that in Latin America, the present perfect is used less frequently. Instead, they prefer to use the preterite. In Spain, however, it is customary to use the present perfect to indicate that a past action is tied to the present.

1 Two friends are going to a concert for the first time. Fill in the blanks with the present perfect of the verbs in parentheses to complete their conversation. Then practice the conversation with a partner.

ENTRADA 742126 742126

Sandra: Hola, Silvia, ¿(a) .... (traer) la cámara de fotos?

Silvia: Sí, ya la (b) .... (poner) en mi mochila.

Sandra: ¿Y (c) .... (comprar) una botella de agua?

Silvia: Sí, aquí la tengo.

Sandra: Por cierto, ¿(d) .... (meter) un suéter por si acaso hace frío?

Silvia: No, nunca tengo frío.

Sandra: ¡Ah! ¿Y la comida? ¿(e) .... (comer) algo antes de salir?

Silvia: Sí, comí un sándwich en casa. No te preocupes, Marta, no me (f) .... (olvidar) de nada.

Sandra: Entonces no hace falta que te pregunte si te (g) .... (acordar) de traer las entradas.

Silvia: ¡Oh no, las entradas! ¡Me las (h) .... (olvidar)!

2 **Fill in the blanks with the correct form of the verbs in the preterite.**

a. El año pasado Silvia y Sandra no (ir) .... a la fiesta de fin de curso.

b. ¿(Ver, ustedes) .... el partido anoche?

c. Ayer te (llamar, yo) .... dos veces por teléfono.

d. Miguel (ganar) .... en la competencia de natación.

e. El mes pasado Alberto y Mónica (estar) .... enfermos.

f. El martes pasado José (cortarse) .... el pelo muy corto.

g. Nosotros (hacer) .... un pastel para mamá.

3 **Read the questions and compare what you used to do in your childhood to what you do now. Then use the questions to interview a classmate. Do you have similar responses? Tell the class about your partner's childhood in chronological order using connected sentences with relevant details.**

Modelo:

Antes yo era muy travieso. Ahora soy tranquilo y un poco serio.

- ¿Cómo eras?
- ¿Dónde vivías?
- ¿Qué leías?
- ¿Qué te gustaba comer?
- ¿A qué jugabas?
- ¿Qué querías ser?
- ¿Qué programas veías en la televisión?

4 The imperfect is used to set the scene for the main action. Look at the images below and, with a partner, describe what was happening in the first image that led to the main action in the second image. Read the strategy box and use the imperfect and preterite appropriately.

To set the scene	Main action
• Where were they? • How old were they? • What day/time was it? • What were they doing? • Were they happy, sad, bored, etc.?	

Modelo: Mayra y su hijo Fernando...

De repente, Fernando vio...

■ When you are talking about something that happened in the past, try to follow this mental note: *To set the scene, imperfect; to talk about main action, preterite.*

■ When you are not sure what tense to use, stop and think, but don't take too long to begin speaking. If you realize you have made a mistake, you can correct yourself as you speak.

5 Review the strategy above. Take turns using the framework to tell your partner the fable of *El ratoncito Pérez*, the Spanish version of the *Tooth Fairy*. As you retell the story, fill in the blanks with the correct preterite, imperfect, or present perfect form of the verbs in parentheses.

El ratoncito Pérez

Había una vez un príncipe llamado Ruby que (a) .... (vivir) en un palacio. Sus padres
(b) .... (ser) muy ricos y casi todos los días le (c) .... (regalar) algo. Un día, se le
(d) .... (caer) su primer diente y su madre le (e) .... (decir):
—Si pones el diente bajo la almohada *(pillow)*, el ratoncito Pérez te lo cambiará por
un regalo.
Ruby así lo (f) .... (hacer) y mientras esperaba la llegada del ratoncito,
(g) .... (dormirse). De repente, algo lo (h) .... (despertar) y (i) ....
(ver) sobre la almohada a un pequeño ratón que (j) .... (llevar) una mochila
llena de dientes.
—¿(k) .... (Venir) para darme un regalo? Es que se me (l) .... (caer)
un diente —(m) .... (decir) Ruby—. Tu regalo va a ser venir conmigo
—(n) .... (responder) el ratón.

Entonces el ratón (ñ) .... (pasar) su cola *(tail)* por la nariz del niño y al instante:

–¡Oh! ¡ (o) .... (Convertirse, yo) en un ratón como tú! –(p) .... (exclamar) Ruby.

De esta forma los dos (q) .... (salir) del palacio para llevar un regalo a un niño que

(r) .... (vivir) en una casa muy vieja y que (s) .... (ser) muy pobre.

(Basado en el cuento *Ratón Pérez* de Luis Coloma)

> ❗ Remember:
> • Main events ➡ **preterite**
> • Ongoing action or description ➡ **imperfect**
> • What has happened ➡ **present perfect**

6 **Review the following sentences from the story and select what each one expresses.**

	Acción sin relación con el presente	Descripción de la situación	Acción en un pasado reciente	Acción habitual
a. Vivía con sus padres.	☐	☐	☐	☐
b. Me he convertido en un ratón.	☐	☐	☐	☐
c. Se le cayó su primer diente.	☐	☐	☐	☐
d. Casi todos los días le regalaban algo.	☐	☐	☐	☐

2. *SOLER* + INFINITIVE

■ Use the verb **soler** in the present tense followed by an infinitive to indicate that someone **does** something as a habit or customary practice:

> ❗ soler (o ➡ ue): s**ue**lo, solemos

*Yo **suelo ir** en autobús a la escuela, pero a veces, cuando hace buen tiempo, voy en bici.*

I tend to take the bus to school, but sometimes, when it's nice out, I ride my bike.

■ Use the **imperfect** of the verb **soler** + infinitive to indicate that someone did something as a habit or customary practice:

*Antes **solía** comer en la escuela, pero ahora como en casa de mis abuelos.*

Before, I tended to eat at school, but now I eat at my grandparent's.

7 **Fill in the blanks with *soler* in present or imperfect form.**

a. Antes .... levantarme a las siete de la mañana, pero desde que vivo cerca de la escuela .... levantarme a las ocho.

b. ¿Qué .... (tú) hacer ahora los domingos por la tarde?

c. Cuando voy al cine .... ver las películas en versión original.

d. Mamá, ¿este no es el restaurante donde .... (tú) celebrar mi cumple cuando era pequeño?

8 **Read the strategy and talk with a partner about things you used to do and that you don't do anymore.**

Modelo: Antes solía ir a jugar al fútbol cada fin de semana, pero ahora prefiero jugar al vóleibol.

- deportes
- con la familia
- en la escuela
- hábitos

⬡ Remember that this use of the imperfect is the equivalent of **used to** + infinitive verb.

Think about this each time you have to express your habits in the past.

9 **Use your imagination to create a story for one of the following people. Imagine what their life was like before, what happened on a particular day, and how they are now. Write their story using the imperfect, the preterite, the present perfect and the verb *soler* with the following expressions.**

conocer a ○ alguien ○ hacerse médico ○ tener un accidente ○ reencontrarse

Antes	5 de julio de 2005	Este año

Escribe su historia

....
....
....

Antes	3 de marzo de 1985	Este año

Escribe su historia

....
....
....

1  **Match each word with the correct meaning. Then compare your answers with a partner.**

1. dificultad
2. asustado/a
3. profundo/a
4. asombro
5. rumor
6. encanto
7. rumbo
8. ansioso/a

a. Dirección, destino.
b. Ruido, sonido.
c. Cuando alguien siente un deseo muy fuerte.
d. Atractivo, fascinación.
e. Cuando alguien siente miedo.
f. Intenso/a.
g. Problema u obstáculo para conseguir algo.
h. Admiración o sorpresa.

2 🎵 73 **Read the beginning of the novel *Nada* and summarize in two lines the action narrated by Andrea, the protagonist of the novel.**

Por dificultades en el último momento para adquirir billetes, llegué a Barcelona a medianoche, [...] y no me esperaba nadie.

Era la primera noche que viajaba sola, pero no estaba asustada; por el contrario, me parecía una aventura agradable y excitante aquella profunda libertad en la noche. La sangre, después del viaje largo y cansado, me empezaba a circular en las piernas entumecidas *(numb)* y con una sonrisa de asombro miraba la gran estación de Francia y los grupos que estaban aguardando *(waiting for)* el expreso y los que llegábamos con tres horas de retraso.

El olor especial, el gran rumor de la gente, las luces siempre tristes, tenían para mí un gran encanto, ya que envolvía *(covered)* todas mis impresiones en la maravilla de haber llegado por fin a una ciudad grande [...]

Empecé a seguir –una gota entre la corriente *(current)*– el rumbo de la masa humana que, cargada de maletas, se volcaba *(were crowded)* en la salida. Mi equipaje era un maletón muy pesado –porque estaba casi lleno de libros– y lo llevaba yo misma con toda la fuerza de mi juventud y de mi ansiosa expectación.

✎ **Carmen Laforet** *(1921-2004) Destacada escritora española de la postguerra.*

....
....

3 👥 **Andrea spent a year studying and looking for new opportunities in Barcelona. Think about how that year was for her. Work with a partner and take notes.**

....
....

4 Share your version with the class. Give evidence as to why you think Andrea's year was like this, including facts and details from what you read.

5 Which version do you like the most? Why?

6 🔊 74 Read the end of *Nada* and confirm if this period in her life was the way you imagined it.

Bajé la escalera despacio. Sentía una viva emoción. Recordaba la terrible esperanza, el anhelo *(desire)* de vida con que las subí por primera vez. Me marchaba ahora sin haber conocido nada de lo que confusamente *(confusingly)* esperaba: la vida en su plenitud, la alegría, el interés profundo, el amor. De la casa de la calle de Aribau no me llevaba nada. Al menos, así creía yo entonces.

7 Compare the two moments that you have read in *Nada*. How do you think Andrea felt when she left? Why do you think she felt like that?

• "… lo llevaba yo misma con toda la fuerza de mi juventud y de mi ansiosa expectación".

• "Me marchaba ahora sin haber conocido nada de lo que confusamente esperaba".

8 What do you think these last words mean?

"Al menos, así creía yo entonces".

9 Write the answers to these questions.

a. ¿Alguna vez has viajado para vivir en otra ciudad?

....

b. ¿Por qué lo hiciste?

....

c. ¿Cómo te sentías antes de ir?

....

d. ¿Cómo te sentías cuando llegaste allí?

....

e. ¿Cómo fue la experiencia después de un tiempo?

....

10 Research on the Internet to learn more about Carmen Laforet. What information can you find? What contributions has she made? Share your findings in small groups.

TALLER DE ESCRITURA

1 **Fill in the blanks using words from the list to complete the texts. Give each text a title which summarizes what it is about.**

cuando ○ un día ○ de repente ○ entonces

Título: ....

Una vez, cuando era pequeño, fuimos al campo. Estábamos tumbados (*laying down*) en la hierba cuando (a) .... se nos acercó una vaca. Mi amigo Bruno se asustó tanto que se puso a gritar. Después todos nos reímos mucho. Fue muy divertido.

Título: ....

2. El lobo (*wolf*) quería comerse a los tres cerditos (*little pigs*). Cuando llegó a la casa de paja (*straw*), se puso delante de la puerta y (b) .... sopló (*blew*) lo más fuerte que pudo hasta que derribó (*knocked down*) la casa…

Título: ....

3. Todos los años, mis padres y yo íbamos en verano a la montaña. (c) ...., mis padres decidieron llevarnos a la playa. Fueron unas vacaciones fantásticas. Las playas eran enormes y la arena (*sand*) muy blanca. Estuvo padre.

Título: ....

4. En las frías aguas del Lago Ness, en Escocia, cuentan los vecinos que hace unos años vivía un monstruo enorme (*huge*). Un hombre que estaba en su barca dijo que lo vio (d) .... era pequeño.

2 **Choose one of the above topics. Read the writing strategy. Then write a draft of a story.**

Follow these steps to **write a story**:

1. **Choose a title** that is appropriate for the story.
2. **Organize the story** into five paragraphs: what the story is about (one paragraph), development of the topic (three pararaphs) and the ending (one paragraph).
3. Use adverbs of time to put the events in order and place them in a time frame so that the story flows: *un día, entonces, después, de repente…*
4. **Use different past tenses** depending on whether you are telling about an action or giving a description.
5. Use new parts of speech (adjectives, verbs and nouns) that you have learned in this unit to practice and acquire this vocabulary.

Título:	
Tema elegido:	
Planteamiento:	
Desarrollo:	
Desenlace:	
Conectores que voy a usar:	

3 **PEER REVIEW** **Exchange drafts with a partner. Answer the questions and discuss them with your partner.**

   a. Highlight the title. Does it relate to the story?

   b. Circle the main idea, the supporting details and the conclusion in different colors. Are all three parts included in the story?

   c. Circle the words that are used as connectors in the story. Did your partner use the same connectors that you did?

   d. Underline examples of the different past tenses that are used in the story.

   e. Highlight the new words that your partner has introduced in the story. You can use the "Resumen de vocabulario" at the end of the unit.

4 **Use the peer review to edit your story. Edit your spelling, grammar, punctuation, and organization. Publish your final version.**

PRONUNCIACIÓN Frases interrogativas y exclamativas

1 ᴵᴵᴵᴵᴵ-75 **Listen to the following sentences and decide whether they are interrogative or exclamatory sentences.**

	a.	b.	c.	d.	e.	f.
Interrogación	☐	☐	☐	☐	☐	☐
Exclamación	☐	☐	☐	☐	☐	☐

2 **Write the correct punctuation in the following sentences.**

   a. Cuál es tu color favorito

   b. Oye, vas a ir a la fiesta

   c. Qué bonita tu camiseta

   d. No sé dónde dejé el libro

   e. El concierto de ayer fue genial

   f. Cuántos años tienes

MORE IN **ELEteca** | EXTRA ONLINE PRACTICE

243

¡VIVA LA MÚSICA LATINA!

LOS TOP 5 DE...

¡LOS RITMOS LATINOS!

Merengue, bachata, salsa, cumbia, tango, milonga, habanera... seguro que has escuchado muchos de estos ritmos. Quizás no conozcas sus nombres, pero su influencia se encuentra en muchas canciones de hoy en día.

✓ Los géneros de la música latina se encuentran desde el norte de México hasta el sur de Argentina y Chile, pasando por toda América Latina. No hay país en esta región sin su propia variante o ritmo.

✓ Los ritmos latinos tienen influencia africana, europea e incluso de géneros como el *rock*, el *hip-hop* o el *jazz*.

✓ La característica más importante de la música latina es la síncopa, una composición que rompe la pauta *(pattern)* natural del ritmo.

✓ Muchos ritmos latinos, como la bachata o el tango, empezaron siendo polémicos y hasta prohibidos. El reguetón también ha sido polémico. ¿Cuál será el próximo ritmo prohibido?

✓ Los cantantes contemporáneos también utilizan fórmulas tradicionales latinas. Ejemplos son Enrique Iglesias, Shakira, Ricky Martin, Juanes o Luis Fonsi.

La música latina abarca *(includes)* los ritmos de América Latina y el Caribe.

La salsa es uno de los ritmos latinos más famosos. Se baila sobre todo en el Caribe.

Un percusionista cubano toca los bongos, un instrumento típico de la música latina.

Enrique Iglesias durante un concierto de su gira Insomniac en Hollywood, Estados Unidos
(Foto: s_bukley, diciembre de 2007)

El tango es una música y un baile típicos de Argentina.

¡Qué interesante! PREMIOS MUSICALES

Son muchas las galas de premios que se conceden a artistas latinoamericanos. Estos son algunos:

✓ Los Billboard Latinos los otorga una publicación musical para medir el éxito *(success)* de ventas. El artista con más trofeos es ¡Enrique Iglesias con cuarenta y seis!

✓ Los Grammy Latinos los entrega la Academia Latina de Artes y Ciencias de la grabación. ¡El colombiano Juanes lleva ya veinticinco!

✓ Los premios Lo nuestro se dan a los mejores músicos latinos del año. También se retransmiten a través de YouTube. Es la ceremonia de premios más antigua en la historia musical latina. Se basa en las mil canciones más escuchadas por la radio.

Fuentes: Telemundo, Premios Billboard, 26 de abril de 2018; Latingrammy, noviembre de 2018; Univisión, febrero de 2019; *Tribuna*, Ángela Cisneros, noviembre de 2018.

Juanes en el estreno mundial de *McFarland USA* en el teatro de El Capitán, Hollywood, Los Ángeles
(Foto: Jaguar PS / febrero de 2015)

🔊 76 Mi experiencia

"Soy Rosana y tengo diecisiete años. Mi pasión es la música, sobre todo la música de Puerto Rico, mi país. Toco la trompeta y el saxofón. Empecé a estudiar cuando era pequeña: a los cinco años mi mamá me dio una flauta. Hoy en día toco en una banda. Cantamos en bodas, comuniones y fiestas familiares. Puerto Rico es un país musical. Mucha gente allí baila, canta o toca algún instrumento. Los ritmos puertorriqueños tienen influencia española y africana. Los más famosos son el bolero, el merengue, la salsa y, sobre todo, el reguetón. Daddy Yankee y Don Omar son de mi país".

Rosana, con un saxofón

Músicos callejeros tocan rumba en las calles de La Habana, Cuba.

¿COMPRENDISTE?

Combine the following sentences.

1. La salsa...

2. Celia Cruz...

3. Don Omar...

4. El cantante Juanes...

5. Los ritmos africanos...

a. tiene veinticinco Grammys Latinos.

b. es un cantante de reguetón de Puerto Rico.

c. es un ritmo, un baile y una música del Caribe.

d. tuvieron influencia en la música latina.

e. fue una cantante afrocubana muy famosa.

AHORA TÚ

What do you think? Answer the following questions and discuss your ideas with other students.

1. ¿Te gusta la música latina? ¿Por qué?

   _____

2. ¿Por qué crees que la música es tan importante en los países latinos?

   _____

3. ¿Hay zonas más musicales que otras en Estados Unidos? ¿Qué zonas son y qué tipo de música tienen?

   _____

4. ¿Piensas que la música tiene una función en la cultura de un país? ¿Qué refleja la música sobre una cultura o un país?

   _____

5. ¿Qué ritmos o estilos famosos hay en Estados Unidos?

VOCES LATINAS ▶ CUBA, VIDA Y MÚSICA

El rincón de la música

"En mi país la música es poesía con ritmo y pasión", decía la cantante afrocubana Celia Cruz. Cruz nació en La Habana, Cuba, en 1925 y fue una de las cantantes más famosas de salsa cubana, bolero y chachachá. Siempre orgullosa (*proud*) de sus raíces, mezclaba raza (*race*), tradición e identidad. En sus actuaciones siempre gritaba "¡azúcar!", era su distintivo. Grabó setenta y ocho discos, ochocientas canciones y actuó en más de seiscientos conciertos por todo el mundo. Durante 2018, para conmemorar (*commemorate*) el decimoquinto aniversario de la muerte de la reina de la salsa, se celebraron conciertos con famosos artistas latinos, exposiciones con sus objetos personales y se estrenó "Celia, el musical", con la cantante cubana Lucrecia como protagonista.

Fuentes: *La Vanguardia MX*, octubre de 2018; Oficinas de turismo de Cuba y Puerto Rico; *Diario de Cuba*, diciembre de 2017.

Celia Cruz, sello conmemorativo de 2011

¿QUÉ HE APRENDIDO?

MAKING APOLOGIES AND EXCUSES AND ACCEPT ACCEPTING AN APOLOGY

1 Match each apology with the right excuse.

1. Perdona por no haber contestado tu llamada por teléfono,
2. Perdóname por haberme comido todo el pastel,
3. Siento no haberte llamado últimamente,
4. Perdone por no cederle el asiento, señora,
5. Perdóname por haber hecho una fiesta en casa el fin de semana sin avisarte,

a. te prometo que no lo volveré a hacer sin tu permiso.
b. es que no he visto que estaba usted de pie.
c. es que estaba en clase y no podía hablar.
d. es que he estado muy ocupado con los exámenes finales.
e. no sabía que tú no lo habías probado.

2 Write a sentence accepting each apology from the activity above.

a. ....
b. ....
c. ....
d. ....
e. ....

TIPOS DE TEXTOS

3 Decide if the following statements are true (T) or false (F). Then rewrite the false statements as true statements.

	T	F
a. Una leyenda es una historia divertida o curiosa que nos pasó en nuestra vida.	☐	☐
b. Las noticias salen en los periódicos.	☐	☐
c. La fábula suele estar escrita en verso y rimar.	☐	☐
d. La novela es un relato que puede tratar de hechos reales o inventados. No es para niños.	☐	☐
e. La anécdota es una historia anónima, inventada, pero que se dice que tiene algo de realidad.	☐	☐
f. Un cuento es un relato para niños en el que los protagonistas siempre son animales.	☐	☐
g. Un poema tradicional está escrito en verso y rima.	☐	☐

....
....
....

THE PRETERITE, IMPERFECT, AND PRESENT PERFECT

4 **Fill in the blanks using the preterite, the imperfect, or the present perfect form of the verbs in parentheses.**

Cuando (a) .... (ser) pequeña siempre (b) .... (ir) de vacaciones a la playa. Recuerdo que un año mi padre (c) .... (decidir) ir a la montaña y (d) .... (pasar, nosotros) el verano en Colorado. Al principio no me (e) .... (gustar) porque (f) .... (aburrirse) y no (g) .... (conocer) a nadie, pero después (h) .... (hacer) muchos amigos y desde entonces (i) .... (ir) a Colorado muchas más veces.

SOLER + INFINITIVE

5 **Look at the images and write what Álex used to do when he was younger.**

CULTURA

6 **Answer the following questions with the information you learned in ¡Viva la música latina!**

a. ¿Qué bailes no estaban bien vistos cuando empezaron?

b. ¿Conocías a los cantantes que se mencionan en la sección? ¿A cuáles conocías? ¿Conoces a otros?

c. ¿Cuál es la ceremonia de premios más antigua en la historia musical latina? ¿Qué otros premios latinos se mencionan?

d. ¿Qué dice Rosana de su país y qué influencias tiene?

e. ¿Quién es la "Reina de la Salsa"? ¿Qué expresión solía usar?

AL FINAL DE LA UNIDAD PUEDO...

	☆	☆☆	☆☆☆
a. I can talk about what happened using past tenses.	☐	☐	☐
b. I can describe the steps leading up to an event.	☐	☐	☐
c. I can describe ongoing or habitual actions in the past using the imperfect tense.	☐	☐	☐
d. I can set the scene for the main action using the imperfect tense.	☐	☐	☐
e. I can make apologies and excuses, and accept an apology.	☐	☐	☐
f. I can indicate that I do something as a habit using soler + infinitive.	☐	☐	☐
g. Read and understand different types of text and a selection of Nada, Carmen Laforet.	☐	☐	☐
h. I can write a story.	☐	☐	☐

MORE IN ELEteca | EXTRA ONLINE PRACTICE

En el concierto

el escenario *stage*

los espectadores *spectators*

el grupo *group*

el público *audience*

el tema *topic, musical composition*

Tipos de textos

la anécdota *anecdote*

el autor *author*

el cuento *tale*

la fábula *fable*

la leyenda *legend*

la moraleja *moral*

la noticia *news*

la novela *novel*

el periódico *newspaper*

el poema *poem*

el relato *short story*

la rima *rhyme*

Verbos

acordarse de (o > ue) *to remember*

agarrar *to catch, to grab*

caerse (i > y) *to fall*

convertirse (e > ie / e > i) *to change into, to become*

dejar de *to stop doing something*

firmar *to sign*

intentar *to try*

lanzar *to throw*

olvidarse de *to forget*

soler (o > ue) *to tend to do something*

tirar *to throw*

Pedir disculpas y justificarse

¡Cuánto lo siento! *You don't know how sorry I am!*

Fue sin querer. *I didn't mean to.*

Lo siento (mucho / muchísimo / de verdad). *I am (so/very/really) sorry.*

No lo voy a volver a hacer más. *I won't do it again.*

No va a volver a pasar. *It won't happen again.*

Perdón. *Excuse me. Forgive me.*

Aceptar disculpas

No te preocupes. *Don't worry.*

No tiene importancia. *It's not important.*

pero *but*

Te perdono. *I forgive you.*

Tranquilo/a, no pasa nada. *Don't worry, it's Ok.*

Palabras y expresiones útiles

herido/a *hurt*

incendio *fire*

¡Qué apuro! *How embarrassing!*

¡Qué vergüenza! *How embarrassing!*

USING THE PRETERITE, IMPERFECT AND PRESENT PERFECT
(See page 235)

Preterite

- Use the preterite tense to talk about actions that were completed at a fixed point in the past:

  Ayer **llevé** la bici a clase.

  El año pasado **fui** de vacaciones a Ecuador.

Imperfect

- Use the imperfect to describe ongoing or habitual actions in the past:

  Cuando **tenía** ocho años, **vivía** en San Juan y **llevaba** pantalones cortos todos los días.

  Antes yo siempre **iba** a Florida de vacaciones.

Present Perfect

- Use the present perfect to say what a person has done. You generally use it in the same way you use its English equivalent. To form the present perfect in Spanish, combine the present of the auxiliary verb **haber** plus the past participle of the main verb:

  Ya **he aprendido** mucho de mi profesor de Matemáticas.

  Luis y Rob **han comido** aquí.

SOLER + INFINITIVE
(See page 238)

- Use the verb **soler** in the present tense followed by an infinitive to indicate that someone does something as a habit or customary practice:

  Yo **suelo ir** en autobús a la escuela, pero a veces, cuando hace buen tiempo, voy en bici.

  I tend to take the bus to school, but sometimes, when it's nice out, I ride my bike.

- Use the **imperfect** of the verb **soler** + infinitive to indicate that someone did something as a habit or customary practice:

  Antes **solía** comer en la escuela, pero ahora como en casa de mis abuelos.

  Before, I tended to eat at school, but now I eat at my grandparent's.

1 🔊···77 **Listen to the conversation and choose the correct option.**

1. Casa Botín...

    a. es el mejor restaurante del mundo.

    b. es el edificio más antiguo del mundo.

    c. es el restaurante más antiguo del mundo.

2. "Me da un poco de cosa" significa...

    a. me da risa.

    b. me da miedo.

    c. no me lo creo.

3. ¿Dónde está el edificio más alto del mundo?

    a. En Madrid.

    b. En Dubai.

    c. En la playa.

4. ¿Qué le aconseja Alberto a Sofía?

    a. Ir a esquiar.

    b. Ir a bucear.

    c. Ir a un restaurante.

2 **Read the news article and fill in the blanks with the verbs from the list in the correct form indicated.**

Present Perfect	Preterite	Imperfect
confesar • convertirse	poder • falsificar	dudar • hacer

29 de agosto. Este fin de semana la española Edurne Pasabán (a) .... oficialmente en la primera mujer en escalar los catorce "ochomiles", es decir, las catorce cumbres más altas del mundo. Este título lo tenía la escaladora Eun Sun conocida como Miss Oh, pero se ha demostrado que la alpinista (b) .... unas fotos en las que decía estar en la cima del Kanchenjunga. Tal como ella misma (c) ...., esas fotos fueron tomadas desde más abajo. Según ella, no (d) .... tomar las fotos en la cumbre porque (e) .... muy mal tiempo. Tanto Edurne Pasabán y todo su equipo, como la Federación de Alpinismo, (f) .... sobre la subida de Eun Sun. Miss Hawley, la juez mundial del alpinismo, ha investigado el tema.

3 👥👥 **Here is the evidence that Miss Hawley has gathered on this case. With a partner, take a close look at the pictures and reconstruct the final verdict for this investigation using the Modelo.**

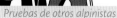
Pruebas de otros alpinistas

Pruebas de Edurne Pasabán

Pruebas de Miss Oh

Modelo:

Miss Hawley tomó declaración a varios alpinistas que alcanzaron la cima en esas fechas y aseguraron que...

4 🎵 78 **Now listen to the conclusions that Miss Hawley reached and compare them to what you wrote.**

5 **Imagine you are Miss Oh and that you regret what you have done. Write a letter of apology to Edurne and explain your actions.**

> Querida Edurne:
> ....
> ....
> ....
> ....
> ....
> ....

6 👥 **These images represent a traditional tale. Number them to reflect the correct sequence of events. Then tell the story to a partner.**

a. ➡️ ☐   b. ➡️ ☐   c. ➡️ ☐   d. ➡️ ☐

e. ➡️ ☐   f. ➡️ ☐   g. ➡️ ☐   h. ➡️ ☐

7 🎵 79 **Now listen to the story and check your answers to see if you agree with the sequence of the events. Are they similar to the tale you imagined?**

Add flavor to your day by practicing your Spanish and challenging yourself. Change your social media and cell phone settings to Spanish. Watch movies in Spanish. Listen to music in Spanish and read lyrics to make connections to what you hear. Look up local places to volunteer where they speak Spanish. The more you immerse yourself in the language, the more you will improve. You are on your way to earning the Seal of Biliteracy.

HISTORIA REVISADA

Two sides of history: What can we learn from the past?

History is seen differently depending on the side you're on. Working in groups of four or five, choose one of the following four historic events comparing two different viewpoints.

As you research each event, look for answers to the questions accompanying each event. You are not, however, limited by these questions. There may be another aspect that grabs your attention.

You will share your findings with your classmates through a multimedia presentation.

The events from which you may choose are:

- Guerra mexico-americana (Mexican-American War, as seen from the American and Mexican points of view)
- Guerra hispanoamericana o Guerra del 98 (The Spanish-American War, as seen from American and Hispanics points of view)

- Construcción del Canal de Panamá (Construction of the Panama Canal, as seen from American and Panamanian points of view)
- Colonización de América (Colonization of the Americas, as seen from Native American and Spanish points of view)

FIRST STEP

Research (Interpretive task)

1 **Choose one of the following historical events to compare and contrast the accounts from two viewpoints.**

a. Guerra mexico-americana: ¿Cuándo tuvo lugar? ¿Quién luchó contra quién? ¿Cuánto tiempo duraron? ¿Cuáles fueron las causas de la guerra? ¿Hubo influencias externas? ¿Hubo aliados o se unieron otros países? ¿Quién fue el vencedor? ¿Cuáles fueron los resultados?

Batalla de Palo Alto librada el 8 de mayo de 1846 entre estadounidenses y mexicanos (Foto: E.B. & E.C. Kellogg, 1847)

b. Guerra hispanoamericana o Guerra del 98: ¿Cuáles fueron las causas de la guerra? ¿Quién participó en cada bando? ¿Cuánto duró? ¿Tuvieron aliados? ¿Quien ganó? ¿Cuáles fueron las consecuencias de la guerra para cada bando? ¿Qué ha pasado desde entonces?

c. Construcción del Canal de Panamá: ¿Cuándo se inauguró? ¿Cuánto duró su construcción? ¿Qué países participaron en esta y cuántas personas se necesitaron para ello? ¿Qué problemas se encontraron para construirlo? ¿Cuál fue el motivo de su construcción? ¿Qué consecuencias positivas o negativas supuso para los países implicados?

d. Colonización de América: ¿Qué estaba pasando en el Viejo Mundo en el momento del descubrimiento? ¿Qué hechos históricos habían ocurrido en España durante 1492 para permitir a Colón emprender su viaje? ¿Cómo se financiaron las expediciones? ¿Qué razones llevaron a España a embarcarse en el descubrimiento? ¿Qué nos ha enseñado la historia desde entonces?

2 Begin your research by identifying the primary and secondary sources needed to prepare your multimedia presentation.

3 As you research, take notes. Each team member must choose one of the sources and write a summary of how the key events or ideas develop over the course of the text.

> ! When including information from outside sources, always use appropriate paraphrasing and quoting during your presentation. Also, properly cite your sources using in-presentation citations and your bibliography.

SECOND STEP

Presentation to the class (Presentational task)

4 Prepare a multimedia presentation based on your research. Include formatting (e.g. headings), graphics (e.g. figures, data, tables, etc.) and images to enhance your presentation and aid in comprehension. Each team member should present on at least one one aspect of the event, considering the two viewpoints if necessary.

THIRD STEP

Check and clarify (Interpersonal task)

5 After your presentation, answer questions from the class in order to clarify and share additional information. Engage your classmates and compare and contrast their ideas with yours about these important historical events.

FOURTH STEP

Community outreach

6 Hold a History Fair. Invite other classes and the community (be sure to invite the principal, superintendent and members of the School Board and your local newspaper). Set up your presentations in a designated area. Be prepared to answer questions about your presentation.

Nave hundida en la Batalla de la bahía de Manila, Filipinas, durante la Guerra del 98

7 **REFLECTION** **Reflect on this project and discuss these questions with your class.**

a. ¿Cuál fue el mayor reto de este proyecto?

b. ¿Qué parte del proyecto gustó más?

c. ¿Qué consejo puedes dar a los profesores para hacer este proyecto con sus estudiantes?

APÉNDICES

RESUMEN GRAMATICAL

	UNIDAD 1		

THE PRETERITE (REGULAR VERBS)

	−AR	−ER	−IR
	VIAJAR	**COMER**	**VIVIR**
yo	viaj**é**	com**í**	viv**í**
tú	viaj**aste**	com**iste**	viv**iste**
usted/él/ella	viaj**ó**	com**ió**	viv**ió**
nosotros/as	viaj**amos**	com**imos**	viv**imos**
vosotros/as	viaj**asteis**	com**isteis**	viv**isteis**
ustedes/ellos/ellas	viaj**aron**	com**ieron**	viv**ieron**

- Use the preterite to talk about specific actions that began and ended at a fixed point in the past:
  *Ayer por la tarde **estudié** en la biblioteca.*
  *La semana pasada **comí** en casa de mis abuelos.*

- The preterite is often used with the following time expressions:
  ayer (por la mañana / al mediodía / por la tarde / por la noche)
  anteayer / **antes de ayer**
  anoche
  el otro día

  la semana pasada (el lunes pasado / el sábado pasado)
  el mes pasado
  hace dos meses
  en enero (del año pasado / de hace dos años)
  el veinticinco de septiembre de 1982

	UNIDAD 2		

THE PRETERITE (IRREGULAR VERBS)

	SER / IR	DAR
yo	fui	di
tú	fuiste	diste
usted/él/ella	fue	dio
nosotros/as	fuimos	dimos
vosotros/as	fuisteis	disteis
ustedes/ellos/ellas	fueron	dieron

- Verbs with irregular stems:

poner	➜ **pus−**	
poder	➜ **pud−**	e
venir	➜ **vin−**	iste
querer	➜ **quis−**	o
hacer	➜ **hic/z−**	imos
andar	➜ **anduv−**	isteis
estar	➜ **estuv−**	ieron
tener	➜ **tuv−**	

	ESTAR	HACER
yo	estuve	hice
tú	estuv**iste**	hic**iste**
usted /él/ella	estuv**o**	hizo
nosotros/as	estuv**imos**	hic**imos**
vosotros/as	estuv**isteis**	hic**isteis**
ustedes/ellos/ellas	estuv**ieron**	hic**ieron**

LONG FORM POSSESSIVES

	Singular		Plural		
	Masculine	Feminine	Masculine	Feminine	
yo	**mío**	**mía**	**míos**	**mías**	*my, (of) mine*
tú	**tuyo**	**tuya**	**tuyos**	**tuyas**	*your, (of) yours*
usted/él/ella	**suyo**	**suya**	**suyos**	**suyas**	*your/his/her, (of) yours/his/hers*
nosotros/as	**nuestro**	**nuestra**	**nuestros**	**nuestras**	*our, (of) ours*
vosotros/as	**vuestro**	**vuestra**	**vuestros**	**vuestras**	*your, (of) yours (Spain)*
ustedes/ellos/ellas	**suyo**	**suya**	**suyos**	**suyas**	*your/their, (of) yours/theirs*

■ Long form possessives always follow the noun. They also function as pronouns:
  ≫ Es un error **tuyo**. (adjetivo)
  ≫ **¿Mío?** (pronombre)
  ≫ Sí, **tuyo**. (pronombre)

EXPANSIÓN GRAMATICAL

Possessive adjectives:

	Singular		Plural		
	Masculine	Feminine	Masculine	Feminine	
yo	**mi** carro	**mi** casa	**mis** carros	**mis** casas	*my*
tú	**tu** carro	**tu** casa	**tus** carros	**tus** casas	*your*
usted /él/ella	**su** carro	**su** casa	**sus** carros	**sus** casas	*your, his, her*
nosotros/as	**nuestro** carro	**nuestra** casa	**nuestros** carros	**nuestras** casas	*our*
vosotros/as	**vuestro** carro	**vuestra** casa	**vuestros** carros	**vuestras** casas	*your (Spain)*
ustedes/ellos/ellas	**su** carro	**su** casa	**sus** carros	**sus** casas	*your , their*

UNIDAD 3

SER AND ESTAR

■ Use the verb **ser** to talk about:

what a person or a thing is	*Madrid **es** una ciudad.*
physical characteristics	*Isaac **es** guapísimo.*
what an object is made of	*La mesa **es** de madera.*
what a person or an object is like	*Carmen **es** muy simpática.*
someone's nationality	*Carlo **es** italiano.*
what time it is	***Son** las tres de la tarde.*
someone's profession	*Francisco **es** profesor.*

- Use the verb **estar** to talk about:

where a person or an object is located	*Javi no **está** en casa.* *La Puerta del Sol **está** en Madrid.* *Mi casa **está** lejos de la escuela.*
temporary situations or conditions	*Laura **está** enferma.* *Luis **está** muy triste.* *La biblioteca **está** cerrada los fines de semana.*

- Some adjectives in Spanish change meaning when used with **ser** or **estar**:

ADJECTIVE	SER	ESTAR
aburrido/a	*Ese libro es aburrido.* That book is boring.	*Estoy aburrido.* I am bored.
abierto/a	*Soy una persona abierta.* I am a sincere, candid person.	*La tienda está abierta.* The store is open.
listo/a	*¡Qué listo eres!* You are so smart!	*Ya estoy listo, vámonos.* I'm ready, let's go.
malo/a	*Ese gato no es malo.* That cat is not bad/evil.	*Ese gato está malo.* That cat is sick.
rico/a	*Carlos Slim tiene mucho dinero, es muy rico.* Carlos Slim has a lot of money. He's very rich.	*¡Las arepas que preparaste están muy ricas!* The arepas you prepared taste great!

PRESENT PROGRESSIVE TENSE

- Use **estar** + present participle to express an action in progress or the continuity of an action.

  To form the present participle:

Verbs in **–ar** → **ando**	trabaj-ar → trabaj-**ando**
Verbs in **–er** / **–ir** → **iendo**	corr-er → corr-**iendo** escrib-ir → escrib-**iendo**

Irregular present participles:

dormir → durmiendo   leer → leyendo   oír → oyendo   pedir → pidiendo

INFORMAL COMMANDS

- Use the imperative verb form for **tú** when you want to give a command, to tell someone to do something, or to give advice and suggestions.

- To form the affirmative **tú** command, drop the s from the present-tense form of **tú**:

Infinitive	Affirmative *tú* commands	
hablar	**habla**	➡ *Habla más lentamente.* Speak more slowly.
comer	**come**	➡ *Come despacio.* Eat slowly.
escribir	**escribe**	➡ *Escribe la carta.* Write the letter.
empezar (e ➡ ie)	**empieza**	➡ *Empieza la tarea.* Start the homework.
dormir (o ➡ ue)	**duerme**	➡ *Duerme bien.* Sleep well.
seguir (e ➡ i)	**sigue**	➡ *Sigue las direcciones.* Follow the directions.

■ The following verbs have irregular tú commands in the affirmative:

Infinitive	oír	tener	venir	salir	ser	poner	hacer	decir	ir
Imperative	oye	ten	ven	sal	sé	pon	haz	di	ve

UNIDAD 4

POR QUÉ / PORQUE

■ Use **por qué** to ask the question why:

>> *¿Por qué* estudias español?

■ Use **porque** to answer and explain why:

>> *Porque* me gusta mucho.

>> Estudio español *porque* me gusta mucho.

THE IMPERFECT

■ Regular verbs:

	HABLAR −AR	COMER −ER	VIVIR −IR
yo	hablaba	comía	vivía
tú	hablabas	comías	vivías
usted/él/ella	hablaba	comía	vivía
nosotros/as	hablábamos	comíamos	vivíamos
vosotros/as	hablabais	comíais	vivíais
ustedes/ellos/ellas	hablaban	comían	vivían

■ Irregular verbs:

	SER	VER	IR
yo	era	veía	iba
tú	eras	veías	ibas
usted/él/ella	era	veía	iba
nosotros/as	éramos	veíamos	íbamos
vosotros/as	erais	veíais	ibais
ustedes/ellos/ellas	eran	veían	iban

- Use the imperfect tense for the following:

  - To refer to actions in the past that occurred repeatedly:
    *Antes **salíamos** todos los fines de semana.*

  - To describe people or circumstances in the past:
    *Mi abuelo **era** muy trabajador.*

  - To "set the stage" for an event that occurred in the past:
    *Aquella tarde yo **estaba leyendo** en el parque cuando empezó a llover.*

- The imperfect form of **hay** is **había**.

- The imperfect is often used with the following time expressions:
  Antes *me gustaba mucho el chocolate, ahora no.*
  Entonces *la vida en España era diferente.*
  De pequeño / **De joven** *jugaba mucho con mis amigos.*
  Cuando *estudiaba en la universidad, no salía mucho.*

UNIDAD 5

VOLVER A + INFINITIVE

- Use **volver a** + infinitive to that an action is repeated, that is being done again:

  *Cristóbal Colón viajó a América en 1492 y **volvió a viajar** allí varias veces más.*

  *Después de tres años, **volví a visitar** el pueblo de mis abuelos.*

  *El próximo curso **vuelvo a estudiar** francés en el instituto.*

PRETERITE OF STEM-CHANGING VERBS, AND VERBS WITH SPELLING CHANGES

- Only **–ir** verbs that change stem in the present will change stem in the preterite. Stem-changing verbs that end in **–ar** and **–er** do not change stem in the preterite. Some verbs ending in **–er** and **–ir** have a spelling change **i** to **y** in the **usted/él/ella** and **ustedes/ellos/ellas** forms. The stems of these verbs end in a vowel (**leer, caer, construir, destruir**…):

	PEDIR	DORMIR	CONSTRUIR
	e ➜ i	o ➜ u	i ➜ y
yo	pedí	dormí	construí
tú	pediste	dormiste	construiste
usted/él/ella	pidió	durmió	construyó
nosotros/as	pedimos	dormimos	construimos
vosotros/as	pedisteis	dormisteis	construisteis
ustedes/ellos/ellas	pidieron	durmieron	construyeron

EXPANSIÓN GRAMATICAL

■ Other stem-changing verbs in the preterite:

■ **e → i:**

divertirse →	*divirtió, divirtieron*
mentir →	*mintió, mintieron*
sentir →	*sintió, sintieron*
pedir →	*pidió, pidieron*
medir →	*midió, midieron*
reír →	*rio, rieron*
despedir →	*despidió, despidieron*
elegir →	*eligió, eligieron*
impedir →	*impidió, impidieron*
repetir →	*repitió, repitieron*
seguir →	*siguió, siguieron*

■ **o → u:**

morir →	*murió, murieron*

■ **i → y:**

construir →	*construyó, construyeron*
oír →	*oyó, oyeron*
creer →	*creyó, creyeron*
caer →	*cayó, cayeron*
sustituir →	*sustituyó, sustituyeron*
leer →	*leyó, leyeron*

IRREGULAR VERBS IN THE PRETERITE

	SER / IR	DAR
yo	**fui**	**di**
tú	**fuiste**	**diste**
usted/él/ella	**fue**	**dio**
nosotros/as	**fuimos**	**dimos**
vosotros/as	**fuisteis**	**disteis**
ustedes/ellos/ellas	**fueron**	**dieron**

VERBS WITH IRREGULAR STEMS

estar →	**estuv**	saber →	**sup–**	**e**
andar →	**anduv**	caber →	**cup–**	**iste**
tener →	**tuv**	venir →	**vin–**	**o**
haber →	**hub**	querer →	**quis–**	**imos**
poder →	**pud**	hacer →	**hic/z–**	**isteis**
poner →	**pus**	decir →	**dij–**	**ieron**

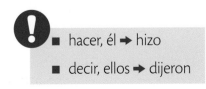

■ hacer, él → hizo

■ decir, ellos → dijeron

TIME EXPRESSIONS USED WITH THE PRETERITE

■ To talk about an action that started in the past:

- **Antes de** + llegar / salir / empezar...
- Años / días / meses + **más tarde**...
- **A** los dos meses / **a las** tres semanas...

Antes de salir de casa agarré las llaves.

- **Al cabo de** + un mes / dos años...
- **Al** año / **a la** mañana + **siguiente**...
- Un día / mes / año + **después**...

Empecé a leer un libro y al cabo de dos horas lo terminé.

■ To talk about the duration of an action:

- **De... a / Desde... hasta**

Estuve estudiando español desde las cinco hasta las ocho.

- **Durante**

Estuve estudiando español durante tres horas.

■ To talk about the end of an action:

- **Hasta** (*que*)

Estudié español hasta que cumplí dieciocho años y viajé a España.

UNIDAD 6

THE SUPERLATIVE

■ The **superlative** is used to express *most* and *least* as degrees of comparison among three or more people or things:

| **el/la/los/las** | + | noun ø | + | **más** **menos** | + | adjective | + | **de** + noun **que** + verb |

*Mis sobrinas son **las niñas más** guapas **de** la familia.*
*Su mujer es **la más** responsable **de** la casa.*
*Este camino es **el menos** conocido **de** la zona.*
*Eres **la persona más** curiosa **que** conozco.*

■ To express the idea of extremely, add **–ísimo/a/os/as** to the adjective:

| Adjetivo masculino singular Adverbio | **+ ísimo/a/os/as** |

EXPANSIÓN GRAMATICAL

Rules for adding to adjectives and adverbs:

Adjectives and adverbs ending in a vowel	➡	Drop the vowel and add: **–ísimo** último ➡ ultim**ísimo** grande ➡ grand**ísimo**
Adjectives and adverbs ending in a consonant	➡	Add: **–ísimo** fácil ➡ facil**ísimo** difícil ➡ dificil**ísimo**
Adverbs ending in –mente	➡	Add **–ísimo** to the adjective and then add **–mente:** rápida**mente** ➡ rapid ➡ rapid**ísima**mente

Irregular forms:

bueno / bien	➡ **óptimo/a**		pequeño	➡ **mínimo/a**
malo / mal	➡ **pésimo/a**		alto	➡ **supremo/a**
grande	➡ **máximo/a**		bajo	➡ **ínfimo/a**

*Creo que es una solución **pésima**.*
*En estos casos, el director tiene la **máxima** responsabilidad.*
*En realidad es de una calidad **ínfima**, por eso no me gusta.*

THE PRESENT PERFECT

■ The present perfect is formed with the present tense of **haber** and the past participle of the main verb:

yo	he		
tú	has		
usted/él/ella	ha	visit**ado** (–ar verbs)	
nosotros/as	hemos	com**ido** (–er verbs)	
vosotros/as	habéis	viv**ido** (–ir verbs)	
ustedes/ellos/ellas	han		

Irregular past participles			
morir ➡ **muerto**		escribir ➡ **escrito**	
abrir ➡ **abierto**		ver ➡ **visto**	
poner ➡ **puesto**		hacer ➡ **hecho**	
decir ➡ **dicho**		volver ➡ **vuelto**	
romper ➡ **roto**			

■ Use the present perfect to talk about actions that have taken place in the past but are connected with the present:

*Esta semana **he tenido** que estudiar mucho.*   *Este año **he ido** a la playa.*

■ The present perfect is often used with the following time expressions:

- **este** fin de semana / mes / verano / año...
- **esta** mañana / tarde / semana...
- **estas** navidades / semanas...
- **estos** días / meses...

- **hace** un rato / un momento / diez minutos...
- **ya**...
- **todavía no**...

DIRECT AND INDIRECT OBJECT PRONOUNS

	Direct object pronouns	Indirect object pronouns
yo	me	me
tú	te	te
usted/él/ella	lo / la	le (se)
nosotros/as	nos	nos
vosotros/as	os	os
ustedes/ellos/ellas	los / las	les (se)

*He agarrado las llaves y **las** he metido en el bolso.*
***Le** he dicho a Javier la verdad.*

- When two object pronons are used in a sentence, the order is always: indirect object + direct object:
  » *¿Dónde has dejado mi libro?* *Where did you leave me my book?*
  » ***Te lo** he dejado encima de la mesa.*
    a ti el libro

- When **le / les** comes before **lo, la, los, las,** it changes to **se**:
  le / les + lo, la, lo, las = **se** + lo, la, lo, las

  (El libro, a él) ~~*Te lo*~~ *he dejado encima de la mesa.* ➜ ***Se lo** he dejado encima de la mesa.*

- Object pronouns are placed before the conjugated verb:
  ***Me lo** ha contado Carolina.*

- Object pronouns are attached to commands, infinitives, and present participles:
  *Cuénta**melo**.*
  *Va a contár**melo**.*
  *Está contándo**melo**.*

UNIDAD 7

INDEFINITE PRONOUNS

People	Things	People and things
alguien	**algo**	**alguno/a/os/as**
nadie	**nada**	**ninguno/a**

» *¿**Alguien** ha visto mi libro?*
» *No, **nadie**.*

» *¿Quieres **algo** de comer?*
» *No quiero **nada**, gracias.*

» *¿**Algún** muchacho es de Francia?*
» ***Ninguno**.*
  ***Algunos** de mis amigos hablan francés.*

INDEFINITE ADJECTIVES

People and things
algún / alguna / algunos / algunas
ningún / ninguna

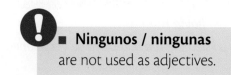

■ **Ningunos / ningunas**
are not used as adjectives.

>> No hay **ningún** muchacho de Francia.
>> Tengo **algunos** libros que te van a gustar.

CONTRASTING THE IMPERFECT AND THE PRETERITE

THE IMPERFECT	THE PRETERITE

■ Use the imperfect to describe ongoing or habitual actions in the past:

Aquel día **llovía** mucho.

Antes yo siempre **iba** a la playa de vacaciones.

■ Use the preterite to talk about specific actions that began and ended at a fixed point in the past:

Ayer **fui** en bici a clase.

El año pasado **fui** de vacaciones a Ibiza.

■ The imperfect is often used with the following time expressions:

- **todos los** días / años / veranos…
- **antes**
- **siempre**

- **a menudo**
- **muchas veces**
- **a veces**

Todos los veranos íbamos de camping.
Antes era más común escribir cartas.

■ The preterite is often used with the following time expressions:

- la semana / primavera… **pasada**
- el fin de semana / año / mes… **pasado**
- **hace** tres días / dos años…

- **ayer / anoche / el otro día**…
- **en** verano / otoño / 1980…
- **una vez**…

- **Ayer** vimos una peli muy buena.
- **El otro día** no fui a clase.
- **En marzo** viajé a Bélgica.

UNIDAD 8

CONTRASTING THE PRETERITE, IMPERFECT, AND PRESENT PERFECT

Preterite

■ Use the preterite tense to **talk about specific actions** that began and ended at a fixed point in the past:

Ayer **fui** en bici a clase.

El año pasado **fui** de vacaciones a Ibiza.

Imperfect

■ Use the imperfect to **describe** ongoing or habitual actions in the past:

*Aquel día **llovía** mucho.*

*Antes yo siempre **iba** a la playa de vacaciones.*

Present Perfect

■ Use the present perfect **to say** what a person **has done**. You generally use it in the same way you use its English equivalent:

*Últimamente **he tenido** que estudiar mucho.*

*Este año **he ido** a Ibiza.*

SOLER + **INFINITIVE**

■ Use **soler** + *infinitive* to indicate that someone does something as a habit or customary practice:

*Yo **suelo** ir en autobús al instituto pero a veces, cuando hace calor, voy en bici.* (present)

*Antes **solía** comer en el instituto, pero ahora como en casa de mis abuelos.* (imperfect)

TABLA DE VERBOS

Preterite

Regular verbs

−AR CANTAR	−ER COMER	−IR VIVIR
cant**é**	com**í**	viv**í**
cant**aste**	com**iste**	viv**iste**
cant**ó**	com**ió**	viv**ió**
cant**amos**	com**imos**	viv**imos**
cant**asteis**	com**isteis**	viv**isteis**
cant**aron**	com**ieron**	viv**ieron**

Irregular verbs

ANDAR	COMENZAR	DAR	DECIR
anduve	comen**c**é	**di**	**dije**
anduviste	comenzaste	**diste**	**dijiste**
anduvo	comenzó	**dio**	**dijo**
anduvimos	comenzamos	**dimos**	**dijimos**
anduvisteis	comenzasteis	**disteis**	**dijisteis**
anduvieron	comenzaron	**dieron**	**dijeron**

DORMIR	EMPEZAR	ELEGIR	ESTAR
dormí	empe**c**é	elegí	**estuve**
dormiste	empezaste	elegiste	**estuviste**
d**u**rmió	empezó	el**i**gió	**estuvo**
dormimos	empezamos	elegimos	**estuvimos**
dormisteis	empezasteis	elegisteis	**estuvisteis**
d**u**rmieron	empezaron	el**i**gieron	**estuvieron**

HACER	IR	JUGAR	MEDIR
hice	**fui**	ju**gu**é	med**í**
hiciste	**fuiste**	jugaste	mediste
hizo	**fue**	jugó	m**i**dió
hicimos	**fuimos**	jugamos	medimos
hicisteis	**fuisteis**	jugasteis	medisteis
hicieron	**fueron**	jugaron	m**i**dieron

MORIR	PEDIR	PODER	PONER
morí	pedí	**pude**	**puse**
moriste	pediste	**pudiste**	**pusiste**
m**u**rió	p**i**dió	**pudo**	**puso**
morimos	pedimos	**pudimos**	**pusimos**
moristeis	pedisteis	**pudisteis**	**pusisteis**
m**u**rieron	p**i**dieron	**pudieron**	**pusieron**

QUERER	SABER	SER	SERVIR
quise	**supe**	**fui**	serví
quisiste	**supiste**	**fuiste**	serviste
quiso	**supo**	**fue**	s**i**rvió
quisimos	**supimos**	**fuimos**	servimos
quisisteis	**supisteis**	**fuisteis**	servisteis
quisieron	**supieron**	**fueron**	s**i**rvieron

SONREÍR	TENER	TRADUCIR	TRAER
sonreí	**tuve**	**traduje**	**traje**
sonreíste	**tuviste**	**tradujiste**	**trajiste**
sonr**i**ó	**tuvo**	**tradujo**	**trajo**
sonreímos	**tuvimos**	**tradujimos**	**trajimos**
sonreísteis	**tuvisteis**	**tradujisteis**	**trajisteis**
sonr**i**eron	**tuvieron**	**tradujeron**	**trajeron**

VENIR	VER	HABER
vine	**vi**	**hubo**
viniste	**viste**	
vino	**vio**	
vinimos	**vimos**	
vinisteis	**visteis**	
vinieron	**vieron**	

Verbs with spelling change –i ➡ –y (3th person of singular and plural)

CAER	CONCLUIR	CONSTRUIR	CONTRIBUIR
caí	concluí	construí	contribuí
caíste	concluiste	construiste	contribuiste
ca**yó**	conclu**yó**	constru**yó**	contribu**yó**
caímos	concluimos	construimos	contribuimos
caísteis	concluisteis	construisteis	contribuisteis
ca**yeron**	conclu**yeron**	constru**yeron**	contribu**yeron**

CREER	DESTRUIR	LEER	OÍR
creí	destruí	leí	oí
creíste	destruiste	leíste	oíste
crey**ó**	destru**yó**	le**yó**	o**yó**
creímos	destruimos	leímos	oímos
creísteis	destruisteis	leísteis	oísteis
crey**eron**	destru**yeron**	le**yeron**	o**yeron**

Imperfect

Regular verbs

–AR CANTAR	–ER COMER	–IR VIVIR
cant**aba**	com**ía**	viv**ía**
cant**abas**	com**ías**	viv**ías**
cant**aba**	com**ía**	viv**ía**
cant**ábamos**	com**íamos**	viv**íamos**
cant**abais**	com**íais**	viv**íais**
cant**aban**	com**ían**	viv**ían**

Irregular verbs

SER	IR	VER
era	**iba**	**veía**
eras	**ibas**	**veías**
era	**iba**	**veía**
éramos	**íbamos**	**veíamos**
erais	**ibais**	**veíais**
eran	**iban**	**veían**

Present Perfect

Regular verbs

–AR CANTAR	–ER COMER	–IR VIVIR
he cant**ado**	he com**ido**	he viv**ido**
has cant**ado**	has com**ido**	has viv**ido**
ha cant**ado**	ha com**ido**	ha viv**ido**
hemos cant**ado**	hemos com**ido**	hemos viv**ido**
habéis cant**ado**	habéis com**ido**	habéis viv**ido**
han cant**ado**	han com**ido**	han viv**ido**

Irregular past participles

abrir	➡ **abierto**	freír	➡ **frito**	resolver	➡ **resuelto**
absolver	➡ **absuelto**	hacer	➡ **hecho**	revolver	➡ **revuelto**
cubrir	➡ **cubierto**	imprimir	➡ **impreso**	romper	➡ **roto**
decir	➡ **dicho**	morir	➡ **muerto**	ver	➡ **visto**
escribir	➡ **escrito**	poner	➡ **puesto**	volver	➡ **vuelto**

Regular affirmative *tú* commands

–AR CANTAR	–ER COMER	–IR VIVIR
cant**a**	com**e**	viv**e**

Irregular affirmative *tú* commands

DECIR	IR	PONER	SALIR	SER	TENER	VENIR
di	**ve**	**pon**	**sal**	**sé**	**ten**	**ven**

GLOSARIO

A	
abandonar (5)	*to abandon*
abierto/a (3)	*candid, open*
(el) abrigo (2)	*coat*
aburridísimo (6)	*extremely boring*
acordarse de (o > ue) (8)	*to remember*
acostarse (o > ue) (0)	*to go to bed*
(las) actividades solidarias (7)	*volunteer activities*
agarrar (8)	*to catch, to grab*
al año / a la mañana + siguiente... (5)	*The next year / morning...*
al cabo de + un mes / dos años... (5)	*after + one month / two years...*
(el) albergue (6)	*inn, hostel*
alguna vez (6)	*ever*
(el) alojamiento / hospedaje (6)	*lodging*
alojarse (1)	*to stay (at a hotel)*
alto/a (0)	*tall (in height)*
amable (0)	*nice, polite*
amarillo (0)	*yellow*
anaranjado (0)	*orange*
¡Anda ya! (4)	*Go on!*
andar (1, 2)	*to walk (around)*
(la) anécdota (8)	*anecdote*
anoche (1)	*last night*
antes (4)	*before*
antes de + llegar / salir / empezar... (5)	*before + arriving/leaving/starting...*
antipático/a (0)	*unpleasant*
(el) anuncio (7)	*ad/commercial*
años / días / meses + más tarde... (5)	*years/days/months + later...*
(el) apodo (5)	*nickname*
(el) artículo (1, 2)	*article*
(el) ascensor (3, 6)	*elevator*
(el) autor (8)	*author*
ayer (1)	*yesterday*
(la) ayuda humanitaria (7)	*humanitarian relief*
azul (0)	*blue*
B	
bajar (1)	*to go down*
bañarse (1)	*to take a bath, to go for a swim*
(el) billete / boleto (1)	*ticket*
(los) binoculares (1)	*binoculars*
blanco (0)	*white*
(las) botas (0)	*boots*
bromista (4)	*jokester*
buscar (1)	*to look for*
C	
(la) cabeza (0)	*head*
caer (i > y) (5)	*to fall*
caerse (i > y) (8)	*to fall*
(los) calcetines (0)	*socks*
callado/a (4)	*quiet*
el / la cámara (persona)	*cameraman*
(la) cámara digital (1)	*digital camera*
(la) camisa (0)	*shirt*
(la) camiseta (0)	*t-shirt*
(el) campamento de verano (7)	*summer camp*
(la) caña de (1)	*fishing pole*
cariñoso/a (4)	*affectionate*
(la) carnicería (3)	*meat department / butcher shop*
casar(se) (5)	*to marry (each other)*
cenar (0)	*to have dinner*
(la) chaqueta (0)	*jacket*
colaborar (7)	*to work together*
colocar (7)	*to place*
(el) comedor público (7)	*soup kitchen*
comer (0)	*to eat*
¿Cómo / Qué tal te ha ido? (6)	*How was it?*
¿Cómo / Qué tal te lo has pasado? (6)	*Did you have a good time?*
¿Cómo va a pagar? (3)	*How are you paying?*
comprar (0)	*to buy*
comprometer(se) (5)	*to get engaged (to each other)*
con sobrepeso (0)	*overweight*
conceder (5)	*to allow*
(el / la) concursante (2)	*contestant*
conocer (-zc) (0)	*to know, to be familiar with*
conocer (1)	*to meet, to be familiar with*
conocer(se) (5)	*to meet (each other)*
conquistar (5)	*to conquer*
conseguir (e > i) (5)	*to get/obtain/achieve*
construir (i > y) (5)	*to build, to construct*
contar (o > ue) (1, 3, 7, 8)	*to tell, to count*
convertirse (e > ie / e > i) (8)	*to change into, to become*
(la) corbata (0)	*tie*
corto/a (0)	*short (in length)*
crecer (1)	*to grow (things), to grow up (people)*
creer (i > y) (0, 5)	*to believe*
cuando (4)	*when*
¿Cuánto cuesta? (3)	*How much does it cost?*
¿Cuánto es? (3)	*How much is it?*
¡Cuánto lo siento! (8)	*You don't know how sorry I am!*
(el) cuello (0)	*neck*
Cuenta, cuenta... (7)	*Tell me, tell me...*
Cuentan que... (7)	*They say that...*
(el) cuento (8)	*tale*
(el) cuerpo de la noticia (2)	*main body text*
D	
dar (2)	*to give*
dar clases privadas (7)	*to tutor*
de joven (4)	*when... was young*
de miedo (6)	*awesome*
de pequeño/a (4)	*when... was a child*
de rebajas (3)	*on sale*
de... a (5)	*from... to*
¿De parte de quién? (3)	*Who is calling?*
¿De verdad? (7)	*Really?*
deber (0)	*should*
dejar (6)	*to leave, to lend*
dejar de (8)	*to stop doing something*
dejar un mensaje (3)	*to leave a message*
delgado/a (0)	*thin*
desayunar (0)	*to have breakfast*
(la) descendencia (5)	*descendants*
desconocido/a (5)	*unknown*
descubrir (1, 5)	*to discover*
desde el lunes / 2010 / marzo (5)	*since Monday/2010/March...*
desde... hasta (5)	*from... until/to*
destruir (i > y) (5)	*to destroy*
(las) desventajas (3)	*disadvantages*
Dicen que... (7)	*They say that...*
¿Dígame? (3)	*Hello (when answering the telephone)*
el / la diseñador/a gráfico/a	*graphic designer*
divertidísimo (6)	*hilarious*
divertido/a (0, 4)	*fun*
divertirse (e > ie / e > i) (0, 2, 5)	*to have fun*
(el) documental (2)	*documentary*
donar (7)	*to donate*
dormir (o > ue / o > u) (0)	*to sleep*
dormirse (5)	*to fall asleep*
dos veces (6)	*twice, two times*
ducharse (0)	*to shower*
durante (5)	*during*
E	
el / la editor/a de video	*video editor*
(el) ejército (5)	*army*
empezar (e > ie) (0, 1)	*to begin*
empezar a (5)	*to start doing something*
encontrarse, verse (0)	*to meet up with*
en efectivo (3)	*in cash*
enamorarse (7)	*to fall in love*
encantar (0)	*to really love something*
(el) enemigo (5)	*enemy*
enojarse (1)	*to get angry*
ensuciar (6)	*to dirty*
entonces (4)	*then*
(la) entrada (2)	*introduction*
(la) entrada (2)	*ticket (for a movie, show)*
(la) entrevista (2)	*interview*
entretenido/a (4)	*entertaining, enjoyable*
entusiasmado/a (3)	*excited*
(la) época (5)	*era*
escalar (7)	*to climb*
(el) escenario (8)	*stage*
(la) espalda (0)	*back*
(los) espectadores (8)	*spectators*

GLOSARIO

está nublado (0)	it's cloudy	hacer senderismo (6)	to go hiking	mayor (0)	old
estar (0)	to be	hacer submarinismo (7)	to go skin diving	Me parece (que)... (4)	I think/I believe ...
estar ocupado/a (2)	to be busy	hacer surf (6)	to surf	¿Me podría decir el precio? (3)	Could you tell me the price?
Estoy (en parte / totalmente) de acuerdo con... (4)	I agree (in part / totally) with ...	hasta (que)... (5)	until	media pensión (6)	half board
		herido/a (8)	hurt	mentir (e > ie / e > i) (5)	to lie
estresado/a (4)	stressed	**I**		(el) mes / año pasado (1)	last month/year
estupendamente (6)	marvelously	(el) impermeable (1)	raincoat		
estupendo (6)	marvelous	impresionante (4)	impressive	mezclar (5)	to mix
(la) excursión (1)	tour trip, outing	impuntual (4)	perpetually late	montar a caballo (1)	to go horseback riding
explorar (5)	to explore	(el) incendio (8)	fire	(la) moraleja (8)	moral
(el) extranjero (2)	abroad	intentar (4, 8)	to try	moreno/a (0)	brunette, dark-haired
F		(el) intercambio (5)	exchange	morir (o > ue, o > u) (5, 6)	to die
(la) fábula (8)	fable	interesante (4)	interesting		
(la) falda (0)	skirt	invadir (5)	to invade	mudarse (5)	to move (to a different address)
(los) famosos (2)	famous people	(el) invierno (0)	winter		
fatal (1, 6)	awful	ir (0)	to go	musulmán/ musulmana (5)	Muslim
fenomenal (1)	fantastic	ir de camping (6)	to go camping		
feo/a (0)	unattractive	ir de compras (3)	to go shopping	muy divertido (1)	a lot of fun
firmar (8)	to sign	**J**		**N**	
(la) floristería (3)	florist	(los) jeans (0)	jeans	nacer (5)	to be born
frío/a (4)	cold, distant	joven (0)	young	nadar (0, 1)	to swim
fotógrafo	photographer	jubilarse (5)	to retire	negro (0)	black
(la) frutería (3)	fruit and vegetable store	judío/a (5)	Jewish	nervioso/a (0)	nervous
		(los) juegos de mesa (7)	board games	ni fu ni fa (6)	so-so
Fue sin querer. (8)	I didn't mean to.	jugar (u > ue) (0)	to play	nieva (0)	to snow
fuerte (0)	strong	jugar al ajedrez (6)	to play chess	no contesta (3)	no answer
G		**L**		No estoy (totalmente) de acuerdo con... (4)	I don't agree (at all) with ...
(las) gafas de sol / (los) lentes de sol (1)	sunglasses	lanzar (8)	to throw		
		largo (0)	long (in length)	No lo voy a volver a hacer más. (8)	I won't do it again.
ganar (5)	to win	lavar (0)	to wash		
ganar la batalla / la guerra (5)	to win the battle/the war	(el) lector (2)	reader	¡No me digas! (7)	No way!
		levantarse (0)	to get up	No sé qué decir. (4)	I'm not sure what to say.
genial (1)	awesome	(la) leyenda (8)	legend		
genial (6)	great	(la) librería (3)	bookstore	No te preocupes. (8)	Don't worry.
gobernar (e > ie) (5)	to govern	limpiar (0)	to clean	No te puedo decir. (4)	I can't say.
(el) gorro / la gorra (0)	ski hat/baseball cap	(la) linterna (1)	lantern, lamp	No tiene importancia. (8)	It's not important.
grande (0)	big	liso/a (0)	straight, smooth		
(los) grandes almacenes (3)	department store	listo/a (3)	smart, ready	No va a volver a pasar. (8)	It won't happen again.
		llamada perdida (3)	missed call		
graduarse / recibirse	to graduate	llamarse (0)	to be called	(la) noticia (8)	news
gris (0)	gray	(la) llave (6)	key	(las) noticias (2)	news
(el) grupo (8)	group	llevar (0)	to wear, to take someone or something along	noticias de los famosos (1, 2)	celebrity news
(los) guantes (0)	gloves				
gustar (0)	to like			(las) noticias del día (2)	today's news
H		llevar (1)	to take, to wear	(la) novela (8)	novel
(la) habitación doble (6)	double room	llueve (0)	to rain	número equivocado (3)	wrong number
(la) habitación individual (6)	single room	(la) lluvia (0)	rain		
		Lo siento (mucho / muchísimo / de verdad). (8)	I am (so/very/really) sorry.	Nunca jamás. (4)	never ever
hablador/a (0)	talkative			**O**	
hace buen tiempo (0)	it's nice weather			ocupado/a (3)	busy
hace calor (0)	it's hot	lograr (7)	to achieve	ofrecer (7)	to offer
hace dos días (1)	two days ago	luchar (5)	to fight	(los) ojos (0)	eyes
hace frío (0)	it's cold	**M**		olvidarse de (8)	to forget
hace mal tiempo (0)	it's bad weather	maleducado/a (0)	rude	ONG (Organización No Gubernamental) (7)	NGO (non-governmental organization)
hace sol (0)	it's sunny	(la) maleta / valija (1)	suitcase		
hace viento (0)	it's windy	malo/a (3)	bad, sick		
hacer (0)	to do, to make	mandar (6)	to order, to send	ordenado/a (0)	organized
hacer la compra (3)	to do the food shopping	(las) manos (0)	hands	orgulloso/a (5)	proud
		marrón (0)	brown	(el) otoño (0)	fall
hacer puenting (6)	to go bungee jumping	más o menos (6)	more or less		

P

(la) página (2, 7)	page, web page
(la) panadería (3)	bakery (bread)
(los) pantalones (cortos) (0)	pants (shorts)
¡Para nada! (4)	not at all
parecerse a (7)	to be similar to, to look like (someone)
pasar tiempo (1)	to spend time
(la) pastelería (3)	bakery (cakes and pastries)
patinar (1)	to skate
(el) pecho (0)	chest
pedir (e > i) (0)	to ask for
peligroso/a (4)	dangerous
(el) pelo (0)	hair
pensar (e > ie) (0)	to think
pensión completa (6)	full board
pequeño/a (0)	small
perder(se) (e > ie) (1)	to lose (to get lost)
Perdón. (8)	Excuse me. Forgive me.
perezoso/a, flojo/a, haragán/haragana (0, 4)	lazy
(la) perfumería (3)	beauty supply shop
(el) periódico (2, 8)	newspaper
(el) periódico digital (2)	digital newspaper
(el / la) periodista (1, 2)	journalist
pero (8)	but
(el) personaje (1, 2)	personality, character
(las) piernas (0)	legs
(los) pies (0)	feet
poder (o > ue / o > u) (0)	to be able to
(el) poema (8)	poem
ponerse (2)	to put on
¿por qué? (4)	why?
¡Por supuesto! (4)	Of course!
porque (4)	because
(la) portada (2)	cover
práctico/a (4)	practical
(la) prensa (2)	press
(la) prensa deportiva (2)	sports publications
(el / la) presentador/a (2)	presenter/broadcaster
(la) primavera (0)	spring
(la) primera página (1, 2)	front page
(el) programa (2, 3, 4, 8)	program
(el) protector solar (1)	sunscreen
(el) público (8)	audience
puntual (4)	punctual

Q

¡Qué apuro! (8)	How embarrassing!
¡Qué curioso! (7)	How interesting!
¡Qué dices! (4)	What are you talking about?
¿Qué opinas / piensas sobre...? (4)	What do you think about . . . ?
¿Qué precio tiene? (3)	What is the price?
¿Qué te parece...? (4)	What do you think about . . . ?
¡Qué va! ¡Que no! (4)	No way!
¡Qué vergüenza! (8)	How embarrassing!
quitar(se) (7)	to take away (to take off)

R

recaudar fondos (7)	to raise money
(el / la) recepcionista (6)	receptionist
reciclar (7)	to recycle
recoger basura (7)	to pick up garbage
(la) recolección de alimentos y ropa (7)	food and clothes drive
(el) recuerdo (6)	souvenir
(el / la) redactor/a	editor
(la) red social (2)	social network
(las) redes sociales (7)	social networks
regresar (6)	to return
regular (1, 6)	not so good, okay
(la) rehabilitación de casas (7)	building and restoring homes
reinar (5)	to rule
reírse (e > i) (5)	to laugh
relajante (4)	relaxing
(el) relato (8)	short story
(el) reportaje (7)	report
(la) reservación / reserva (6)	reservation
(la) residencia de ancianos / de adultos mayores (7)	home for senior citizens
responsable (4)	responsible
(la) revista (2)	magazine
(la) revista de información científica (1, 2)	science news magazine
rico/a (3)	rich / tasty
(la) rima (8)	rhyme
rizado (0)	curly
rojo (0)	red
romper (6)	to break
rosa (0)	pink
rubio/a (0)	blonde, light-haired
ruidoso/a (4)	loud, noisy

S

¿Sabes...? (7)	Do you know . . . ?
¿Sabías que...? (7)	Did you know that . . . ?
(el) saco de dormir (1)	sleeping bag
salir (-go) (0)	to go out
saludable (4)	healthy
¿Se encuentra...? (3)	Is . . . there?
seguro (1, 2)	sure, for sure
(el) senderismo (1)	hiking
silencioso/a (4)	quiet
simpático/a (0)	amusing, nice
(el / la) soldado (5)	soldier
soler (o > ue) (8)	to tend to do something
(la) sombrilla (1)	beach umbrella
soso/a (4)	dull, bland
subir (1)	to go up
(el) subtítulo (1, 2)	lead or subhead
suena ocupado (3)	busy signal

T (continued top-right after S: superbién)

superbién (6)	super
(el) supermercado (3)	supermarket

T

tarjeta de crédito / débito (3)	credit/debit card
tarjeta de regalo (3)	gift card
Te perdono. (8)	I forgive you.
(el) tema (8)	topic, musical composition
(la) temporada alta (6)	high season
(la) temporada baja (6)	low season
(los) tenis (0)	sneakers, athletic shoes
tener (-go, e > ie) (0)	to have
tener que (0)	to have to (do something)
terminar (0, 1)	to end, to finish
(la) tienda de campaña (1)	tent
(la) tienda de electrónica (3)	electronics store
(la) tienda de ropa (3)	clothing store
Tienes razón. (4)	You are right.
tímido/a (0)	shy, timid
tirar (8)	to throw
(el) titular (2)	headline
(la) toalla de playa (1)	beach towel
todavía no (6)	not yet
¡Totalmente! (4)	Totally!
trabajador/a (0)	hard-worker
traer (-go) (0)	to bring
(el) traje de baño (1)	bathing suit
tranquilo/a (0, 4)	calm, relaxed
Tranquilo/a, no pasa nada. (8)	Don't worry, it's Ok.

U

últimamente (6)	lately
un desastre (6)	a disaster
un día / mes / año + después... (5)	a day/month/year + later . . .
una vez (6)	once, one time

V

vago/a (4)	lazy
vencer (5)	to defeat
venir (-go, e > ie) (0)	to come
(las) ventajas (3)	advantages
ver (0)	to see
(el) verano (0)	summer
verde (0)	green
(el) vestido (0)	dress
vestirse (e > i) (0)	to get dressed
volver (o > ue) (0)	to return
volver a (5)	to do something again

Y

ya (6)	already
¡Yo qué sé! (4)	What do I know?

Z

(la) zapatería (3)	shoe store
(los) zapatos (0)	shoes

CREDITS

The authors wish to thank to many peoples who assisted in the photography used in the textbook. Credit is given to photographers and agencies below.

We have made every effort to trace the ownership of all copyrighted material and to secure permission from copyright holders. In the event of any question arising as to the use of any material, please let as now and we will be pleased to make the corresponding corrections in future printings.

NOTAS

NOTAS